Francês Para leigos

Se planeja uma viagem à França ou a um país francófono, ou apenas quer aprender um pouco de francês, saber algumas expressões úteis o faz se sentir mais confortável com a língua. Nos tópicos a seguir, você encontrará perguntas para buscar informações e expressões básicas. Você também encontrará os dias da semana e os meses em francês.

PERGUNTAS ÚTEIS

Saber como fazer algumas perguntas básicas em francês pode ser muito útil quando você viaja para um país de língua francesa e precisa saber o tempo, onde algo está localizado ou apenas deseja obter informações básicas.

Português	Francês	Pronúncia
Você fala português?	Parlez-vous portugais ?	parlê vu portiugué?
Como vai?	Comment ça va ?	comaN ça va?
Pode me ajudar, por favor?	Pouvez-vous m'aider s'il vous plaît ?	puvê vu medê sil vu plê?
Qual é o seu nome?	Comment appelez-vous ?	comaNtapelê vu?
Que horas são?	Quelle heure est-il ?	kéléur é-til?
Como está o tempo?	Quel temps fait-il ?	kél taN fét-il?
Quanto custa?	Combien coûte ... ?	conbiaN kút...?
Onde é o banheiro?	Où sont les toilettes ?	u sont le toalét?
Onde é...?	Où est ... ?	u é...?

EXPRESSÕES ÚTEIS

Estas expressões serão muito práticas quando você viajar para um país francófono. Com elas você pode se expressar educadamente ao falar com nativos de língua francesa.

Português	Francês	Pronúncia
Bom dia!	Bonjour !	boNjur!
Boa noite!	Bonsoir !	boN soár!
Adeus!	Au revoir !	ô revoár!
Por favor.	S'il vous plaît.	sil vu plê.
De nada.	Je vous en prie./De rien.	jê vu-zan pri./dê rian.
Obrigado.	Merci.	mercí.
Perdão./Desculpe-me.	Pardon./Excusez-moi.	pardon./ékskiuzê-moá.
Eu me chamo...	Je m'appelle...	jê mapéle...
Prazer em conhecê-lo.	Enchanté./Enchantée.	anchantê.

Francês Para leigos

CALENDÁRIO

Conhecer dias e meses do calendário ajuda a manter o controle de seus planos de viagem, feriados e compromissos. As tabelas a seguir listam os dias da semana e meses do ano em francês.

DIAS DA SEMANA EM FRANCÊS

Português	Francês	Pronúncia
Segunda-feira	lundi	lãdí
Terça-feira	mardi	mardí
Quarta-feira	mercredi	mércredi
Quinta-feira	jeudi	jêdí
Sexta-feira	vendredi	vaNdredí
Sábado	samedi	samdí
Domingo	dimanche	dimaNche

MESES DO ANO EM FRANCÊS

Português	Francês	Pronúncia
Janeiro	janvier	jaNviê
Fevereiro	février	fevriê
Março	mars	mar
Abril	avril	avríl(e)
Maio	mai	mé
Junho	juin	jiuãN
Julho	juillet	jiuiê
Agosto	août	ut
Setembro	septembre	septaNbre
Outubro	octobre	octóbre
Novembro	novembre	novaNbre
Dezembro	décembre	deçaNbre

Francês

Para leigos

Francês Para leigos

3ª Edição

Dodi-Katrin Schmidt
Michelle M. Williams
Dominique Wenzel
Zoe Erotopoulos

ALTA BOOKS
EDITORA
Rio de Janeiro, 2018

Francês Para Leigos® — 3ª Edição

Impresso no Brasil — 2018 — Edição revisada conforme o Acordo Ortográfico da Língua Portuguesa de 2009.

Publique seu livro com a Alta Books. Para mais informações envie um e-mail para autoria@altabooks.com.br

Obra disponível para venda corporativa e/ou personalizada. Para mais informações, fale com projetos@altabooks.com.br

Produção Editorial Editora Alta Books **Gerência Editorial** Anderson Vieira	**Produtor Editorial** Thiê Alves **Assistente Editorial** Illysabelle Trajano	**Produtor Editorial (Design)** Aurélio Corrêa	**Marketing Editorial** Silas Amaro marketing@altabooks.com.br **Ouvidoria** ouvidoria@altabooks.com.br	**Vendas Atacado e Varejo** Daniele Fonseca Viviane Paiva comercial@altabooks.com.br
Equipe Editorial	Adriano Barros Aline Vieira Bianca Teodoro	Ian Verçosa Juliana de Oliveira Kelry Oliveira	Paulo Gomes Thales Silva Viviane Rodrigues	**Narração** Diego Gonzales
Tradução (Ed. Anterior) Eveline Machado	**Copidesque c/ Tradução** Wendy Campos	**Revisão Gramatical** Alessandro Thomé Carolina Gaio	**Revisão Técnica** Jana Araujo Tradutora e Professora de Francês pela UnB	**Diagramação** Joyce Matos

Dados Internacionais de Catalogação na Publicação (CIP) de acordo com ISBD

Francês para leigos / Dodi-Katrin Schmidt, Michelle M. Williams, Zoe Erotopoulos, Dominique Wenzel ; traduzido por Wendy Campos. - 3. ed. - Rio de Janeiro : Alta Books, 2018.
368 p. ; 17cm x 24cm.

Tradução de: French for dummies
Inclui índice e apêndice.
ISBN: 978-85-508-0376-0

1. Línguas. 2. Idiomas. 3. Francês. I. Schmidt, Dodi-Katrin. II. Williams, Michelle M. III. Erotopoulos, Zoe. IV. Wenzel, Dominique. V. Valente, Wendy Sauerbronn de Campos. VI. Título.

2018-1082 CDD 440
CDU 811.133.1

Elaborado por Vagner Rodolfo da Silva - CRB-8/9410

ALTA BOOKS EDITORA
Rua Viúva Cláudio, 291 — Bairro Industrial do Jacaré
CEP: 20.970-031 — Rio de Janeiro (RJ)
Tels.: (21) 3278-8069 / 3278-8419
www.altabooks.com.br — altabooks@altabooks.com.br
www.facebook.com/altabooks — www.instagram.com/altabooks

Sobre as Autoras

Dodi-Katrin Schmidt é escritora, tradutora e editora há mais de dez anos. Além de traduzir textos em alemão, francês e inglês de vários tipos, inclusive manuais linguísticos, críticas de filmes, guias de viagem e livros infantis, também desenvolve livros didáticos e cursos de idiomas, guias para professores e acompanhamentos gramaticais para cursos de idiomas em vídeo. Dodi leciona há mais de duas décadas no ensino médio, no ensino para adultos e em universidades na Europa, assim como nos Estados Unidos. Ela também escreve itens de teste para vários testes de idiomas nacionais, livros didáticos gravados e material de teste. Dodi e seu marido viajam muito, e juntos alojam e acolhem continuamente estudantes estrangeiros e seus ex-alunos em sua casa em Princeton, Nova Jersey.

Michelle Williams é editora em uma grande editora educacional. Ex-professora de francês, lecionou para alunos com idades variando de dois anos até adultos, nos setores público e privado. Ela acredita veementemente que pode tornar o idioma divertido e acessível para todos que o desejam aprender. No entanto, sua experiência mais recompensadora é observar e ouvir seu filho Nathaniel aprender a falar e cantar em francês.

Dominique Wenzel foi professora autônoma de francês e tradutora por 15 anos. Nascida e criada na França, possui mestrado pela Universidade de Paris-Sorbonne e estudou na Universidade de Chicago com uma bolsa de estudos Fullbright para pós-graduação. Seus alunos incluíram crianças e adultos de todos os níveis e interesses. Ela viaja regularmente para a França. Dominique educou dois filhos para serem biculturais e bilíngues, hoje ativos no campo internacional.

Dra. Zoe Erotopoulos nasceu na Grécia e imigrou para os Estados Unidos da América ainda jovem. Seu amor pelo idioma, literatura e cultura francesa a inspirou a seguir seus estudos acadêmicos nessas áreas. Ela possui diversos títulos acadêmicos, entre eles mestrado, MPhil e doutorado (Ph.D) em Francês e Filologia de Línguas Românticas pela Columbia University, em Nova York. A Drª. Erotopoulos também estudou em Aix-en-Provence, na Sorbonne e na École Normale Supérieure em Paris.

Sua experiência de ensino de Francês vai do nível elementar ao avançado, incluindo literatura e teatro. A área de expertise da Drª. Erotopoulos é o teatro do século XVII. Ao longo de sua carreira acadêmica, lecionou em diversos institutos, incluindo Columbia University, Reid Hall em Paris e Trinity College em Hartford, Connecticut. Atualmente leciona no Departamento de Línguas Modernas e Literatura na Fairfield University em Fairfield, Connecticut. É autora de *French Verbs For Dummies* e *Francês Para Leigos — Curso em Áudio*. Ela mora em Connecticut com seu marido, Steve, e seus três filhos, Despina, Olga e Stathi.

Sobre o Berlitz

O nome **Berlitz** tem significado excelência em serviços de idioma por mais de 120 anos. Em mais de 400 locais e em 50 países em todo o mundo, o Berlitz oferece muitos serviços de idiomas e relacionados a idiomas, inclusive instrução, treinamento cruzado de culturas, tradução de documentos, localização de software e serviços de interpretação. O Berlitz também possui uma ampla lista de produtos editoriais, como livros de idiomas para autodidatas, livros de expressões de um determinado idioma, guias de viagem e dicionários.

O mundialmente famoso Método Berlitz é a essência de todo o ensino de idiomas Berlitz. Desde a época de sua introdução, em 1878, milhões de pessoas o usaram para aprender novos idiomas. Para obter mais informações sobre as aulas e os produtos Berlitz, visite o site `www.berlitz.com` (conteúdo em inglês), no qual você pode se inscrever nas aulas ou comprar diretamente os produtos online.

Dedicatória

Zoe: Para minha família.

Agradecimentos da Autora

Zoe: Sou muito grata à minha família por seu inabalável amor e apoio, especialmente aos meus filhos, que são minha torcida particular. Gostaria de agradecer de todo o coração à minha editora, Tracy Barr, por seu profissionalismo, seus comentários e sugestões perspicazes e sua excelência. Um agradecimento especial para Michael Lewis, por me confiar este projeto, e aos revisores técnicos, Eric Laird e Lydia de Faverii, por seu conhecimento e dedicada atenção aos detalhes. Tenho que agradecer ainda a Dodi Schmidt, Michellle Williams e Dominique Wenzel, que dedicaram tanto tempo, trabalho e conhecimento à primeira edição deste livro. Por último, mas certamente não menos importante, um caloroso agradecimento aos meus colegas do Departamento de Línguas Modernas e Literatura da Fairfield University e à Cynthia Nadal, por sua amizade, encorajamento e seus conselhos precisos.

Sumário Resumido

Sumário

Introdução

À medida que a sociedade fica cada vez mais global e procuramos nos tornar cidadãos do mundo, saber como dizer pelo menos algumas palavras em outros idiomas torna-se cada vez mais útil. A União Europeia é um grande exemplo de cidadania global, já que as fronteiras entre os países membros se tornam fáceis de ser atravessadas. Os ambientes de negócios globais exigem viagens ao exterior, e, graças aos inúmeros sites de viagens, que oferecem pacotes acessíveis de passagem e hospedagem, viajar está mais fácil e conveniente do que nunca. Além do mais, a internet nos permite manter contato com pessoas do mundo inteiro, transformando o aprendizado de um idioma estrangeiro em uma vantagem fantástica.

Seja para viajar a negócios, explorar culturas diferentes ou mesmo se conectar com suas raízes, aprender um pouco da língua local tem suas vantagens. Seja qual for sua razão para querer aprender francês, o livro *Francês Para Leigos, 3ª Edição*, pode ajudá-lo. Ele oferece as habilidades necessárias para a comunicação básica em francês. Não prometemos fluência, mas se você precisa do básico, como cumprimentar alguém, comprar uma passagem, pedir orientações, fazer reservas em um hotel ou escolher um prato em um menu em francês, tudo que precisa está aqui.

Lembre-se de que o francês do dia a dia é como o português do dia a dia e utiliza formas linguísticas simplificadas, que, embora sejam perfeitamente corretas, evitam e ignoram certos tempos e modos verbais complicados, tais como o futuro ou o subjuntivo. No francês coloquial, como no português, você pode se expressar adequadamente com um número mínimo de palavras. Portanto, você deve achar as lições deste livro divertidas e de modo algum enfadonhas.

Agora é hora de se divertir: **C'est la récréation** (cé la rêcrêacioN).

Sobre Este Livro

Francês Para Leigos, 3ª Edição, não é uma aula à qual você tem que se arrastar duas vezes por semana por um período específico de tempo. Você pode usar o livro como quiser; seja para aprender algumas palavras e frases para quando visitar a França ou outro país francófono, ou simplesmente para ser capaz de dizer "Olá, como vai você?" para seu vizinho falante de francês. Leia este livro no próprio ritmo, lendo muito ou pouco de uma vez, como quiser. Você não precisa se arrastar pelos capítulos seguindo a ordem; simplesmente leia as seções que lhe interessam.

Convenções Usadas Neste Livro

Para facilitar a leitura do livro, estabelecemos algumas convenções:

- Os termos em francês estão escritos em **negrito** para ter destaque.
- As pronúncias, entre parênteses, seguem os termos franceses. Os hifens conectam as sílabas na mesma palavra, assim como as palavras conectadas (veja mais no Capítulo 3).
- A tradução para o português dos termos em francês aparece em *itálico*.
- Como os substantivos em francês são tipicamente precedidos por artigos, incluímos esses artigos nas listas de palavras ao longo do livro, mesmo que a tradução em português não os use. Além disso, como os artigos indicam o gênero do substantivo, são importantes no aprendizado do idioma. Porém, quando o artigo estiver abreviado, não será possível saber o gênero. Nesses casos acrescentamos a designação de gênero: (m) para masculino e (f) para feminino.
- Conjugações de verbo (listas que mostram as formas de um verbo) são mostradas nas tabelas nesta ordem:
  - Eu
  - Você (singular, informal)
  - Ele/ela
  - Nós
  - Vocês (plural e singular formal)
  - Eles

  As pronúncias seguem na segunda coluna. O exemplo mostrado usa o verbo **parler** (par-lê) (*falar*). A conjugação começa com o equivalente em francês de *eu falo, você fala* e assim por diante.

Conjugação	Pronúncia
je parle	jê párle
tu parles	tiu párle
il/elle/on parle	ile/éle/on párle
nous parlons	nu par-loN
vous parlez	vu pár-lê
ils/elles parlent	ile/éle párle

Para que você possa evoluir rapidamente no aprendizado do francês, este livro inclui alguns elementos para ajudá-lo:

» **Diálogos Tendo uma Conversa:** O melhor modo de aprender um idioma é ver e ouvir como é empregado em uma conversa; portanto, incluímos diálogos em todo o livro. Os diálogos vêm sob os títulos "Tendo uma Conversa" e mostram as palavras francesas, a pronúncia e a tradução em português.

» **Quadros Palavras a Saber:** Memorizar as palavras e frases mais importantes é fundamental para o aprendizado do idioma; portanto, reunimos as palavras importantes em um capítulo (ou seção dentro de um capítulo) em um quadro-negro intitulado "Palavras a Saber".

» **Atividades Diversão e Jogos:** Se você não tiver falantes de francês com quem praticar suas novas habilidades no idioma, poderá usar as atividades "Diversão e Jogos" para reforçar o que aprendeu. Esses jogos de palavras são modos divertidos de medir seu progresso.

Observe também que, como cada idioma tem as próprias maneiras de expressar ideias, as traduções em português que fornecemos para os termos franceses podem não ser exatamente literais. Queremos que você saiba o ponto principal do que está sendo dito, não apenas as palavras. Por exemplo, a frase **C'est normale** (cé normále) é traduzida literalmente como *É normal*, mas a realmente significa *Não é grande coisa.* Este livro traz, assim, a segunda opção.

Penso que...

Para escrever este livro, tivemos que fazer algumas suposições sobre quem você é e o que deseja de um livro chamado *Francês Para Leigos.* Eis as suposições que fizemos:

» Você sabe pouco ou nada de francês — ou, se estudou francês na escola, não lembra sequer uma palavra.

» Você não está procurando um livro para se tornar fluente em francês; apenas quer saber algumas palavras, frases e construções para comunicar informações básicas em francês.

» Você não deseja ter que memorizar longas listas de vocabulário ou muitas regras gramaticais chatas.

» Você deseja se divertir e aprender um pouco de francês ao mesmo tempo.

Se essas afirmativas se aplicam a você, acaba de encontrar o livro certo!

Como Este Livro Está Organizado

O livro é dividido por tópicos em partes e, depois, em capítulos. As seções a seguir indicam quais tipos de informação você encontra em cada parte.

Parte 1: Começando

Essa parte oferece o primeiro contato, informando o básico do francês: como pronunciar palavras, o que os acentos significam e assim por diante. Aumentamos sua confiança reapresentando-lhe algumas palavras francesas que você provavelmente já sabe. Finalmente, resumimos o básico da gramática francesa que você pode precisar saber quando trabalhar nos últimos capítulos no livro.

Parte 2: Francês em Ação

Nessa parte, você começa a aprender e utilizar o francês. Em vez de focar os pontos gramaticais, como fazem muitos livros de idiomas, essa parte se concentra nas situações cotidianas, tais como pedir orientações, fazer compras, jantar, sair à noite e bater papo.

Parte 3: Francês para Viagem

Essa parte fornece as ferramentas necessárias para colocar seu francês em prática, seja em um restaurante francês local ou em um museu na França. Essa parte cobre todos os aspectos da viagem nas partes do mundo em que se fala francês, e até tem um capítulo sobre como lidar com emergências.

Parte 4: A Parte dos Dez

Se procura pequenas informações, facilmente compreensíveis, sobre francês, essa parte foi feita para você. Nela você encontra dez modos de aprender francês rapidamente, dez expressões úteis, dez coisas para nunca dizer em francês, e mais.

Parte 5: Apêndices

Essa parte do livro inclui informações importantes que você pode usar para consulta. O Apêndice A contém um minidicionário francês-português e português-francês. Se encontrar uma palavra em francês que não entender ou se precisar dizer algo em francês que não encontrar facilmente em outro lugar do livro, procure lá. O Apêndice B traz tabelas de verbos, que mostram como conjugar os verbos regulares e também aqueles que teimosamente não se encaixam no padrão. Também fornecemos um minidicionário nos formatos francês-português e português-francês. O Apêndice C traz as respostas para todas as atividades Diversão e Jogos do livro, e o Apêndice D lista as faixas que o acompanham, para que você leia os diálogos conforme ouve os áudios.

Ícones Usados Neste Livro

Você pode querer informações específicas ao ler este livro. Para tornar certos tipos de informação mais fáceis de encontrar, colocamos os seguintes ícones nas margens esquerdas:

DICA

Esse ícone destaca as dicas que tornam o aprendizado de francês mais fácil.

LEMBRE-SE

Esse ícone indica informações interessantes, que você não deve esquecer.

CUIDADO

Para ajudar a evitar gafes linguísticas, gramaticais e culturais, usamos esse ícone.

FALANDO DE GRAMÁTICA

Os idiomas estão repletos de peculiaridades que o enganam se você não estiver preparado para elas. Esse ícone aponta a análise dessas regras gramaticais estranhas.

SABEDORIA CULTURAL

Se estiver buscando informações e conselhos sobre cultura e viagem, procure esse ícone. Ele chama sua atenção para detalhes interessantes sobre os países nos quais o francês é falado.

ÁUDIO

As faixas de áudio que acompanham o livro lhe dão a oportunidade de ouvir falantes franceses reais para que tenha uma melhor compreensão de como é o francês. Esse ícone marca os diálogos Tendo Uma Conversa, que você ouve nas faixas de áudio que acompanham esse livro e podem ser encontradas no site www.altabooks.com.br buscando pelo título desta obra.

De Lá para Cá, Daqui para Lá

Aprender um idioma é mergulhar e experimentar (não importa o quanto sua pronúncia seja ruim no início). Portanto, mergulhe fundo! Comece pelo início, pegue um capítulo que lhe interesse ou ouça alguns diálogos das faixas de áudio. Logo você será capaz de responder **Oui !** (uí!) (*Sim*) quando as pessoas perguntarem **Parlez-vous français ?** (pár-lê vu fraN-cé?) (*Você fala francês?*)

Observação: Se você nunca teve contato com o francês, comece pelos capítulos da Parte 1 antes de passar para os capítulos mais adiante. A Parte 1 traz os elementos básicos necessários para conhecer o idioma, como a pronúncia dos diferentes sons, algumas expressões e palavras fundamentais, e a estrutura gramatical.

Além Deste Livro

Você acessa a folha de cola online no endereço `www.altabooks.com.br` [procure pelo título do livro/ISBN].

Na página da obra, em nosso site, faça o download completo da folha de cola, bem como de erratas e possíveis arquivos de apoio.

1 Começando

NESTA PARTE...

É preciso começar por algum lugar, mas apostamos que você sabe muito mais francês do que pensa. Não acredita? Então veja no Capítulo 1 quantas palavras e expressões em francês já usa. Os Capítulos 2 e 3 cobrem algumas informações gramaticais básicas e a pronúncia, enquanto que os Capítulos 4 e 5 trazem dicas para falar sobre você e sua família. Então, mãos à obra e não se preocupe — tornamos tudo divertido!

NESTE CAPÍTULO

» **Palavras em francês idênticas ou semelhantes às suas correspondentes em português**

» **Palavras em francês com as quais você precisa ter cuidado**

» **Expressões idiomáticas e populares que você já conhece**

Capítulo 1

Você Já Sabe um Pouco de Francês

Aprender uma nova língua pode ser um desafio. Não é preciso apenas saber um novo vocabulário, mas também entender novas regras de gramática e enrolar a língua em novas regras de pronúncia. Mas temos uma boa notícia que pode tornar essa tarefa um pouco menos assustadora: você já sabe uma porção de palavras e expressões em francês. Como? A língua portuguesa pega emprestadas muitas expressões e incorporou diversas palavras e expressões do francês.

Neste capítulo, você explora algumas palavras e frases sem ter que se preocupar com a pronúncia ou com as regras gramaticais (essa informação aparece nos Capítulos 2 e 3). Aqui incluímos as palavras em francês que são escritas e significam a mesma coisa que suas correspondentes em português. Mas como nem todas as palavras em francês que se parecem com uma em português têm o mesmo significado, mostramos também algumas palavras com as quais se deve ter cuidado. Além disso, incluímos algumas expressões em francês que você provavelmente já conhece e entende. No final deste capítulo, você vai descobrir que já sabe mais de francês do que imaginava.

O Francês que Você Sabe

Muito do vocabulário português possui a mesma origem que o francês. Sendo assim, você já sabe uma quantidade impressionante de palavras em francês, mesmo que não perceba. É isso que você descobrirá neste capítulo. A única armadilha que deve observar é que, algumas vezes, as palavras do português têm um significado diferente de suas correspondentes francesas e, quase certamente, outra pronúncia.

DICA

Os substantivos em francês são precedidos por artigo definido ou indefinido. Os artigos definidos são **le** (masculino), **la** (feminino), **l'**(uma abreviação do **le** ou do **la**) e **les** (plural); são os equivalentes em português de *o*, *a*, *os* e *as*. Os artigos indefinidos são **un** (masculino), **une** (feminino) e **des** (plural); esses são equivalentes a *um*, *uma*, *uns* e *umas*. Ao aprender francês, saber quais artigos devem ser usados com quais substantivos o ajuda a identificar o gênero do substantivo, assim como ocorre em português; é por isso que incluímos os artigos nos substantivos nas listas ao longo deste livro. Como o artigo abreviado **l'** não deixa claro o gênero do substantivo, acrescentamos o gênero entre parênteses; o gênero nem sempre é o mesmo em português. Dessa forma, eles aparecem assim: **l'université** (f) (liu-ni-vér-si-tê) (*universidade*) e **le kiosque** (lê kiósk) (*quiosque*).

Bons aliados — bons alliés (boNzaliê) e primos próximos

Muitas palavras francesas são grafadas de forma idêntica ou quase idêntica e têm o mesmo significado que suas correspondentes em português. A única coisa que pode ser diferente é a pronúncia (para mais orientações de pronúncia, veja o Capítulo 3). Confira estes **bons alliés** (bohN-za-liê) (*bons aliados*) e alguns primos próximos:

- **l'art** (m) (lár)
- **l' acteur** (m) (lác-téur)
- **l'aéroport** (m) (lá-êro-pór)
- **l'Américain** (m)/**l'Américaine** (f) (lá-mê-rri-kaN/lá-mê-rri-kene)
- **l'artiste** (m/f) (lár-tist)
- **la banque** (la baNk)
- **brave** (bráv)
- **le bureau** (lê biu-rô)
- **la cathédrale** (la katê-drale)

- **le chèque** (lê chék)
- **le client** (lê cli-aN)
- **la comédie** (la cômê-di)
- **le concert** (lê coN-sér)
- **la condition** (la coNdi-cioN)
- **le congrès** (lê coNgré)
- **content** (coN-taN)
- **le courage** (lê cu-rrage)
- **la crème** (la crém)
- **la culture** (la kiul-tiur)
- **la démocratie** (la dêmô-crá-ci)
- **différent** (di-fê-rraN)
- **excellent** (ék-cê-laN)
- **la famille** (la fámiie)
- **le garage** (lê ga-rráge)
- **la géographie** (la gêo-grá-fi)
- **le gouvernement** (lê gu-vér-ne-maN)
- **le guide** (lê guide)
- **l'histoire** (f) (listoár)
- **important** (aN-pór-taN)
- **le journal** (lê jur-nál)
- **la machine** (la má-chine)
- **la mémoire** (la mêmuár)
- **le message** (lê mê-ssage)
- **le moment** (lê mô-maN)
- **la musique** (la miuzík)
- **la nation** (la ná-cioN)
- **la nationalité** (la náciô-ná-li-tê)
- **nécessaire** (nê-cêssér)
- **ordinaire** (ór-dinér)
- **le papier** (lê pá-piê)

- **le parent** (lê pá-rraN)
- **le poème** (lê pô-éme)
- **possible** (pô-ssí-ble)
- **potentiel** (pô-taNciél)
- **principal** (praN-si-pál)
- **probable** (prô-bá-ble)
- **le problème** (le prôbléme)
- **le professeur** (lê prôfê-séur)
- **la question** (la kés-tioN)
- **la radio** (la rá-diô)
- **le restaurant** (lê rês-tôrraN)
- **la rose** (la rôz)
- **la route** (la rut)
- **la science** (la ciaNs)
- **le secret** (lê sê-cré)
- **le sénateur** (lê sêná-téur)
- **le service** (lê sér-vis)
- **le signal** (lê si-nhál)
- **le silence** (lê si-laNs)
- **la solitude** (la sô-li-tiud)
- **le sport** (lê spór)
- **la station** (la stá-cioN)
- **la statue** (la stá-tiu)
- **le succès** (lê siukcé)
- **la suggestion** (la siug-gêstioN)
- **la surprise** (la siur-priz)
- **le taxi** (lê ta-kssí)
- **le tennis** (lê tê-nís)
- **la terrasse** (la têrrás)
- **la tragédie** (la trágê-dí)
- **l'université** (f) (liu-nivér-si-tê)
- **urgent** (iur-jaN)

- **violet** (viô-lê)
- **la visite** (la vi-zit)
- **le zoo** (lê zu)

Falsos amigos — faux amis

Algumas palavras francesas são **faux amis** (fô-zá-mi) (*falsos amigos* ou *falsos cognatos*). Elas parecem semelhantes a palavras da língua portuguesa, mas não têm o mesmo significado. Equívocos na hora de usar essas palavras tornam as coisas bastante confusas. A seguir, mostramos uma lista de algumas dessas palavras confusas:

- **assister à** (assistê a): Essa palavra significa assistir no sentido de *atender* (prestar socorro, acudir), não de *observar*. A palavra francesa para *observar* é **regarder** (rê-gar-dê).
- **attendre** (ataNdre): Essa palavra significa *esperar*, não *atender*. A palavra francesa para *atender* é **assister à** (assistê a).
- **la cave** (la cáv): Essa palavra significa *porão* ou *adega*. A palavra para *caverna* é **la grotte** (la grót).
- **le livre** (lê lí-vre): Significa *livro*, e não *livre*. A palavra *livre* em francês é **libre** (lí-bre).
- **rester** (restê): Essa palavra significa *ficar* ou *permanecer*, não *restar*. A palavra francesa para *restar* é **manquer** (man-kê).
- **la veste** (la vést): Essa palavra quer dizer *jaqueta*, *casaco*, e não *veste*. A palavra francesa para *veste* é **le gilet** (lê gi-lê).

Palavras emprestadas do inglês

As seções anteriores mostraram algumas palavras emprestadas, derivadas ou com a mesma origem, mesmo com grafia um pouco diferente, sem falar na pronúncia.

No entanto, o francês não apenas empresta palavras para os outros idiomas, também as pega emprestadas de outros, como do inglês. A seguir mostramos algumas palavras que o francês absorveu da língua inglesa, embora a pronúncia seja diferente.

- **le budget** (lê biudjê) (*orçamento*)
- **le business** (lê biz-nês) (*negócios*)

- **le camping** (lê caN-píng) (*camping*)
- **le chewing-gum** (lê chuing-gómm) (*chiclete*)
- **les chips** (lê chip[s]) (*chips*)
- **le coca** (lê kô-ká) (*coca*)
- **cool** (kul) (*legal, bacana, moderno*)
- **le fast food** (lê fést fud) (*fast-food*)
- **le hamburger** (lê ambiur-guér) (*hambúrguer*)
- **le jet set** (lê djét sét) (*alta sociedade*)
- **le manager** (lê ma-ná-djér) (*gerente*)
- **le marketing** (lê mar-kê-ting) (*marketing*)
- **le parking** (lê pár-kin) (*estacionamento*)
- **le rock** (lê rók) (*rock*)
- **le shopping** (lê chô-píng) (*shopping*)
- **le steak** (lê stêk) (*carne*)
- **le chat** (lê tchát) (*chat*)
- **le tunnel** (lê tiu-nél) (*túnel*)
- **le week-end** (lê wi-kénd) (*fim de semana*)

Tendo uma Conversa

Veja esta conversa entre dois jovens franceses fazendo planos para seu final de semana. Eles usam diversas palavras emprestadas do inglês:

Thomas: **Sylvie, qu'est-ce que tu fais ce week-end ?**
Silví, quésce que tiu fé cê uikend
Sylvie, o que você fará este final de semana?

Sylvie: **Oh, du shopping probablement. Tu veux venir avec moi ?**
Ô, diu chôpíng probablemaN. Tiu vêu venir avec muá?
Ah, provavelmente compras. Você quer vir comigo?

Thomas: **OK, cool, et après, on va aller manger dans un fast food.**
Okê, kul, ê apré, oN vá alê maNgê daNzã fést fud.
Tudo bem, e depois a gente vai comer em um fast-food.

Sylvie: **J'espère qu'on va trouver un parking !**
J'espér coN va truvê ã parkíng!
Espero que a gente consiga encontrar uma vaga!

SABEDORIA CULTURAL

QUEBEC É PURO FRANCÊS

As regras do bom e puro francês são especialmente reforçadas no Quebec. Mas você pode ficar surpreso quando ouvir quebequenses falarem o seguinte, enquanto franceses usam o equivalente em inglês:

- **la fin de semaine** (la faN de seméne) (*weekend — fim de semana*)
- **le magasinage** (lê magasinage) (*shopping*)
- **le stationnement** (lê stacionemaN) (*parking — estacionamento*)
- **la mise en marché** (la mise aN marchê) (*marketing*)
- **un hambourgeois** (ã amburjoá) (*hamburguer — hambúrguer*)

O purismo do Quebec é facilmente explicado:

- A proximidade com os Estados Unidos ao sul de sua fronteira e falantes de inglês no Canadá em maioria ameaçam a identidade cultural francesa dos 7,5 milhões de habitantes do Quebec. Para os quebequenses, seu idioma constitui uma proteção contra toda a poderosa presença do inglês — falado por 300 milhões de pessoas — à sua volta.
- As pessoas que viveram em grande parte no isolamento rural por 300 anos estão agora vivendo em cidades modernas, como Montreal, Quebec, Sherbrooke e algumas outras, em que a TV a cabo as bombardeia constantemente com comerciais, filmes e programas norte-americanos. Essas pessoas estão tentando preservar o francês.

Embora protetores de seu idioma, os franco-canadenses são pessoas extremamente gentis, que recebem bem seus vizinhos do sul.

Expressões Idiomáticas e Populares

O francês, como o português, tem muitas expressões idiomáticas (modos incomuns de expressar sentimentos e ideias). Você pode achar o significado dessas expressões confuso se tentar as traduzir palavra por palavra.

Essas formas estabelecidas de expressão pertencem especificamente à língua em questão. Se você se aproximar de um francês e disser **"Il pleut des canifs"** (Il plê de cah-nifs) (*Está chovendo canivetes*), ele questionará sua sanidade. Você pode ficar imaginando o que um francês quer dizer ao usar uma de suas expressões idiomáticas, como **"Il tombe des cordes"** (il toNbe de córde), literalmente *Cordas estão caindo*, a expressão francesa correspondente a *Está chovendo canivetes.*

Com exceção dessas expressões idiomáticas, que levam muito tempo para se compreender e pertencem especificamente a uma cultura, há muitas expressões e frases que não podem ser traduzidas palavra por palavra, mas podem ser aprendidas e usadas facilmente. Eis algumas dessas expressões úteis que você ouve com frequência em francês:

- **À la vôtre !** (a la vó-tre!) (*Saúde!* [brinde])
- **À mon avis** (a moNaví) (*Em minha opinião*)
- **À tes/vos souhaits !** (ah tê/vô sué!) (*Saúde!* [quando alguém espirra])
- **Allez! Un petit effort !** (a-lê! aN pe-ti-tê-fór!) (*Vamos! Faça um esforcinho!*)
- **Bien sûr** (biãN siur) (*Claro*)
- **Bon appétit !** (boN-ná-pê-ti!) (*Bom apetite!*)
- **Ça vaut la peine/le coup** (sa vô la péne/lê ku) (*Vale a pena*)
- **D'accord** (dacór) (*Tudo bem*)
- **De rien** (de riãN) (*De nada*)
- **Jamais de la vie !** (jamé d(e) la ví) ou **Pas question!** (pas kestioN) (*De modo algum*)
- **Revenons à nos moutons** (rê-vê-noN a nô mu-toN) (*Voltando à questão/ao assunto*)
- **Tant mieux** (taN miê) (*Tanto melhor*)
- **Tant pis** (taN pí) (*Tanto pior*)
- **Tout à fait** (tuta fé) (*Perfeitamente*)
- **Un coup d'oeil** (aN ku déui) (*Uma olhadela, olhar rápido*)

NESTE CAPÍTULO

» Familiarizando-se com substantivos, pronomes, adjetivos e advérbios

» Entendendo gênero e concordância

» Apresentando verbos regulares e irregulares

» Construindo sentenças simples

Capítulo 2

Construindo o Alicerce: Gramática Francesa Básica

Em sua língua nativa, você sabe instintivamente como formar sentenças e fazer perguntas de modo coerente. Entretanto, ao aprender um novo idioma, precisa aprender um pouco de gramática, pois ela serve de alicerce para a comunicação eficiente e correta. Este capítulo simplifica a gramática francesa, apresentando as partes do discurso e mostrando como construir sentenças e perguntas gramaticalmente corretas. Ao ler este material, você se surpreenderá com o quanto é fácil e indolor aprender a gramática francesa básica. O segredo para o sucesso é permanecer tranquilo e ser paciente. Pouco a pouco — e antes que perceba — você estará falando francês.

Partes Essenciais do Discurso

As palavras são classificadas com base em sua função na sentença — verbos, substantivos, pronomes, adjetivos, advérbios, preposições, conjunções e interjeições —, dependendo de como são usadas. Nesta seção o foco é conhecer as partes essenciais do discurso, necessárias para conseguir formar e entender sentenças básicas em francês: substantivos, artigos, pronomes, adjetivos e advérbios. Os verbos aparecem na seção mais adiante, "Agindo com os Verbos".

Dando nome às coisas com os substantivos

Os substantivos atribuem nomes a tudo: pessoas, objetos, lugares, conceitos e assim por diante. *Casa* é um substantivo. Assim como *Maria*, *verdade* ou *Brasil*. No entanto, existem algumas diferenças-chave entre os substantivos em francês e em português, como explicamos nas próximas seções.

A questão do gênero

Assim como os substantivos na língua portuguesa, todos os substantivos em francês têm gênero: são gramaticalmente femininos ou masculinos. Saber se um substantivo é masculino ou feminino é muito importante, pois, assim como no português, o gênero afeta a construção de toda a sentença.

No entanto, como saber se um substantivo é masculino ou feminino? Em pessoas ou animais, o gênero a que pertencem é quase sempre óbvio. Mas se o substantivo é uma coisa ou ideia, como determinar seu gênero? Na maioria das vezes, basta olhar a terminação. Com algumas exceções, a terminação de um substantivo é um bom indicativo de seu gênero. A Tabela 2-1 mostra algumas terminações mais comuns.

TABELA 2-1 Terminações de Substantivos Masculinos e Femininos

Terminações Masculinas	Exemplo	Terminações Femininas	Exemplo
eur (êur)	**l'auteur** (lô-têur) (*autor*); **le bonheur** (lê bô-nêur) (*felicidade*)	**-ade** (ád)	**la promenade** (la promnád) (*caminhada*); **la limonade** (la li-mô-nád) (*limonada*)
-**eau** (ô)	**le chapeau** (lê chá-pô) (*chapéu*); **le manteau** (lê maN-tô) (*casaco*)	**-ance/-ence** (aNs)	**la naissance** (la-né-saNs) (*nascimento*); **la différence** (la di-fê-rraNs) (*diferença*)
-isme (ís-me)	**le capitalisme** (lê ca-pi-ta-lís-me) (*capitalismo*); **le féminisme** (lê fê-mi-nís-me) (*feminismo*)	**-oire** (uar)	**la mémoire** (la mê-muar) (*memória*); **la victoire** (la viktuar) (*vitória*)

Terminações Masculinas	Exemplo	Terminações Femininas	Exemplo
-ment (maN)	**l'appartement** (la-par-tê-maN) (*apartamento*); **le logement** (lê lôge-maN) (*acomodação, local de residência*)	**-sion/tion** (cioN)	**l'impression** (laN-prê-cioN) (*impressão*); **la condition** (la coN-di-cioN) (*condição*)
-ail (ái)	**le travail** (lê travái) (*trabalho*); **le détail** (lê dê-tái) (*detalhe*)	**-son**(zoN)	**la saison** (la sêzoN) (*estação*); **la maison** (la mêzoN) (*casa*)
Vogal final diferente de **-e**	**le cinéma** (lê ci-nê-má) (*cinema*); **le piano** (lê pia-nô) (*piano*); **le genou** (lê gê-nu) (*joelho*)	**-té**, **-ée** (tê,-ê)	**la liberté** (la liber-tê) (*liberdade*); **l'égalité** (lê-gali-tê) (*igualdade*); **l'idée** (li-dê) (*ideia*); **la pensée** (la paN-sê) (*pensamento*)
-al (ál)	**le journal** (lê jur-nál) (*jornal*); **le festival** (lê fê-sti-vál) (*festival*)	**-ie** (i)	**la boulangerie** (la bu-laN-gerri) (*padaria*); **l'épicerie** (lê-pis-rri) (*mercearia*)

Algumas ocupações são sempre masculinas em francês, mesmo quando são mulheres exercendo a função. Alguns exemplos incluem:

» **un professeur** (aN prô-fê-séur) (*professor*)

» **un architecte** (aN-nar-chi-tékt) (*arquiteto*)

» **un chef** (aN chéf) (*chef*)

» **un ingénieur** (aN-naN-gê-niéur) (*engenheiro*)

» **un agent** (aN-na-jaN) (*agente*)

» **un médecin** (aN mêd-ssaN) (*médico*)

» **un auteur** (aN-nô-téur) (*autor*)

Da mesma forma, alguns substantivos são sempre femininos, mesmo quando se referem a um homem. Aqui estão eles:

» **une vedette** (uine vê-dét) (*estrela de cinema*)

» **une personne** (uine pêr-ssone) (*pessoa*)

» **une victime** (uine vik-time) (*vítima*)

DICA

Se encontrar algum substantivo que não segue esses padrões, basta consultar o Apêndice A no final deste livro ou um dicionário de francês.

Transformando substantivos singulares em plurais

Em francês, assim como em português, os substantivos podem ser singulares ou plurais. E da mesma forma que na língua portuguesa, eles têm *número*. Para criar os plurais dos substantivos, basta acrescentar um *s* à maioria deles. **La maison** (la mê-zoN) (*casa*) é singular, enquanto que **les maisons** (lê mê-zoN) (*casas*) é plural.

Entretanto, se um substantivo termina em **-ou**, **-eu** ou **-eau**, você deve acrescentar *x*, em vez de *s*, para criar o plural: o singular **le bureau** (lê biu-rrô) (*escritório, mesa*) se transforma no plural **les bureaux** (*os escritórios*).

Se um substantivo já termina em **-s**, **-z** ou **-x**, o plural é igual ao singular. Nestes casos, o artigo (e o contexto) é que determina se ele é plural ou singular):

Singular	Plural
un fils (aN fis) (*filho*)	**des fils** (dê fis) (*filhos*)
un nez (aN nê) (*nariz*)	**des nez** (dê nê) (*narizes*)
un époux (an-nê-pu) (*cônjuge*)	**des époux** (dê-zê-pu) (*cônjuges*)

De olho nos artigos

Em francês, os substantivos quase sempre são precedidos por artigos, como **la France** (la fraNS) (*França*). O mesmo se aplica aos substantivos plurais, por exemplo, **les montagnes** (lê moN-tá-nhe) (*montanhas*). Assim como no português, os artigos determinam o gênero e o número dos substantivos.

DICA

Quando aprender o gênero de um substantivo, tente aprender também o artigo que o acompanha. Em vez de memorizar **table** (tá-ble) (*mesa*), por exemplo, memorize **la table** (la tá-ble) (*a mesa*) ou **une table** (iune tá-ble) (*uma mesa*). Em vez de **livre** (lí-vre) (*livro*), pense em **le livre** (lê lí-vre) (*o livro*) ou **un livre** (aN lí-vre) (*um livro*).

A Tabela 2-2 lista as variações dos artigos definidos, indefinidos e partitivos em francês. Saiba mais detalhes de como esses artigos são usados mais adiante.

TABELA 2-2 **Artigos Definidos, Indefinidos e Partitivos**

Tipo de Artigo	Masculino	Feminino	Precedendo uma Vogal ou H Mudo	Plural Masculino e Feminino
Definido (*o, a*)	**le** (lê)	**la** (la)	**l´** (veja obs.)	**les** (lê)
Indefinido (*um, uma*)	**un** (aN)	**une** (iune)	**un** (aN), **une** (iune)	**des** (dê)
Partitivo (*algum*)	**du** (diu)	**de la** (dê la)	**de l´** (veja obs.)	**des** (dê)

Observação: **L'** (él a-pôs-tróf) significa *l apostrophe*, e **de l´**(diu el a-pôs-tróf) significa *de l apostrophe*. Essas abreviações são usadas quando esses artigos são seguidos por uma vogal ou H mudo.

Definindo os artigos definidos

Os artigos definidos se referem a um substantivo específico. Em português, são *a*, *o*, *as* e *os*. Em francês, eles funcionam da mesma maneira, adaptam-se ao gênero e número do substantivo. São eles:

- **le** (lê) (*o*) — artigo definido masculino, singular
- **la** (la) (*a*) — artigo definido feminino, singular
- **l´** (el a-pôs-tróf) (*o, a*) — artigo definido masculino e feminino, singular, usado antes de substantivos começados por vogal ou H mudo
- **les** (lê) (*os, as*) — artigo definido masculino e feminino plural

Por exemplo, a palavra **nuage** é singular e masculina; portanto, acrescente o artigo masculino singular: **le nuage** (lê niu-áge) (*a nuvem*). Siga o mesmo padrão para substantivos femininos singulares: simplesmente adicione o artigo feminino **la**, como em **la maison** (la mê-zoN) (*a casa*). Se o substantivo é plural, seja masculino ou feminino, o artigo é sempre **les**. Por exemplo, **les nuages** (lê niu-áge) (*as nuvens*) ou **les maisons** (lê mê-zoN) (*as casas*). Observe que nem sempre os substantivos têm o mesmo gênero em português e francês.

Se um substantivo masculino ou feminino começar com vogal ou H mudo (veja mais sobre o H mudo no Capítulo 3), basta tirar o *e* de **le** e o *a* de **la** e acrescentar o apóstrofo: **l'**. Em caso de substantivos plurais começados em vogal ou H mudo, use **les** (lê). Veja mais alguns exemplos:

l'idée (f) (li-dê) (*ideia*)

les idées (lê-zi-dê) (*ideias*)

l'hôtel (m) (lô-tél) (*hotel*)

les hôtels (lê-zô-tél) (*hotéis*)

O francês usa artigos definidos depois de verbos que indicam preferência, como **aimer** (ê-mê) (*gostar*, *amar*), **détester** (dê-tês-tê) (*detestar*, *odiar*) e **préférer** (prê-fê-rê) (*preferir*). Por exemplo: **J'aime le café** (jême lê cá-fê) (*Eu gosto de café*). Veja os verbos que indicam preferência no Capítulo 6.

Usando artigos indefinidos

Ao se referir a objetos indeterminados, use os artigos indefinidos, equivalentes a *um* e *uma* em português. Em francês, os artigos indefinidos são:

» **un** (aN) (*um*) — artigo indefinido masculino singular

» **une** (uine) (*uma*) — artigo indefinido feminino singular

» **des** (dê) (*uns, umas*) — artigos indefinidos masculino e feminino plural

Os artigos indefinidos em francês são usados da mesma maneira que em português. Veja alguns exemplos:

» **Paris est une grande ville.** (pá-rri é-tiune graNd vile.) (*Paris é uma grande cidade.*)

» **Je voudrais un café.** (jê vu-dré-zaN cá-fé.) (*Eu gostaria de café.*)

» **Il y a des maisons dans la rue.** (iliá dê mê-zoN daN la riue.) (*Existem casas na rua.*)

Escolhendo o partitivo

O idioma francês tem um artigo específico que se refere a uma parte do todo. Ele pode ser traduzido como *um porção de*, *uma parte de*.

Como você deve imaginar, o artigo tem uma forma masculina, **du** (diu), uma feminina, **de la** (dê la), e uma plural, **des** (dê). Existe ainda uma forma singular usada quando o substantivo começa com vogal ou H mudo, **de l'** (dê el a-pôs-tróf). Veja alguns exemplos:

Je voudrais du pain et du fromage. (jê vu-dré diu paN ê diu frô-máge.) (*Gostaria de [uma porção] de pão e [uma porção de] queijo.*)

Si tu as soif, bois de l'eau ! (si tiu a suáf, buá diu lô!) (*Se está com sede, beba [uma porção de] água!*)

Il mange souvent de la salade. (il mãge su-vaN dê la saláde.) (*Ele muitas vezes come [uma porção de] salada.*)

Conhecendo os pronomes pessoais do caso reto

Os pronomes substituem os substantivos, evitando repetições desnecessárias ao escrever ou falar. Em francês, os pronomes mudam dependendo do papel que desempenham em uma sentença (sujeito, objeto direto, objeto indireto ou pronome possessivo). Felizmente, você não precisa se preocupar com todas essas formas diferentes agora. Nesta seção, focamos os *pronomes pessoais do caso reto*, que funcionam como sujeito. Os outros pronomes são tratados em outros capítulos ao longo deste livro.

Em uma sentença, o *sujeito* indica quem ou o que realiza a ação. Em "João joga tênis", *João* é o sujeito. Você pode substituir *João* pelo pronome *ele*, e a sentença seria "Ele joga tênis". Nesse caso, o pronome *ele* é o sujeito. Veja os pronomes pessoais do caso reto em francês e suas traduções:

Singular	Plural
je (jê) (*eu*)	**nous** (nu) (*nós*)
tu (tiu) (*você*)	**vous** (vu) (*vocês*)
il/elle/on (il/él/oN) (*ele/ela/a gente*)	**ils/elles** (il/é) (*eles*)

Olhando o "je" mais de perto

Se o verbo que segue o pronome **je** começar com uma vogal ou H mudo (veja o Capítulo 3 para saber mais sobre o H mudo), o **-e** é substituído pelo apóstrofo. Isso não ocorre com qualquer outro pronome pessoal do caso reto. Veja um exemplo:

J'aime le français. (jême lê fraN-cé.) (*Eu gosto de francês.*)

"Il", "elle", "ils" e "elles"

FALANDO DE GRAMÁTICA

Como mencionamos anteriormente, os substantivos em francês são masculinos ou femininos. O mesmo acontece com os pronomes. Portanto, **il** se refere não apenas a uma pessoa, mas também a um objeto masculino singular. O mesmo se aplica para **elle**. Na terceira pessoa do plural, **ils** significa *eles* e **elles**, *elas*, tanto para coisas quanto para pessoas.

O "tu" e o "vous"

O **tu** significa *você*, ou o nosso equivalente *tu*, e é sempre singular. No entanto, **vous** pode ser singular ou plural.

FALANDO DE GRAMÁTICA

Mesmo quando se refere a uma pessoa, o **vous** é sempre conjugado com o verbo no plural. Então, comece a praticar suas saudações usando o **vous** e a forma verbal correspondente terminada em **-ez** (exceto por três verbos irregulares), seja para se dirigir a uma ou a mais pessoas.

A forma como você se dirige a alguém em francês depende do quanto você conhece esse alguém. Se a pessoa for um familiar, colega ou criança, use **tu**, que é o modo informal. Você precisa usar o modo mais formal e educado, **vous**, nas seguintes situações:

» Quando conhece alguém (a menos que a pessoa seja uma criança)

» Quando falar com alguém mais velho do que você

» Quando falar com uma figura de autoridade, como um professor ou seu supervisor

» Quando se referir a duas ou mais pessoas

Veja o Capítulo 3 para saber mais sobre o uso de **tu** e **vous**.

SABEDORIA CULTURAL

Na França, usar o **tu** para se dirigir a um estranho ou alguém que acaba de conhecer soa, na melhor hipótese, estranho e, na pior, mal-educado. Entretanto, se for ao Quebec, vai descobrir que o **tu** é usado de modo mais livre.

Usando "on" para todos

O **on**, um pronome reto bastante versátil, tem diversos significados: *alguém*, *a gente*, *eles* e *pessoas*. A sentença **On parle français au Québec** (oN párle fraN-cé ô kê-bék), por exemplo, pode significar *Fala-se francês no Quebec* ou *As pessoas/Eles falam francês no Quebec*.

On pode ser usado também quando se quer repetir algo que ouviu sem revelar a fonte: **On m'a dit qu' on vous a renvoyé** (oN má di koN vu-zá raN-vuá-iê) (*Disseram-me que você foi demitido*).

FALANDO DE GRAMÁTICA

Bem versátil esse pronome, não? Lembre-se de que, seja para se referir a um sujeito plural ou singular, o **on** é conjugado sempre na terceira pessoa do singular. Veja as conjugações dos verbos mais adiante neste capítulo.

Descrevendo com os adjetivos

Os adjetivos descrevem os substantivos. Como os substantivos franceses têm gênero e número, todos os adjetivos têm que combinar com os substantivos que qualificam em gênero e número.

Mudando a terminação dos adjetivos para especificar o gênero

É preciso mudar a terminação de um adjetivo para que ele concorde em gênero e número com o substantivo. A Tabela 2-3 mostra as formas singulares e plurais, masculina e feminina, bem como exemplos usando essas terminações.

TABELA 2-3 **Terminações dos Adjetivos Franceses**

Masculino Singular	Feminino Singular	Masculino Plural	Feminino Plural
-e: calme (cálme) (*calmo*)	**-e: calme** (cálme) (*calma*)	**-es: calmes** (cálme) (*calmos*)	**-es: calmes** (cálme) (*calmas*)
-é: fatigué (fá-ti-guê) (*cansado*)	**-ée: fatiguée** (fá-ti-guê) (*cansada*)	**-és: fatigués** (fá-ti-guê) (*cansados*)	**-ées: fatiguées** (fá-ti-guê) (*cansadas*)
-consoante: grand (graN) (*grande, alto*)	-consoante + **e: grande** (graNd) (*grande, alta*)	-consoante + **s: grands** (graN) (*grandes, altos*)	-consoante + **es: grandes** (graNd) (*grandes, altas*)
-eux: heureux (ê-rêu) (*feliz*)	**-euse: heureuse** (ê-rêuz) (*feliz*)	**-eux: heureux** (ê-rêu) (*felizes*)	**-euses: heureuses** (ê-rêuz) (*felizes*)
-eur: travailleur (tra-va-íeur) (*trabalhador*)	**-euse: travailleuse** (tra-va-iêz) (*trabalhadora*)	**-eurs: travailleurs** (tra-va-íeur) (*trabalhadores*)	**-euses: travailleuses** (tra-va-iêz) (*trabalhadoras*)
-teur: conservateur (coNssêr-va-téur) (*conservador*)	**-trice: conservatrice** (coNssêr-va-tris) (*conservadora*)	**-teurs: conservateurs** (coNssêr-va-téur) (*conservadores*)	**-trices: conservatrices** (coNssêr-va-tris) (*conservadoras*)
-f: sportif (spôr-tif) (*atlético*)	**-ve: sportive** (spôr-tiv) (*atlética*)	**-fs: sportifs** (spôr-tif) (*atléticos*)	**-ves: sportives** (spôr-tiv) (*atléticas*)
-ien: canadien (ca-na-diaN) (*canadense*)	**-ienne: canadienne** (ca-na-diênne) (*canadense*)	**-iens: canadiens** (ca-na-diaN) (*canadenses*)	**-iennes: canadiennes** (ca-na-diênne) (*canadenses*)
-on: bon (boN) (*bom*)	**-onne: bonne** (bônne) (*boa*)	**-ons: bons** (boN) (*bons*)	**-onnes: bonnes** (bônne) (*boas*)
-er: fier (fiêr) (*orgulhoso*)	(*orgulhoso*)**-ère: fière** (fiér) (*orgulhosa*)	**-ers: fiers** (fiêr) (*orgulhosos*)	**-ères: fières** (fiér) (*orgulhosas*)

Alguns adjetivos têm formas bastante irregulares no feminino singular:

» **beau/belle** (bô/bél) (*bonito/a*): **un beau garçon** (aN bô gar-ssoN) (*um menino bonito*) e **une belle fille** (uine bél fiiê) (*uma menina bonita*)

» **nouveau/nouvelle** (nu-vô/nu-vél) (*novo/a*): **un nouveau manteau** (aN nu-vô maN-tô) (*um casaco novo*) e **une nouvelle robe** (uine nu-vél rób) (*um vestido novo*) (feminino)

» **vieux/vieille** (viêu/viéiiê) (*velho*): **un vieux bureau** (aN vêu biu-rô) (*uma mesinha velha*) (masculino) e **une vieille maison** (uine viéiiê mê-zoN) (*uma casa velha*)

Colocando o adjetivo no lugar certo

A maioria dos adjetivos franceses se posiciona depois do substantivo que descreve, como em português. Por exemplo, **un voyage intéressant** (aN voá-iáge aN-tê-rê-ssaN) (*uma viagem interessante*). Entretanto, essa regra muda quando os adjetivos se relacionam aos assuntos a seguir. Nesses casos, o adjetivo é usado antes do substantivo:

» **Beleza:** Adjetivos nessa categoria incluem **beau/belle** (bô/bél) (*bonito/a*) e **joli/jolie** (jô-li) (*lindo/a*).

» **Idade:** A categoria inclui palavras como **jeune** (jêun) (*jovem*), **vieux/vieille** (viêu/viéiiê) (*velho/a*) e **nouveau/nouvelle** (nu-vô/nu-vél) (*novo/a*).

» **Números:** Palavras nesse grupo incluem **premier/première** (prê-miê/prê-miér) (*primeiro/a*), **dernier/dernière** (dêr-niê/dêr-niér) (*último/a*), **deux** (dêu) (*dois/duas*), **trois** (troá) (*três*), e assim por diante.

» **Bondade (ou falta de):** Palavras como **bon/bonne** (boN/bônne) (*bom/boa*), **mauvais/mauvaise** (mô-vé/mô-véz) (*mal/má*) e **gentil/gentille** (jaN-ti/jaN-til) (*gentil*) estão nesse grupo.

» **Tamanho:** Essa categoria inclui palavras como **grand/grande** (graN/graNd) (*grande, alto/a*), **petit/petite** (pêu-ti/pêu-tit) (*pequeno/a*) e **gros/grosse** (grô/grós) (*grande, gordo/a, grosso/a*).

Alguns adjetivos são um pouco traiçoeiros, pois podem mudar de significado conforme seu posicionamento em relação ao substantivo. Veja a lista a seguir:

» **ancien/ancienne** (aN-ciaN/aN-ciênn): Antes do substantivo, significa *antigo, anterior*; depois do substantivo, *ancião* ou *velho*.

» **cher/chère** (chér/chér): Antes do substantivo, significa *querido/a*; depois do substantivo, *caro* (no sentido de preço alto).

» **pauvre** (pô-vre): Antes do substantivo, significa *infeliz*, depois, *pobre*.

» **propre** (pró-pre): Antes do substantivo, significa *próprio* (propriedade); depois, *limpo*.

DICA

Existe uma maneira de lembrar os diferentes significados desses adjetivos: quando posicionados antes do substantivo, estão no sentido figurado. Quando aparecem depois do substantivo, seu sentido é literal. Veja alguns exemplos:

un ancien collègue (aN-naN-ciaN cô-lég) (*um antigo colega*) versus **un bâtiment ancien** (aN bá-ti-maN aN-ciaN) (*um prédio antigo*)

un pauvre garçon (aN pô-vre gar-ssoN) (*um menino infeliz*) versus **un enfant pauvre** (aN-naN-faN pô-vre) (*uma criança pobre*)

Usando a criatividade com os advérbios

O advérbio é a palavra que modifica (descreve) verbos, adjetivos ou outro advérbio. Em português, muitos advérbios terminam em *-mente*: *lentamente*, *rapidamente*, *nervosamente* e assim por diante. Em francês, a maioria dos advérbios termina em **-ment**, e normalmente segue o verbo. Aqui estão as regras:

» Para a forma feminina de um adjetivo, adicione **-ment**: **lente** (laNt) (*lento*) se torna **lentement** (laNt-maN) (*lentamente*), e **active** (ak-tív) (*ativo*) se torna **activement** (ack-tiv-maN) (*ativamente*).

» Para a forma masculina de um adjetivo terminado em vogal, adicione **-ment**: **vrai** (vré) (*verdadeiro*) se torna **vraiment** (vré-maN) (*verdadeiramente, realmente*), e **absolu** (ab-sô-liu) (*absoluto*) se torna **absolument** (ab-sô-liu-maN) (*absolutamente*).

» Para a forma masculina de um adjetivo terminado em **-ent** ou **-ant**, remova o **nt** e acrescente **-mment**: **constant** (coN-staN) (*constante*) se torna **constamment** (coN-stáN-maN) (*constantemente*), e **évident** (ê-vi-daN) (*evidente*) se torna **évidemment** (ê-vi-daN-maN) (*evidentemente*).

As formas adverbiais de bom e mal são irregulares em francês. O adjetivo *bom* — **bon** (boN) — torna-se o advérbio **bien** (biaN) (*bem*), e **mauvais** (mô-vé) (*mal*) se torna **mal** (mal) (*mal*).

A maioria dos adjetivos em francês vem imediatamente depois do verbo:

Parlez lentement, s'il vous plaît. (par-lê laNt-maN, sil-vu-plê.) (*Fale lentamente, por favor.*)

Les petits oiseaux chantent joyeusement. (lê pê-ti-zuá-zô chaNt juá-iêu-z-maN.) (*Os passarinhos cantam alegremente.*)

Agindo com os Verbos

Um verbo expressa uma ação ou estado de ser. Em francês, assim como em português, a forma verbal não conjugada e sem indicativo de pessoa ou tempo (passado, presente, futuro) é chamada de *forma infinitiva*. Os infinitivos em francês têm terminações especiais, como **-er**, **-ir** e **-re**.

- **aller** (a-lê) (*ir*)
- **parler** (par-lê) (*falar*)
- **finir** (fi-nír) (*terminar*)
- **être** (é-tre) (*ser/estar*)

Além disso, os verbos podem ser regulares ou irregulares. Os verbos regulares têm a mesma raiz em toda a conjugação, enquanto que os irregulares, não. A raiz é a parte principal do verbo antes de acrescentarmos as terminações. Por exemplo, em português, o verbo *amar* é regular, pois tem a mesma raiz, não importa qual seja o sujeito: eu amo, ele ama, você ama, nós amamos, vocês amam, eles amam. Mas o verbo *ser* é irregular, pois não mantém a mesma raiz em todas as pessoas de conjugação; a forma do verbo depende do sujeito: eu sou, você é, ele/a é, você é, nós somos, vocês são, eles são.

Como em português, o verbo deve concordar com o sujeito (você não diz, claro, "as folhas cai"); portanto, em francês, o verbo tem um final especial para cada sujeito (*eu*, *tu*, *ele*, *nós*, e assim por diante). As seções a seguir mostram mais detalhes.

Verbos regulares

Em francês, os verbos regulares — aqueles que seguem um padrão — pertencem a três grandes grupos, que são determinados pelas terminações da forma infinitiva do verbo:

- O maior grupo é dos verbos terminados em **-er**: Exemplos incluem **chanter** (chaN-tê) (*cantar*), **parler** (par-lê) (*falar*) e **donner** (dô-nê) (*dar*).

  Uma maneira simples de conjugar os verbos dessa categoria é retirar a terminação **-er** do infinitivo e adicionar as seguintes terminações: **-e**, **-es**, **-e**, **-ons**, **-ez** e **-ent**. Veja a conjugação do verbo **parler** no tempo presente.

Conjugação	Pronúncia
je parle	jê parl
tu parles	tiu parl
il/elle/on parle	il/él/oN parl
nous parlons	nu par-loN
vous parlez	vu par-lê
ils/elles parlent	il/él parl

LEMBRE-SE

Não pense que todos os verbos terminados em **-er** são regulares. **Aller** (a-lê) (*ir*), por exemplo, é um verbo irregular.

» O grupo dos infinitivos terminados em **-ir**, como **finir** (fi-nír) (*terminar*) e **choisir** (chuá-zir) (*escolher*).

Para conjugar esses verbos, retire a terminação **-r** do infinitivo e acrescente as seguintes terminações: **-s**, **-s**, **-t**, **-ssons**, **-ssez** e **-ssent**. Veja a seguir a conjugação do verbo **finir** (fi-nír) (*terminar*) no tempo presente.

Conjugação	Pronúncia
je finis	jê fi-ní
tu finis	tiu fi-ní
il/elle/on finit	il/él/oN fi-ní
nous finissons	nu fi-ni-ssoN
vous finissez	vu fi-ni-ssê
ils/elles finissent	il/él fi-nis

» O menor, mas importante, grupo é o dos verbos com infinitos terminados em **-re**, como **attendre** (a-tâN-dre) (*esperar*) e **vendre** (vêN-dre) (*vender*).

Para conjugar essa categoria de verbos, basta remover a terminação **-re** do infinitivo e acrescentar **-s**, **-s**, nada, **-ons**, **-ez** e **-ent**. Observe a conjugação do verbo **vendre** no tempo presente:

Conjugação	Pronúncia
je vends	jê vaN
tu vends	tiu vaN
il/elle/on vend	il/él/oN vaN
nous vendons	nu vaN-doN
vous vendez	vu vaN-dê
ils/elles vendent	il/él vaNd

Verbos irregulares

Os verbos irregulares são aqueles que não seguem um padrão regular de conjugação. Embora possam representar um desafio, é possível aprendê-los com um pouco de prática e memorização. Os mais importantes são mostrados a seguir:

» **être** (é-tre) (*ser/estar*)

A tabela a seguir mostra a conjugação do verbo **être** no presente:

Conjugação	Pronúncia
je suis	jê suí
tu es	tiu é
il/elle/on est	il/él/oN é
nous sommes	nu som
vous êtes	vu-zét
ils/elles sont	il/él soN

» **avoir** (a-vuar) (*ter*)

A tabela a seguir mostra a conjugação do tempo presente do verbo **avoir**:

Conjugação	Pronúncia
j'ai	jé
tu as	tiu a
il/elle/on a	il/él/oN a

Conjugação	Pronúncia
nous avons	nu-za-voN
vous avez	vu-za-vê
ils/elles ont	il-/él-zoN

Os verbos **être** e **avoir** não apenas são utilizados em diversas expressões como também servem de verbos auxiliares na formação das formas compostas do tempo pretérito, como explicamos no Capítulo 11.

» **faire** (fér) (*fazer*)

A tabela a seguir mostra a conjugação do verbo **faire** no presente:

Conjugação	Pronúncia
je fais	jê fé
tu fais	tiu fé
il/elle/on fait	il/él/oN fé
nous faisons	nu fê-zoN
vous faites	vu fét
ils/elles font	il/él foN

» **aller** (a-lê) (*ir*)

A tabela a seguir mostra a conjugação do verbo **aller** no tempo presente:

Conjugação	Pronúncia
je vais	jê vé
tu vas	tiu va
il/elle/on va	il/él/oN va
nous allons	nu-za-loN
vous allez	vu-za-lê
ils/elles vont	il/él voN

Para ver mais verbos irregulares, consulte o Apêndice B.

Tempos verbais

Para expressar uma ação ou estado de ser no presente, usamos o tempo presente. Se a ação ainda não aconteceu, usamos o futuro. E, se já aconteceu, o passado, ou pretérito. Simples, não é?

Falando no presente

Quando algo está acontecendo agora, usamos o presente. Veja um exemplo de uma sentença simples no presente em francês: **Les enfant chantent.** (lê-zaN-faN chaNt.) (*As crianças cantam/estão cantando.*)

O presente em francês pode ser traduzido de duas maneiras, como mostra o exemplo anterior. Embora essas traduções sejam usadas de forma intercambiável, você precisa decidir qual é a melhor opção para o contexto da sentença. Para a conjugação do presente dos verbos regulares e irregulares, veja as seções anteriores.

Uma rápida olhada no passado

Você expressa o passado em francês de diversas maneiras, mas a mais simples e comum é **le passé composé** (lê pa-ssê coN-pô-zê) (*o passado composto*). Esse tempo é formado por mais de um componente: um verbo auxiliar (**avoir** ou **être**) conjugado no presente e o particípio passado do verbo desejado (a forma que em português normalmente termina em *-ado* e *-ido*). Veja alguns exemplos:

J'ai travaillé. (jé tra-vá-iê.) (*Eu trabalhei.*)

Il est entré. (il é-taN-trê.) (*Ele entrou.*)

Para ter uma ideia de como é a conjugação de um verbo regular no passado, veja a seguir a conjugação do verbo **parler** (par-lê) (*falar*):

Conjugação	Pronúncia
j'ai parlé	jé par-lê
tu as parlé	tiu a par-lê
il/elle/on a parlé	il/él/oN a par-lê
nous avons parlé	nu-za-voN par-lê
vous avez parlé	vu-za-vê par-lê
ils/elles ont parlé	il-/él-zoN par-lê

O Capítulo 11 abrange o pretérito em mais detalhes.

Espiando o futuro

Para formar o futuro, use a conjugação do verbo **aller** no presente seguida de infinitivo. Veja um exemplo: **Demain, Sylvie va voyager.** (dê-maN, Sil-ví vá vô-iá-gê) (*Amanhã Sylvie vai viajar.*).

FALANDO DE GRAMÁTICA

Essa forma futura — **aller** (a-lê) + o infinitivo — é chamada de *futuro imediato* ou *próximo*, pois expressa eventos que irão acontecer em breve. O francês possui outro futuro, chamado de *futuro simples*. O futuro próximo e o simples normalmente são usados de modo intercambiável. Por exemplo, você pode dizer *Sylvie viajará* (futuro simples) ou *Sylvie vai viajar* (futuro próximo). Para saber mais sobre o futuro simples, veja o Capítulo 13.

Para ter uma ideia de como formar o futuro imediato ou próximo com todas as pessoas, observe o exemplo a seguir, que usa o verbo **parler** (par-lê) (*falar*):

Conjugação	Pronúncia
je vais parler	jê vé par-lê
tu vas parler	tiu vá par-lê
Il/elle/on va parler	il/él/ohN vá par-lê
nous allons parler	nu-za-loN par-lê
vous allez parler	vu-za-lê par-lê
ils/elles vont parler	il/él voN par-lê

Formando Sentenças e Perguntas

A construção de uma sentença simples (em francês e português) consiste de pelo menos um sujeito e um verbo. Além disso, ela pode também incluir um substantivo como objeto, um adjetivo e um advérbio. A sentença **Elle porte une jolie robe** (él pór-tiune jô-lí rób) (*Ela está usando um lindo vestido*) tem sujeito (**elle**), verbo (**porte**), artigo feminino singular (**une**), adjetivo (**jolie**, em sua forma feminina) e substantivo como objeto (**robe**).

LEMBRE-SE

A tradução de uma sentença do francês para o português nem sempre segue a mesma ordem de componentes, pois, como mencionamos anteriormente, há situações em que o adjetivo pode aparecer antes do substantivo, como se usa em português para dar ênfase ao adjetivo. Na sentença **Charles est un garçon intelligent** (chárl é-taN gár-ssoN aN-tê-li-jaN) (*Charles é um menino inteligente*), a mesma ordem natural do português é respeitada.

Acredite se quiser, algumas questões gramaticais em francês são tão fáceis quanto em português. Um bom exemplo disso é o modo que você usa para fazer perguntas.

» Use a entonação, elevando a voz no final da afirmação: **Vous avez un ticket ?** (vu-za-vê-zaN ti-kê?) (*Você tem uma passagem?*).

» Acrescente **est-ce** que (és-kê) para começar a frase: **Est-ce que vous avez un ticket ?** (és-kê vu-za-vê-zaN ti-kê?) (*Você tem uma passagem?*)

LEMBRE-SE

Se a palavra que começa com vogal vier depois de **est-ce que** (és-kê), ele se torna **est-ce qu'** (és-k). Por exemplo: **Est-ce qu'elle a un ticket ?** (és-kél-a aN ti-kê) (*Ela tem uma passagem?*).

Essas formas interrogativas simples são válidas, não importa o tempo verbal: passado, presente ou futuro.

NESTE CAPÍTULO

» Descobrindo alfabeto e pronúncia em francês

» Entendendo acentos, elisão e ligação

» Fazendo apresentações e perguntas básicas

Capítulo 3

Conhecendo a Pronúncia e as Expressões Básicas

Sempre que alguém ouve uma língua estrangeira falada ou cantada em uma velocidade normal, as palavras — que a princípio não fazem sentido — criam uma confusão de sons impossível de se reproduzir. Assim, uma das partes mais difíceis de aprender qualquer idioma — o francês inclusive — é superar o medo de não parecer francês. Porém, depois de superar esse medo de falar "esquisito", todo o restante é divertido e fácil. Com esse propósito, este capítulo traz todas as informações necessárias para pronunciar corretamente as palavras em francês.

LEMBRE-SE

O mundo tem mais de 200 milhões de *francófonos* (pessoas que falam francês como língua materna) e, como se pode imaginar, o sotaque francês varia em diferentes partes do mundo. Este livro se concentra na pronúncia parisiense, que é considerada a pronúncia francesa padrão.

O Alfabeto Francês

ÁUDIO

O alfabeto francês tem as mesmas 26 letras que o da língua portuguesa. É claro, algumas letras são pronunciadas de modo diferente. A Tabela 3-1 enumera as letras e traz seus nomes em francês, o que pode ser útil se, por exemplo, você tiver que soletrar seu nome ao telefone ou escrever um endereço.

Você ouve o alfabeto francês na Faixa 1.

TABELA 3-1 **O Alfabeto Francês**

Letra	Pronúncia	Letra	Pronúncia
A	a	N	ênn
B	bê	O	ô
C	cê	P	pê
D	dê	Q	ki
E	ê	R	er
F	éf	S	éss
G	gê	T	tê
H	áche	U	iu
I	i	V	vê
J	ji	W	dublevê
K	ka	X	iks
L	él	Y	igréc
M	êmm	Z	zéd

Pronunciando o Som das Vogais e Consoantes

O francês é uma língua românica. Línguas românicas — que incluem ainda espanhol, italiano, romeno e português — têm a mesma origem e, portanto, características semelhantes. Uma das características mais importantes das línguas românicas é que os sons são, em sua maioria, baseados nas vogais, ao contrário das línguas anglo-saxônicas — inglês e alemão —, que são baseadas

As palavras em francês contêm consoantes, é claro, mas são muito mais suaves se comparadas, por exemplo, ao inglês. Continue lendo para descobrir a pronúncia das vogais e consoantes em francês.

LEMBRE-SE

As tabelas nas seções seguintes ajudam com a pronúncia dos sons em francês. Entretanto, há sons que não possuem correspondentes exatos em português. Nesses casos, damos dicas de como pronunciar esses sons específicos.

Os sons das vogais

Os sons das vogais são mais difíceis de pronunciar, são mais curtos que em português. Quase todas têm um som equivalente em português. Veja a Tabela 1-3.

TABELA 3-2 Sons das Vogais em Francês

Francês	Símbolo	Em Português	Palavra em Francês
a **â** **à**	a	carta	**la tasse** (la táss) (*copo*); **la pâtisserie** (la pa-tis-rrí) (*confeitaria*); **là-bas** (lá-bá) (*lá*)
e **eu**	ê éu	pequeno	**le petit** (lê pê-tí) (*pequeno*); **la fleur** (la fléur) (*flor*)
é **ez** **er**	ê	mesa	**les cafés** (lê cá-fê) (*cafeteria*); **le nez** (lê nê) (*nariz*); **parler** (pahr-lê) (*falar*)
è **ê** **ai** **ei** **et**	é	até	**la mère** (la-mér) (*mãe*); **la fenêtre** (la fê-né-tre) (*janela*); **clair** (clér) (*claro*); **la neige** (la nêge) (*neve*); **le secret** (lê sê-cré) (*segredo*)
i **î** **y**	i	iglu	**vite** (vit) (*rápido*); **la gîte** (la git) (*abrigo*); **le/les pays** (lê/lê pê-i) (*país/países*)
o **ô** **au** **eau**	ô	bolo	**le mot** (lê mô) (*palavra*); **les côtes** (lê kêt) (*costelas*); **aujourd'hui** (ô-jur-duí) (*hoje*); **l'eau** (f) (lô) (*água*)
o	ó	adoro	**la pomme** (la pómm) (*maçã*); **les bottes** (lê bót) (*botas*)
ou **où**	u	muro	**l'amour** (m) (la-mur) (*amor*); **où** (u) (*onde*)
oi **oy**	oá	não há equivalente	**la soie** (la soá) (*silk*); **moyen** (moá-iaN (*médio*)
u	iu*	não há equivalente	**salut** (sá-liu) (*olá/tchau*)

DICA

*O som *iu*, representado em francês pela letra **u** não existe em português, mas não é difícil de pronunciar. Eis um pequeno truque para ajudá-lo. Diga *i*; a ponta da sua língua fica no dente inferior da frente. Mantendo essa posição, arredonde os lábios, e o som que sai de sua boca é... o *iu* francês (**u**).

O e mudo

Quando a letra *e* aparece no final de uma palavra ou entre duas consoantes, geralmente não é pronunciada e é chamada de *muda*. Por exemplo, você não pronuncia o **e** no final de **grande** (grand) (*alto*) ou no meio de **samedi** (samdí) (*sábado*).

Sons nasais

O som nasal é muito comum no francês. Também é bem fácil de pronunciar. Imagine que você esteja resfriado e pronuncie os sons *a*, *i* e *o* pelo nariz. Eles sairão nasalizados. Veja uma frase que contém sons anasalados em francês: **un bon vin blanc** (aN boN vaN blaN) (*um bom vinho branco*).

A Tabela 3-3 lista os sons anasalados. Palavras com sons semelhantes em português são mostradas como exemplo. Concentre-se apenas nos sons das vogais.

TABELA 3-3 Sons Nasais em Francês

Francês	Símbolo	Som Equivalente em Português	Palavra em Francês
an **am** **en** **em**	aN	grande	**grand** (graN) (*grande*); **ambitieux** (aN-bi-ciêu) (*ambicioso*); **l'enfant** (m/f) (laN-faN) (*criança*); **l'employé/e** (m/f) (laN-pluá-iê) (*empregado*)
un	aN	branco	**brun** (braN) (*castanho*)
in **aim** **im** **aN**	ãN	escrivã	**le pain** (lê pãN) (*pão*); **le matin** (lê ma-tãN) (*manhã*); **la faim** (la fãN) (*fome*); **impossible** (ãN-pô-ssi-blê) (*impossível*)
oin	oaN	-	**loin** (loaN) (*longe*)
ien	ian	sutiã	**le chien** (lê chiaN) (*cachorro*)
on **om**	oN	bom	**bon** (boN) (*bom*); **le nom** (lê noN) (*nome*)

Consoantes

As consoantes francesas são pronunciadas quase como em português. As sílabas não são estendidas; devem ser pronunciadas rápida e articuladamente, passando a ênfase para a vogal a seguir.

DICA

O **r** em francês costuma assustar estrangeiros. Não precisa ter medo. Basta pronunciá-lo na garganta. Imagine que está com algo preso na garganta e está tentando remover, mas o som deve ser o mais suave e gentil que conseguir.

Outra coisa que é preciso saber sobre as consoantes é que, quando aparecem no final de uma palavra, normalmente não são pronunciadas. Considere estes exemplos: **l'argent** (m) (lar-jaN) (*dinheiro*), **vingt** (vaN) (*vinte*) e **les fruits** (lê fruí) (*fruta*). É claro que essa regra tem exceções. As consoantes **c**, **r**, **f** ou **l** no final de uma palavra normalmente são pronunciadas. Veja alguns exemplos dessas consoantes: **chic** (chik) (*chique*, *estiloso*), **neuf** (nêuf) (*nove*, *novo*), **cher** (chér) (*caro*) e **avril** (a-vríl) (*abril*).

A Tabela 3-4 traz as consoantes cujos sons em francês podem mudar dependendo da vogal ou consoante que vier em seguida. Observe que a letra **s** é pronunciada como **s** quando começa a palavra, mas quando aparece no meio, é pronunciada como **z**.

TABELA 3-4 **Consoantes Traiçoeiras em Francês**

Letra em Francês	Símbolo	Em Português	Palavra em Francês
c (antes de **a**, **o**, **u**)	c	colega	**le collège** (lê cô-lé-ge) (*colégio*)
ç (antes de **a**, **o**, **u**)	ss	sala	**le garçon** (lê gar-ssoN) (*menino*)
c (antes de **e** e **i**)	c	selo	**le ciel** (lê ciél) (*céu*)
ch	ch	chapéu	**le chapeau** (lê cha-pô) (*chapéu*)
g (antes de **a**, **o**, **u**)	g	gato	**le gâteau** (lê ga-tô) (*bolo*)
gn	nh	montanha	**la montagne** (la moN-tá-nhe) (*montanha*)
gu (antes de **e** e **i**)	g	guerra	**la guerre** (lah guehr) (*guerra*); **la guitare** (lah gui-tahr) (*violão*)
j, **g** (antes de **e** e **i**)	j	jovem	**le jour** (lê jur) (*dia*), **le genou** (lê jê-nu) (*joelho*)
s	s	sala	**le soleil** (lê sô-léi) (no início da palavra) (*sol*)
s (entre duas vogais)	z	civilização	**la civilisation** (la ci-vi-li-zá-cioN) (*civilização*)
ss (entre duas vogais)	ss	pássaro	**le poisson** (lê poá-ssoN) (*peixe*)

O h mudo e o h aspirado

O francês tem duas pronúncias para o *h*: há o *h mudo* e o *aspirado* — e nenhuma delas é pronunciada. Então, por que a diferença? As razões são as seguintes:

» Com o h mudo, os artigos **le** e **la** perdem as vogais, que são substituídas pelo apóstrofo. Por exemplo, para dizer *o homem* em francês, dizemos **l'homme** (m) (lómm), basicamente transformando duas palavras em uma.

» Com o h aspirado, o artigo definido não perde a vogal. As palavras continuam separadas. Veja um exemplo: **le hockey** (lê ô-kêi) (*hockey*).

No plural, a ligação (veja a próxima seção sobre ligação) aparece entre os artigos e o h mudo. Por exemplo, para dizer *os homens*, dizemos **les hommes** (lê-zómm) como se fosse uma palavra só. Entretanto, não há ligação entre os artigos e palavras que comecem com h aspirado, como na palavra **les héros** (lê ê-rrô) (*os heróis*). Se a ligação fosse permitida aqui, a palavra teria o som de **les zéros** (lê-zê-rrô) (*os zeros*) — e não *os heróis*.

Veja uma lista de palavras comuns, além de **le hockey** e **le héros**, que começam com h aspirado em francês: **le homard** (lê ô-mar) (*lagosta*), **le handicapé/la handicapée** (lá an-di-cah-pê) (*incapacitado*), **les haricots** (lê a-rri-cô) (*feijão*), **les hors-d'oeuvre** (lê ór-dé-vre) (*entrada*).

LEMBRE-SE

Com o h mudo existem a elisão e a ligação. Com um h aspirado não existe elisão nem ligação.

Não enfatize as sílabas, use a entonação

Em francês, todas as sílabas têm igual importância em volume e ênfase (por isso não mostramos as sílabas tônicas nas pronúncias ao longo do livro). A ênfase nas palavras francesas de duas ou mais sílabas recai sobre a última sílaba, mas é uma ênfase de duração, não de intensidade. Por exemplo, na palavra **la photographie** (la fô-tô-gra-fí) (*fotografia*) não há sílaba tônica, mas uma alteração na entonação; há uma elevação ou diminuição na voz ao pronunciar palavras polissílabas, frases e sentenças. Para fazer uma pergunta, por exemplo, há uma elevação na entonação da voz no final da sentença, como em português.

Lembrar de não enfatizar as sílabas nas palavras francesas grafadas de forma idêntica ou semelhante em português requer um pouco de prática.

Entendendo Acentos, Ligações e Elisões

O francês contém cinco acentos, ou *marcas diacríticas*, como são chamados pelos gramáticos. É importante observar que o acento sobre uma vogal não significa que aquela sílaba é tônica. O acento só afeta a letra em que aparece e, mesmo assim, ele só muda a pronúncia das letras **e** e **c** (veja a Tabela 3-2). Além de reconhecer os cinco acentos do francês, ainda é preciso saber como funcionam as ligações e as elisões. As seções a seguir mostram mais detalhes.

Os cinco acentos franceses

O acento muda a pronúncia da letra ou distingue uma palavra da outra. Em ambos os casos, omitir um acento é o mesmo que escrever a palavra errado. A lista a seguir explica cada um dos cinco acentos:

- **l'accent aigu** (la-kssaN-te-guiu) (*acento agudo*). Esse acento aparece apenas sobre o **e** (**é**), e o som, diferente do português, é fechado, como na palavra *você*: **le café** (lê cá-fê) (*café, cafeteria*).
- **l'accent grave** (la-kssaN gráv) (*acento grave*). Esse acento aparece sobre as letras **e** (**è**), **a** (**à**) e **u** (**ù**), mas somente afeta o som da letra **e**. O **è** é um som aberto, como em *chulé*, em português, ou como na palavra francesa **la mère** (la mér) (*mãe*). Nas letras **a** e **u**, esse acento distingue entre duas palavras que, sem ele, seriam grafadas de modo idêntico. Com **l'accent grave**, por exemplo, **à** é uma preposição que significa *à, para a*. Sem o acento, **a** é a conjugação da terceira pessoa do singular do verbo **avoir** (a-voár), que significa *tem*. O mesmo acontece com a letra **u**. A palavra **où** (u) significa *onde*, mas a palavra **ou** (u), *ou*.
- **l'accent circonflexe** (la-kssaN cir-coN-fléks) (*acento circunflexo*). Quando esse acento (^) aparece sobre uma vogal **a**, **e**, **i**, **o** ou **u**, representa uma letra (geralmente um **s**) que foi retirada da palavra francesa séculos atrás. Veja alguns exemplos: **l'hôpital** (m) (lô-pi-tál) (*hospital*), **le château** (lê chá-tô) (*castelo*), **la forêt** (la fô-rê) (*floresta*) e **l'arrêt** (m) (la-rê) (*parada*).
- **la cédille** (la ce-diiê) (*a cedilha*) ou **c cédille** (cê ce-diiê) (*c cedilha*). Esse acento aparece somente embaixo da letra **c** (**ç**), como em português. A cedilha indica que o **c** tem som de **s**. Se a letra **c** não tem a cedilha e é seguida da letra **a**, **o** ou **u**, ela tem som de **k**, como na palavra *casa*. Veja esse comando em francês: **Commençons** (cô-maN-ssoN) (*Comecemos*).
- **le tréma** (lê trê-má) (*trema*). Esse acento (¨) indica que cada vogal na palavra é pronunciada separadamente. Veja as seguintes palavras: **naïf** (na-íf) (*ingênuo*), **Noël** (nô-él) (*Natal*).

Ligação

Você já teve a impressão, ao ouvir uma conversa em francês, de que tudo parecia uma única palavra muito grande? Provavelmente sim. É por causa de um fenômeno francês chamado *ligação*. **Faire la liaison** (fér la liêsoN) (*fazer a ligação*) significa que a última consoante de uma palavra é ligada à vogal que inicia a próxima palavra. Confira estes exemplos:

> **C'est_un_petit_appartement.** (cétaN petítapart(e)maN) (*É um apartamento pequeno.*)
>
> **Vous_êtes mon_ami depuis six_ans.** (vuzéte monami depiuí sizaN) (*Você é meu amigo há seis anos.*)

Além do h aspirado (explicado na seção anterior), a ligação nunca aparece com a conjunção **et** (ê) (*e*): **un livre et un crayon** (aN livre ê aN crêioN) (*um livro e um lápis*), por exemplo.

USANDO GESTOS

Os franceses se expressam com as mãos e gestos corporais muito mais do que outros povos. A expressão real ou a palavra não tem que acompanhar esses gestos, embora isso aconteça com frequência. A seguir estão alguns exemplos de gestos franceses comuns:

- Puxar o olho como se fosse abri-lo com o dedo dizendo: **Mon oeil !** (monéi) significa *De modo algum! Você está mentindo!*
- Levantar o polegar, agitando-o de modo ostensivo na frente de alguém significa *Perfeito!*
- Coçar o queixo com a parte de trás da mão e dizer: **Ah ! La barbe !** (*ah la bárb*) (*Literalmente: a barba*) significa *Que chato!* Usar o mesmo gesto de coçar o queixo e dizer **Une vraie barbe !** (uine vré bárb!) sobre algo ou alguém significa *Muito chato!*
- Esticar os dois braços em cada lado dos quadris e encolher os ombros significa *Não há nada que eu possa fazer sobre isso!* Na verdade, esse gesto é tão comumente associado aos franceses que geralmente é chamado em outros países, como nos Estados Unidos, de "o encolher de ombros gaulês".

Sem dúvida alguma você encontrará outros gestos — muitos não sendo apropriados para um livro familiar. Acreditamos que você pode usar as próprias habilidades para os compreender.

A elisão

Quando uma palavra termina com **e** ou **a** (geralmente, um artigo ou um pronome), e é seguida de uma palavra começando por vogal ou h mudo, o primeiro **e** ou **a** desaparece, e é substituído por apóstrofo. Essa regra, como a ligação, contribui para a harmonia natural da língua francesa. Eis alguns exemplos:

la + **école** = **l'école** (lêcóle) (*a escola*)

je + **aime** = **j'aime** (jémm) (*eu amo*)

le ou **la** + **enfant** = **l'enfant** (laNfan) (*a criança*)

la + **histoire** = **l'histoire** (li-stoár) (*a história*)

Observe que a elisão não ocorre com o h aspirado: **le homard** (lê ô-már) (*lagosta*), por exemplo.

Saudações: Formal e Amigável

As saudações são a primeira etapa para estabelecer contato com alguém, seja qual for o idioma. Em muitos casos, um sorriso resolve, e você só tem que esperar que a outra pessoa o cumprimente e repetir o que ela acabou de dizer. Contudo, este capítulo apresenta muitas saudações em francês simples, que você poderá usar em ocasiões diferentes para o ajudar a conhecer as pessoas.

Sendo formal ou informal

Em francês, é possível variar o nível de formalidade em seu discurso pelo modo como usa a palavra *você*. Dependendo da pessoa a quem se dirige, é possível usar o **tu** (tiu) informal ou o **vous** (vu). É importante saber quando é mais apropriado usar um ou outro, pois usar a palavra errada na melhor hipótese parece estranho e na pior, ofensivo.

Em geral, use o **vous** formal ao se dirigir a alguém que não conhece, um superior ou uma pessoa mais velha. Quando conhecer melhor essa pessoa, os dois poderão mudar para **tu**. Você diz **tu** ao se dirigir a um amigo, criança ou animal. Além disso, familiares, de todas as idades, usam a forma **tu**.

LEMBRE-SE

O ambiente em que está também determina a forma correta de se dirigir a alguém. Por exemplo, se você é um jovem viajando de trem pela França e conhece outro jovem, podem se tratar por **tu**. Por outro lado, se estiver em uma loja, dirija-se ao atendente por **vous**, mesmo que pareça mais jovem do que você. Também se lembre de que a forma **vous** é usada para se dirigir a pessoas em um nível mais formal, mas também é a forma plural usada para se dirigir a mais de uma pessoa, de modo formal ou informal.

Se você não está certo do que fazer, use a forma **vous** até que a pessoa a quem se dirige lhe peça para usar o **tu**. Assim você evita qualquer **faux pas** (fô pá) (*gafe*).

SABEDORIA CULTURAL

Em francês, em uma situação formal, é mais educado acrescentar **monsieur** (mêssiê) (*senhor*) para se dirigir a um homem, **madame** (má-dâmm) (*senhora*) para se dirigir a uma mulher casada e **mademoiselle** (mád-moá-zél) (*senhorita*) para se dirigir a uma mulher solteira, depois até mesmo de expressões mais simples, como **bonjour** (boN-jur) (*bom dia*, *olá*) e **merci** (mer-cí) (*obrigado*). Se você não sabe se uma mulher é casada ou não, como precaução, use **madame**. Lembre-se ainda de que **monsieur**, **madame** e **mademoiselle** são usados na maior parte das vezes sem os nomes os acompanhando.

Dizendo olá e adeus

Não há nada mais fácil do que dizer olá em qualquer idioma. Na verdade, a língua francesa tem um ditado ao se referir a algo que é realmente fácil: **"C'est simple comme bonjour"** (cé sãNple comm boNjur) (*É tão fácil quanto dizer bom dia*). Portanto, vá em frente, pratique estas saudações e despedidas:

» **Bonjour !** (boNjur): Significa literalmente *Bom dia*, mas você pode usar quando cumprimentar pela primeira vez alguém, de manhã e à tarde, enquanto o sol estiver brilhando.

SABEDORIA CULTURAL

No Quebec, as pessoas também dizem **Bonjour** ao sair, dando-lhe o verdadeiro significado de ter um *bom dia*.

» **Bonsoir !** (boNssoár) (*Boa noite!*): Essa saudação é usada no final da tarde e à noite para dizer olá ou adeus.

» **Salut !** (saliu) (*Oi! Tchau!*): Esse é o mais informal de todos os olás e é também uma maneira de dizer adeus; pode ser usado a qualquer hora do dia, mas não com qualquer pessoa. Use-o apenas com crianças e pessoas que conhece bem.

» **Au revoir !** (ôr vuár) (*Adeus!*): Assim como seu correspondente em português, aplica-se a qualquer hora do dia e da noite.

» **Bonne nuit !** (bone niuí) (*Boa noite!*): Diga isso apenas ao se retirar (ou quando alguém se retira) à noite ou ao colocar uma criança na cama. Pode ser comparado a dizer *durma bem*.

» **A bientôt !** (a biãNtô) (*Até logo!*): Significa até qualquer hora, em breve.

» **A tout à l'heure !** (a tuta léur) (*Vejo você depois!*): Use apenas se for ver a pessoa no mesmo dia.

» **A demain !** (a demãN) (*Até amanhã!*)

» **Bonne journée !** (bóne jurnê) (*Tenha um bom dia!*)

Apresentando a si e outras pessoas

Não é suficiente cumprimentar as pessoas e perguntar como estão; você também precisa se apresentar e descobrir quais são seus nomes. A finalidade desta seção é ajudá-lo a fazer exatamente isso.

FALANDO DE GRAMÁTICA

Em francês, para dizer *Meu nome é...*, usamos a forma reflexiva do verbo **appeler** (a-plê) (*chamar*). Portanto, **je m'appelle...** *(jê mapél)* literalmente significa *Eu me chamo...* A tabela a seguir mostra todas as formas de **appeler** no presente. Veja o Capítulo 2 para informações mais gerais sobre os verbos em francês.

Conjugação	Pronúncia
je m'appelle	jê ma-pél
tu t'appelles	tiu ta-pél
il/elle/on s'appelle	il/él/oN sa-pél
nous nous appelons	nu nu-zá-ploN
vous vous appelez	vu vu-zá-plê
ils/elles s'appellent	il/él sa-pél

Você pode usar qualquer uma destas frases:

» **Je m'appelle...** (jê ma-pél...) (*Eu me chamo/Meu nome é...*)

» **Je suis...** (jê siuí) (*Eu sou...*)

Se quiser saber quem é aquela pessoa lá do outro lado, pergunte **Qui est-ce ?** (ki és) (*Quem é aquele/a?*) E você recebe a resposta: **C' est...**(cê) (*Aquele/a é...*) Para apresentar alguém, diga uma das frases a seguir:

» **Je vous présente...** (jê vu prêsaNt) (*Deixe-me apresentar... a você*) (formal)

» **Je te presente...** (jê tê prêsaNt) (*Deixe-me apresentar... a você*) (informal)

» **Voici.../Voilà...** (voací/voaLá) (*Aqui está.../Lá está...*)

Depois de se apresentar ou apresentar alguém, a outra pessoa, se for homem, normalmente responde **Enchanté !** (aNchaNtê), e se for mulher, **Enchantée !** (a pronúncia é a mesma). Nesse caso, o significado é o mesmo: *Prazer em conhecê-lo/a* Naturalmente, entre crianças e jovens é mais provável que se ouçam estas expressões:

Comment tu t'appelles ? (comaN tiu tapél) (*Qual é o seu nome?*) (informal)

Et lui, qui est-ce ?/Et elle, qui est-ce ? (ê liuí ki-és/ê él ki-és) (*E quem é ele?/E quem é ela?*)

Tendo uma Conversa

ÁUDIO

Marc Sauval e sua esposa Christine, empreendedores do Quebec, encontram sua parceira francesa, Claire Rivet, pela primeira vez. (Faixa 2)

Marc: **Bonjour, madame. Je m'appelle Marc Sauval.**
boNjur mádâmm, jê mapél marc sôvál
Olá, senhora. Meu nome é Marc Sauval.

Claire: **Ah, monsieur Sauval. Je suis Claire Rivet. Enchantée !**
ah messiê soval jê siuí clér rivê, eNchaNtê
Ah, Sr. Sauval. Sou Claire Rivet. Prazer em conhecê-lo!

Marc: **Madame Rivet, je vous présente ma femme, Christine.**
mádâmm rivê, jê vu prê-zaNt má famm, cris-tin.
Sra. Rivet, deixe-me apresentá-la à minha mulher, Christine.

Claire: **Enchantée, madame !**
aNchaNtê, mádâmm!
Muito prazer, senhora!

Christine: **Enchantée !**
aNchaNtê
Muito prazer!

Fazendo Perguntas para Conhecer Melhor as Pessoas

Uma das maneiras de obter informações é fazer perguntas. Você pode querer, por exemplo, saber se o bistrô da esquina é bom, se os bancos abrem na segunda-feira ou se o trem está no horário. Mas, e para conhecer melhor as pessoas? Você pode fazer todas essas perguntas seguindo as instruções das seções seguintes.

O modo formal e informal de fazer perguntas

Você pode construir uma pergunta do tipo sim ou não de quatro maneiras em francês. As três primeiras mostradas a seguir são bastante informais e a última, mais formal.

Usando entonação

Para perguntar usando apenas a entonação, basta levantar a voz no final da afirmação: **Vous parlez français ?** (vu par-lê fraN-cé?) (*Você fala francês?*)

Usando "n'est-ce pas"

Uma das formas de fazer perguntas em francês é acrescentar **n'est-ce pas** (nês pá) ao final da sentença. Essa expressão equivale a *não é* ou *não...* no final de uma frase em português. Esse tipo de pergunta presume uma resposta afirmativa: **Vous parlez français, n'est-ce pas ?** (vu par-lê fraN-cé, nês pá?) (*Você fala francês, não fala?*)

Usando "est-ce que"

Você pode construir uma pergunta acrescentando **est-ce que** (és-kê) no início da sentença. A afirmação **Paris est une grande ville** (pá-rri ét-iune graNd vil) (*Paris é uma cidade grande*) se torna **Est-ce que Paris est une grande ville ?** (és-kê pá-rri ét-uine graNd vil?) (*Paris é uma cidade grande?*) Observe que o **e** final em **Est-ce que** é excluído antes de uma vogal: **Est-ce qu'il parle français ?** (és-kil parl fraN-cé?) (*Ele fala francês?*)

Usando a inversão

Nesse método, você inverte o verbo e o pronome pessoal do caso reto e adiciona um hífen entre eles. Veja estes exemplos:

> **Vous parlez français** (vu par-le fraN-cé) (*Você fala francês*) se transforma em **Parlez-vous français ?** (par-le vu fraN-cé?) (*Você fala francês?*)
>
> **Tu aimes la musique** (tiu émm la miu-zík) (*Você gosta de música*) se transforma em **Aimes-tu la musique ?** (émm-tiu la miu-zík?) (*Você gosta de música?*)

FALANDO EM GRAMÁTICA

Para usar a inversão corretamente, quando o verbo terminar em vogal e o pronome pessoal do caso reto começar por vogal — principalmente **il** (il) (*ele*), **elle** (él) (*ela*) e **on** (oN) (*indeterminado*) —, acrescente a letra t entre eles e coloque hifens em ambos os lados: **Il parle français** (il parl fraN-cé (*Ele fala francês*) se transforma em **Parle-t-il français ?** (parl-til fraN-cé?) (*Ele fala francês?*)

Perguntando e respondendo a "Como vai você?"

Na maioria das vezes, quando você encontra alguém, especialmente alguém que já conhece, sua saudação é seguida de uma pergunta: "Como vai você?" Você faz o mesmo em francês; mas, claro, há vários modos de fazer a pergunta, dependendo do nível de formalidade entre os dois falantes.

Formal: **Comment allez-vous ?** (comaNtalê vu) (*Como vai você?*) e **Vous allez bien ?** (Vuzalê biãN) (*Você está bem?*)

Informal: **Comment vas-tu ?** (comaN vá tiu) (*Como vai?*), **Comment ça va ?** (co-maN sa vá?) (*Como vai?*) e **Ça va ?** (sa vá?) (*Está bem?*)

Naturalmente, as outras pessoas podem querer saber como você está. Nesse caso, elas esperam que você responda, mas sem entrar em muitos detalhes sobre sua saúde, trabalho ou vida privada. Uma frase curta é o bastante, como as seguintes:

- **Ça va !** (sa vá!) (*Tudo bem!*)
- **Ça va bien !/Ça va très bien !** (sa vá biãN!/sa vá tré biãN!) (*Estou bem!/Estou muito bem!*)
- **Bien, merci !/Trés bien, merci !** (biãN mer-cí!/trés biãN mercí!) (*Bem, obrigado!/Muito bem, obrigado!*)
- **Je vais bien, merci.** (jê vé biãN, mer-cí.) (*Vou bem, obrigado.*)
- **Pas mal !** (pá mál!) (*Nada mal!*)

Você pode responder de modo negativo. Pode dizer, por exemplo, **Je ne vais pas très bien aujourd'hui** (jê nê vé pá tré biãN ô-jur-duí) (*Não estou muito bem hoje*).

FALANDO DE GRAMÁTICA

A forma negativa em francês tem duas partes: **ne** (nê), que é posicionado antes do verbo conjugado, e **pas** (pá) (*não*), que é posicionado depois. Se o verbo começar por vogal ou h mudo, remova o **e** de **ne** e acrescente o apóstrofo: **n'**. Por exemplo, **Il n'est pas fatigué** (il né pá fa-ti-guê) (*Ele não está cansado*).

Sempre que responder à pergunta "Como você está?", certamente vai querer devolver a pergunta sobre o bem-estar de seu interlocutor. Para isso, simplesmente acrescente depois de sua resposta o formal **Et vous ?** (ê vu?) ou o informal **Et toi ?** (ê toá?). Ambos significam *E você?*

Revisitando o verbo "aller"

Aller (a-lêr) (*ir*) é um verbo muito útil e de muitas funções em francês. Como explicamos no Capítulo 2, **aller** é um verbo irregular, o que significa que a raiz muda conforme a conjugação.

Conjugação	Pronúncia
je vais	jê vé
tu vas	tiu vá

Il/elle/on va	il/él/oN vá
nous allons	nu-zá-loN
vous allez	vu-zá-lê
ils/elles vont	il/él voN

Usamos o verbo **aller** para dizer que estamos indo ao mercado ou ao cinema, mas também quando queremos saber como uma pessoa vai ou para dizer como estamos passando; portanto, é um verbo essencial para fazer apresentações em francês. Para isso, use o advérbio interrogativo **comment** (cô-maN) (*como*) das seguintes maneiras:

Comment est-ce que vous allez ?/Comment est-ce que tu vas ? (cô-maN és-kê vu-zá-lê/ cô-maN és-kê tiu vá?) (*Como vai você?*)

Comment allez-vous ?/Comment vas-tu ? (cô-maN-tá-lê-vu?/cô-maN vá-tiu?) (*Como vai você?*) Essa construção é mais comum.

Tendo uma Conversa

Madame Leblanc está fazendo suas compras diárias e vai até o açougue do Monsier Martin.

M. Martin: **Bonjour, Madame Leblanc. Comment allez-vous ?**
boN-jur, má-dâmm lê-blaN cô-maN-tálê-vu?
Olá, Sra. Leblanc. Como está?

Mme. Leblanc: **Très bien, merci, et vous ?**
tré biãN, mer-cí, ê vu?
Muito bem, obrigada. E você?

M. Martin: **Ça va bien, merci.**
sa vá biãN, mer-cí.
Estou bem, obrigado.

Mais tarde, depois que Madame Leblanc fez suas compras, ela se prepara para ir embora.

M. Martin: **Au revoir, Madame Leblanc. Bonne journée.**
ôr-vuár, má-dâmm lê-blhN. bonn jur-nê.
Adeus, Sra. Leblanc. Tenha um bom dia.

Mme. Leblanc: **Au revoir, monsieur.**
ôr-vuár, mê-siêu.
Adeus, senhor.

Ao sair da loja, Madame Leblanc ouve dois adolescentes que acabam de se encontrar na rua.

Garota: **Salut, Michel. Comment ça va ?**
sa-liu, mi-chel. cô-maN sa vá?
Oi, Michel. Tudo bem?

Garoto: **Pas mal. Et toi ?**
pá mal. ê tuá?
Nada mal. E você?

Garota: **Oh, ça va. Et lui, qui est-ce ?**
oh, sa vá. ê liuí, ki és?
Estou bem. E quem é ele?

Garoto: **C'est mon frère. Il s'appelle Thomas.**
cé moN frér. il sa-pél tô-má.
É meu irmão. O nome dele é Thomas.

Garota: **Salut, Thomas !**
sa-liu, tô-má!
Oi, Thomas!

SABEDORIA CULTURAL

SAUDAÇÕES AMIGÁVEIS

Os franceses costumam se tocar ao se cumprimentar. Por exemplo, o aperto de mão não está restrito ao momento em que as pessoas se conhecem. As pessoas costumam se cumprimentar com aperto de mãos todos os dias quando chegam e vão embora do trabalho. Em um nível mais informal, amigas costumam trocar dois beijinhos ao se encontrar e se despedir. Um homem e uma mulher, ao se encontrarem ou despedirem, fazem o mesmo. Homens da mesma família às vezes fazem o mesmo. Se você viajar para diferentes partes da França, poderá se surpreender ao descobrir que em alguns lugares as pessoas trocam três beijinhos, em vez de dois, e às vezes até quatro! É comum crianças trocarem beijinhos no rosto ao chegarem à escola.

Digamos que você tenha sido convidado para jantar na casa de uma família francesa com filhos, e os pais os apresentam a você antes de irem para a cama. Os pais podem dizer a eles **Dites bonsoir à tout le monde** (dit boN-suár a tu lê moNd) (*Digam boa noite a todos*). Imediatamente, os pequeninos podem se despedir de todos os convidados dando um beijinho no rosto e esperando um de volta.

Diversão & Jogos

Eis uma lista de palavras que ficaram perdidas. Veja se consegue colocá-las de volta ao local ao qual pertencem no texto e no diálogo abaixo.

elle / je / m'appelle / l'anglais / grande / femme

Bonjour, je (1) ______________ Pierre Lanvin. (2)______________ suis de Marseille. C'est une (3)______________ ville française. Ma (4)______________ s'appelle Monique et (5)______________ est canadienne. Je parle le français, bien sûr et aussi un peu (6)______________.

Agora preencha as lacunas com as palavras que faltam neste diálogo entre uma mulher idosa e um casal de adolescentes.

voici / vient / bien / ça va / parles /toi

Bonjour, madame Legrand. Comment (7) ______________ ?

Ça va bien, merci Denis. Et (8)______________, comment vas-tu ?

Ça va, merci. Madame Legrand, (9)______________ Lucy. Elle vient des États-Unis.

Oh, bonjour Lucy. Alors tu (10)______________ français ?

Pas très (11)______________, madame.

NESTE CAPÍTULO

» **Descobrindo números cardinais e ordinais**

» **Usando calendário e datas**

» **Dizendo as horas**

Capítulo **4**

Conhecendo Números, Datas e Horas

Contar e ser capaz de expressar e entender os números é uma parte indispensável do cotidiano. Você precisa de números para dizer sua idade, ao fazer um suflê ou quando está tentando encontrar seu programa de TV favorito. Um dos usos mais importantes para os números é dizer as horas. Como você vai conseguir acompanhar seus compromissos ou planos de viagem? Neste capítulo mostramos como fazer tudo isso — utilizar números, datas e horas — um passo de cada vez.

Contando Seus Botões: Os Números

Você não precisa fazer malabarismos com os números como um matemático. Na maioria das vezes, é possível usar os bons e velhos números cardinais de 0 a 100 para expressar o número de unidades de qualquer coisa: quanto dinheiro você tem na carteira, quantas ovelhas tem que contar para dormir, quantas horas tem que esperar até seu avião decolar, e assim por diante. Felizmente, os números franceses seguem um padrão.

Contando até 20

A lista a seguir mostra os números de **un** (aN) (*um*) a **vingt** (vaN) (*vinte*):

- **1 un** (aN) — **11 onze** (onz)
- **2 deux** (dê) — **12 douze** (dúz)
- **3 trois** (troá) — **13 treize** (tréz)
- **4 quatre** (catre) — **14 quatorze** (catórz)
- **5 cinq** (sãnq) — **15 quinze** (cãnz)
- **6 six** (siz) — **16 seize** (séz)
- **7 sept** (sét) — **17 dix-sept** (diz sét)
- **8 huit** (iuít) — **18 dix-huit** (diziuít)
- **9 neuf** (néf) — **19 dix-neuf** (diz néf)
- **10 dix** (diz) — **20 vingt** (vãn)

LEMBRE-SE

A pronúncia de alguns números muda quando o número é seguido de vogal, h mudo (veja o h mudo no Capítulo 3) ou consoante. A lista a seguir explica essas alterações:

- Quando um número terminado em **-s** ou **-x** é seguido por vogal: Nesses casos, o **s** e o **x** final têm som de z — **deux enfants** (dêuz-aN-faN) (*duas crianças*) e **trois enfant** (troá-zaN-faN) (*três crianças*), por exemplo.
- Quando os números **neuf** (nêuf) (*nove*) e **dix-neuf** (diz-nêuf) (*dezenove*) são seguidos por vogal: Nesses casos, o **f** final tem som de v — **neuf artists** (nêuv ar-tist) (*nove artistas*), por exemplo.
- Quando os números **six** (siz) (*seis*), **huit** (iuít) (*oito*), **dix** (diz) (*dez*) são seguidos por consoante: As consoantes finais desses números não são pronunciadas — **six livres** (si lí-vre) (*seis livros*), **huit personnes** (iuí per-ssône) (*oito pessoas*) e **dix films** (diz film) (*dez filmes*), por exemplo.

Contando mais alto

Depois de contar até **vingt**, você está pronto para avançar. Afinal, se quiser fazer uma compra especial, como uma excepcional garrafa de vinho, por exemplo, certamente ela vai custar mais de 20 euros! Com as orientações a seguir, você conseguirá lidar com qualquer situação que envolva números.

Para números de 20 a 69

Formar números de 20 a 69 em francês é semelhante ao português, contando de um em um em cada dezena até chegar à próxima e recomeçar.

- 21 **vingt et un** (vaN-tê-aN)
- 22 **vingt-deux** (vaNt-dêu)
- 23 **vingt-trois** (vaNt-troá)

e assim por diante

- 30 **trente** (traNt)
- 31 **trente et un** (traN-tê-aN)
- 32 **trente-deux** (traN-dêu)

e assim por diante

- 40 **quarante** (ka-raNt)
- 41 **quarante et un** (ka-raN-tê aN)
- 42 **quarante-deux** (ka-raN-dêu)

e assim por diante

- 50 **cinquante** (saN-kaNt)
- 51 **cinquante et un** (saN-kaN-te aN)
- 52 **cinquante-deux** (saN-kaNt-dêu)

e assim por diante

- 60 **soixante** (soá-ssaNt)
- 61 **soixante et un** (soá-ssaN-tê aN)
- 62 **soixante-deux** (soá-ssaNt-dê)

e assim por diante.

Para números de 70 a 99

O número 70 em francês é 60 + 10. O número 71 é 60 + 11; 72 é 60 + 12; e assim por diante, até chegar ao 80. Por exemplo:

- 70 **soixante-dix** (soá-ssaNt-diz)
- 71 **soixante et onze** (soá-ssaN-tê oNz)
- 72 **soixante- douze** (soá-ssaNt-duz)

e assim por diante.

O número 80 é 4 x 20, embora não se use a palavra "vezes". O número 81 é 4 x 20 + 1; 82 é 4 x 20 + 2; e assim por diante, até chegar a 90, que é 4 x 20 + 10. O número 91 é 4 x 20 + 11. Observe que não se usa a conjunção **et** do número 81 em diante. E quando há outro número depois de 80, não há **s** em **vingt**. Veja alguns exemplos:

- 80 **quatre-vingts** (ka-tre-vaN)
- 81 **quatre-vingt-un** (ka-tre-vaN-aN)
- 82 **quatre-vingt-deux** (ka-tre-vaN-dêu)

e assim por diante

- 90 **quatre-vingt-dix** (ka-tre-vaN-diz)
- 91 **quatre-vingt-onze** (ka-tre-vaNt-oNz)
- 92 **quatre-vingt-douze** (ka-tre-vaN-duz)

e assim por diante.

SABEDORIA CULTURAL

Se você viajar para a Suíça ou Bélgica, vai ficar feliz em saber que as boas e velhas — e mais fáceis — formas **septante** (sép-taNt) (70) e **nonante** (nô-naNt) (90) são comumente usadas, em vez de **soixante-dix** e **quatre--vingt-dix**. Algumas partes da Suíça usam as formas **huitante** (iuí-taNt) e **octante** (ôk-taNt) para *80*.

Para os números a partir de 100

Depois de chegar a 100, contar até mil ou centenas de milhares é uma moleza. Basta indicar o número de centenas ou milhares e contar do mesmo modo que faz em português. Por exemplo:

» 100 **cent** (saN)

» 101 **cent-un** (saN-aN)

» 102 **cent-deux** (saN-dêu)

e assim por diante

» 200 **deux cents** (dêu saN)

» 201 **deux cent un** (dêu saN aN)

» 202 **deux cent deux** (dêu saN dêu)

e assim por diante

» 1.000 **mille** (mil)

» 2.000 **deux mille** (dê mil)

» 3.000 **trois mille** (tróa mil)

e assim por diante

» 1.000.000 **un million** (aN mi-lioN)

» 1.000.000.000 **un milliard** (aN mi-liár)

LEMBRE-SE

Nas listas anteriores, observe que o **s** de **cents** é removido quando é seguido de outro número. O número **mille** não usa **s**, mesmo quando se refere a vários milhares. Finalmente, **un** não precede **cent** ou **mille** quando dizemos *cem* ou *mil*.

Descobrindo os números ordinais

Números ordinais são importantes quando você precisa seguir direções. Veja o Capítulo 7 para mais informações sobre como dar ou receber orientações sobre direções. Para reconhecer números ordinais, lembre-se de que, exceto para **premier** (prê-miê) (*primeiro*), todos os outros têm **-ième** (i-ém) depois do número. Além disso, da mesma forma que usamos as abreviações ª e º para os números ordinais em português, em francês usa-se a letra e: 9ᵉ, 4ᵉ, e assim por diante. A Tabela 4-1 lista os números ordinais de primeiro a vigésimo, mas você pode ir além. Veja as regras para a formação dos números ordinais:

- Se o número cardinal termina em **-e**, o **-e** é retirado: Por exemplo, **quatre** (ca-tre) (*quatro*) se transforma em **quatrième** (cá-tri-ém) (*quarto*) e **seize** (séz) (*dezesseis*), em **seizième** (sé-zi-ém) (*décimo sexto*).
- Para o número **cinq** (sank) (*cinco*), acrescente **u** antes de **-ième**: **Cinquième** (saN-ki-ém) (*quinto*).
- Para o número 9, **neuf** (nêuf), o **f** se transforma em **v**: **Neuvième** (nêu-vi-ém) (*nono*).

TABELA 4-1 Números Ordinais, de 1ᵉʳ a 20ᵉ

Abrev.	Francês	Pronúncia	Abrev.	Francês	Pronúncia
1ᵉʳ	**premier**	(prê-miê)	11ᵉ	**onzième**	(oN-zi-ém)
2ᵉ	**deuxième**	(dêu-zi-ém)	12ᵉ	**douzième**	(du-zi-ém)
3ᵉ	**troisième**	(troá-ziém)	13ᵉ	**treizième**	(trê-zi-ém)
4ᵉ	**quatrième**	(cá-triém)	14ᵉ	**quatorzième**	(ca-tór-ziém)
5ᵉ	**cinquième**	(saN-kiém)	15ᵉ	**quinzième**	(caN-zi-ém)
6ᵉ	**sixième**	(si-zi-ém)	16ᵉ	**seizième**	(sê-zi-ém)
7ᵉ	**septième**	(se-ti-ém)	17ᵉ	**dix-septième**	(di-sé-tiém)
8ᵉ	**huitième**	(iuí-tiém)	18ᵉ	**dix-huitième**	(di-ziuí-tiém)
9ᵉ	**neuvième**	(nêu-viém)	19ᵉ	**dix-neuvième**	(diz-nêu-viém)
10ᵉ	**dixième**	(di-zi-ém)	20ᵉ	**vingtième**	(vaN-ti-ém)

Aproximando quantidades

Às vezes queremos expressar um número aproximado em vez de sermos exatos. Ao especular sobre a idade de alguém, por exemplo, dizemos que tem cerca de ou aproximadamente 40 anos. Em francês, fazemos o mesmo acrescentando o sufixo **-aine** (ehn) ao número cardinal. Veja alguns exemplos:

- **une dizaine** (iune diz-én) (*aproximadamente 10*)
- **une vingtaine** (iune vaN-tén) (*aproximadamente 20*)

FALANDO DE GRAMÁTICA

Se depois de uma quantidade aproximada vem um substantivo, adicione a preposição **de** (dê) ou **d'** se o substantivo começar com vogal ou h mudo, como os exemplos a seguir:

Je voudrais une dizaine de croissants. (jê vu-dré iune diz-én dê croá--saaN) (*Gostaria de aproximadamente 10 croissants.*)

Il y a une vingtaine d'étudiants dans la classe. (il i á iune vaN-tén dê-tiu--diaN daN la clas) (*Há cerca de 20 alunos na sala de aula.*)

DICA

Você pode se referir a números aproximados usando as palavras **à peu près** (a pê pré) ou **environ** (aN-vi-rroN); ambas significam *aproximadamente*. Por exemplo, **J'ai environ quatre-vingts livres dans mon bureau** (jé aN-vi-rroN ca-tre-vaN li-vre daN moN biu-rrô) (*Tenho aproximadamente 80 livros em meu escritório*).

Usando o Calendário e as Datas

A França, o Brasil e diversos outros países mundo afora usam calendários semelhantes, com sete dias por semana e doze meses. As datas em francês são formadas do mesmo modo que em português: primeiro o dia, depois o mês e o ano. Por exemplo, *8 de maio de 2011* se escreve *le 8 mai, 2011* (lê iut mé dê mil-oNz) e da forma abreviada 8-5-2011.

SABEDORIA CULTURAL

Apesar de a semana ter sete dias, os franceses se referem a uma semana como **huit jours** (iut jur) (*8 dias*) e a duas como **quinze jours** (kaNz jur) (*15 dias*). A razão é que, se contarmos de segunda a segunda, incluindo as duas segundas--feiras, o resultado será 8 dias, e se continuarmos contando até a segunda-feira seguinte, o resultado será 15.

Recontando os dias da semana

O calendário francês começa na segunda-feira:

- » **lundi** (laN-di) (*segunda-feira*)
- » **mardi** (mar-di) (*terça-feira*)
- » **mercredi** (mér-crê-di) (*quarta-feira*)
- » **jeudi** (jêu-di) (*quinta-feira*)
- » **vendredi** (vaN-drê-di) (*sexta-feira*)
- » **samedi** (sam-di) (*sábado*)
- » **dimanche** (di-maNch) (*domingo*)

FALANDO DE GRAMÁTICA

Ao se referir a um dia específico, não use o artigo: **je travaille samedi** (jê tra-vái sam-di) (*eu trabalho [no] sábado*). Mas se quiser dizer *eu trabalho aos sábados*, use o artigo definido **le** (lê) (*o*) na frente do dia da semana, assim: **je travaille le samedi** (jê tra-vái lê sam-di) (*eu trabalho aos sábados*). Usar o artigo definido antes do dia da semana em francês é o equivalente a usar o dia da semana no plural em português.

Conhecendo os nomes dos meses

Veja os nomes dos meses em francês:

- » **janvier** (jaN-viê) (*janeiro*)
- » **février** (fe-vriê) (*fevereiro*)
- » **mars** (mars) (*março*)
- » **avril** (a-vríl) (*abril*)
- » **mai** (mé) (*maio*)
- » **juin** (jiuaN) (*junho*)
- » **juillet** (jiu-iê) (*julho*)
- » **août** (ut) (*agosto*)
- » **septembre** (sép-taN-bre) (*setembro*)
- » **octobre** (ók-tó-bre) (*outubro*)
- » **novembre** (nô-vaN-bre) (*novembro*)
- » **décembre** (de-ssaN-bre) (*dezembro*)

FALANDO DE GRAMÁTICA

Para dizer que algo acontece em determinado mês, use a preposição **en** (aN) (*em*) na frente do mês. Veja alguns exemplos:

> **Mon anniversaire est en décembre.** (moN-na-ni-ver-ssér ét-aN de-ssaN--bre.) (*Meu aniversário é em dezembro.*)
>
> **En janvier, je pars pour la Martinique.** (aN jaN-viê, jê pár pur la mar-ti--nik.) (*Em janeiro, eu parto para a Martinica.*)
>
> **Je reviens en avril.** (jê rêu-viN aN-na-vríl.) (*Eu volto em abril.*)

Marcando datas específicas

Ao expressar uma data específica, use a seguinte construção:

> **Le** + número cardinal + mês + ano

Use essa fórmula para expressar todas as datas, exceto o primeiro dia do mês, para o qual deve usar o número ordinal. Veja alguns exemplos:

> **C'est le 6 avril 2000.** (cé lê si-za-vríl dê mil.) (*É dia 6 de abril de 2000.*)
>
> **C'est le premier mai.** (cé lê prê-miê mé.) (*É dia 1º de maio.*)

SABEDORIA CULTURAL

As datas a seguir são importantes nos países que falam francês:

- **le 14 juillet** (lê ca-tóz jiu-iê) (*14 de julho*): Festa Nacional Francesa ou Dia da Bastilha
- **le premier août** (lê prêh-miê ut) (*1º de agosto*): Dia Nacional da Suíça
- **le 17 juillet** (lê di-sset jiu-iê) (*17 de julho*): Dia Nacional da Bélgica
- **le premier juillet** (lê prê-miê jiu-iê) (*1º de julho*): Dia Nacional do Canadá

Lembrando as estações

As estações em francês são masculinas e requerem artigo definido:

- **le printemps** (lê praN-taN) (*primavera*)
- **l'été** (lê-tê) (*verão*)
- **l'automne** (lo-tonne) (*outono*)
- **l'hiver** (li-vér) (*inverno*)

FALANDO DE GRAMÁTICA

Para dizer *na primavera*, por exemplo, use **au** (ô) antes de um som de consoante e use **en** (aN) antes de um som de vogal: **au printemps** (ô praN-taN) (*na primavera*), **en été** (aN-nê-tê) (*no verão*), **en automme** (aN-nô-tonne) (*no outono*) e **en hiver** (aN-ni-vér) (*no inverno*).

Tendo uma Conversa

Juliette está conversando com sua amiga Corinne sobre o casamento de sua irmã.

Juliette: **Ma soeur va se marier au printemps.**
ma séur va sê ma-riê ô praN-taN.
Minha irmã vai se casar na primavera.

Corinne: **Ah oui. Quand exactement ?**
ah uí. kaN-têg-za-ktê-maN?
Ah, sim. Quando exatamente?

Juliette: **Le 6 avril.**
lê si-za-vrií.
6 de abril.

Corinne: **C'est quel jour ?**
sé kél jur?
Que dia é?

Juliette: **C'est un samedi.**
sé-taN sam-di.
É um sábado.

Corinne: **À quelle heure est la cérémonie ?**
ah kél éur é la se-rrê-mô-ní?
A que horas é a cerimônia?

Juliette: **À 11 heures.**
ah oNz éur.
Às 11 horas.

Corinne: **Combien de personnes avez-vous invitées ?**
koN-biaN dê pér-ssone a-vô-vu-zaN-vi-tê?
Quantas pessoas vocês convidaram?

Juliette: **Une centaine de personnes.**
iune saN-tén dê pér-ssone.
Cerca de cem pessoas.

Palavras a Saber

ma soeur	ma séur	minha irmã
se marier	sê ma-riê	casar-se
Quand exactement ?	kaN-têg-zah-ktê-maN	Quando exatamente?
Quel jour ?	kél jur	Que dia?
À quelle heure est ... ?	a kél éur é. . . ?	A que horas é...?
la cérémonie	la se-rê-mô-ní	a cerimônia

Dizendo as Horas em Francês

Um dos usos mais frequentes e importantes dos números é, naturalmente, dizer as horas. Os franceses usam os dois tipos de sistemas, o de 12 horas e o de 24, o oficial.

Usando o sistema de 12 horas

Para expressar as horas em francês usando o sistema de 12 horas comece com **il est** (il-é) (*é/são*) e acrescente o número representando a hora e depois a palavra **heure(s)** (éur) (*hora(s)*). Use o singular **heure** para a 1h e o plural **heures** para as outras. Veja alguns exemplos:

Il est huit heures. (il-é uit-éur.) (*São 8 horas.*)

Il est neuf heures. (il-é nêuv-éur.) (*São 9 horas.*)

Il est une heure. (il-é iune-éur.) (*É 1 hora.*)

Naturalmente, a hora nem sempre é exata. Portanto, você precisa saber como indicar os minutos antes e depois da hora cheia. Para se referir aos minutos passados da hora cheia, simplesmente acrescente à frase **il est... heure(s)** o número dos minutos passados. Para expressar quantos minutos faltam para a hora cheia (10 minutos para as 2h, por exemplo), acrescente a palavra **moins** (moaN), que significa *menos*. Observe estes exemplos:

Il est huit heures dix. (il-é iut-éur dis.) (*São 8h10.*)

Il est huit heures moins dix. (il-é iut-éur moaN dis.) (*São 10 para as 8h* ou *São 7h50.*) (Literalmente: *São 8h menos 10 minutos.*)

Il est dix heures moins vingt-cinq. (il-é diz-éur moaN vaN-saNk.) (*São 9h35* ou *São 25 para as 10h.*) (Literalmente: *São 10h menos 25 minutos.*)

Alternativamente, você pode usar estas frases em francês:

- **et quart** (ê kar) *(e um quarto)*. Por exemplo: **Il est neuf heures et quart.** (il-é nêu-véur ê kar.) (*São 9h15* ou *São 9 horas e um quarto.*)
- **et demi (e)** (ê dê-mí) (*e meia*). Por exemplo: **Il est huit heures et demie.** (il-é iut-éur ê dê-mí.) (*São 8h30.*)
- **moins le quart** (moaN lê kar) (*um quarto para*). Por exemplo: **Il est neuf heures moins le quart.** (il-é nêuv-éur moaN lê kar.) (*São um quarto [ou quinze] para as 9h.*)

Para distinguir entre manhã e noite no sistema de 12 horas, use estas frases depois das horas:

- **du matin** (diu ma-taN) (*da manhã*)
- **de l'après-midi** (dê la-pré-mi-dí) (*da tarde*)
- **du soir** (diu soar) (*da noite*)
- **midi** (mi-dí) (*meio-dia*)
- **minuit** (mi-niuí) (*meia-noite*)

Veja alguns exemplos:

Il est 10 heures du matin. (il-é diz-éur diu ma-taN.) (*São 10h da manhã.*)

Il est 10 heures du soir. (il-é diz-éur diu soar.) (*São 10h da noite.*)

FALANDO DE GRAMÁTICA

Tanto **midi** quanto **minuit** são palavras masculinas; então, ao dizer meio-dia e meia ou meia-noite e meia, não acrescente o **e** na palavra **demi**: **Il est midi et demi** (il-é mi-dí ê dê-mí) (*É meio-dia e meia.*)

DICA

Na França, as horas são abreviadas usando a letra h depois da hora, como no Brasil. Por exemplo: 11h30. A abreviação é igual para ambos os sistemas.

Usando o sistema de 24 horas

Na Europa, assim como na parte francófona do Canadá, o uso do sistema de 24 horas é bastante comum. Ele é usado para horários de transportes, shows, funcionamento de lojas, compromissos e qualquer outro horário de eventos.

Para dizer a hora usando o sistema de 24 horas, simplesmente adicione o número de minutos às horas. Veja estes exemplos:

Il est 11h15 [onze heures quinze]. (il-é oNz éur kaNz.) (*São 11h15.*)

Il est 16h10 [seize heures dix]. (il-é séz éur dis.) (*São 4h10.*)

Tendo uma Conversa

ÁUDIO

Pierre e Claire estão atrasados. (Faixa 3)

Pierre: **Claire, quelle heure est-il ?**
klér, kél éur é-til?
Claire, que horas são?

Claire: **Il est 10h10 (dix heures dix).**
il-é diz-éur dis.
São 10h10.

Pierre: **Il est 10h10 (dix heures dix) ?**
il-é diz-éur dis?
São 10h10?

Claire: **Oui, nous sommes en retard.**
uí, nu-somz-aN rê-tar.
Sim, estamos atrasados.

Pierre: **Oh non ! Allons-y ! Dépêchons-nous !**
oh noN! al-oN-zi! dê-pêch-oN-nu!
Ai, não! Vamos! Vamos nos apressar!

Palavras a Saber

Il est... heures	il-é... éur	são... horas
et quart	ê kar	e quinze
et demi(e)	ê dê-mí	e meia
moins...	moaN...	(menos) para...
moins le quart...	moaN lê kar...	quinze para...
Quelle heure est-il ?	kél éur ét-il?	Que horas são?
être en retard	é-tre aN rê-tar	estar atrasado
Allons-y !	al-oN-zi!	Vamos!
Dépêchons-nous !	dê-pêch-oN-nu!	Vamos nos apressar

Diversão & Jogos

Escreva as horas no sistema de 12 e 24 horas para cada um dos relógios.

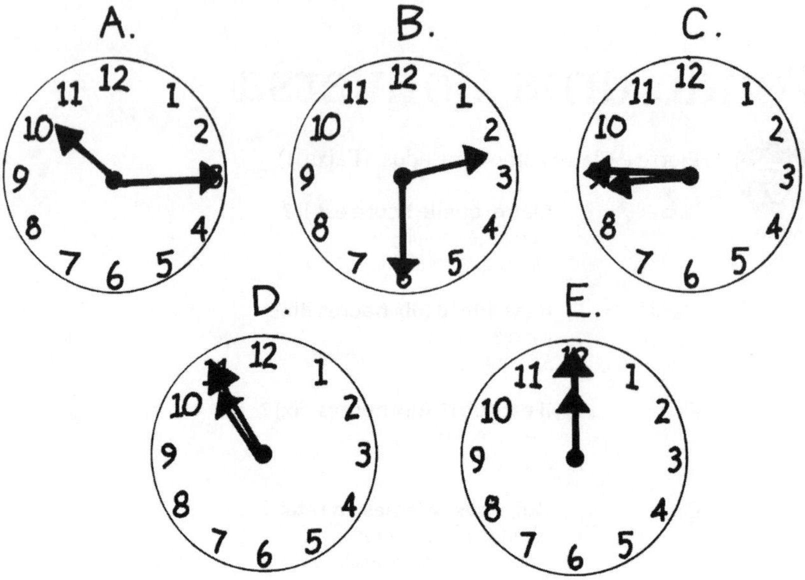

Formato 12 horas	Formato 24 horas
A.____________________	____________________
B.____________________	____________________
C.____________________	____________________
D.____________________	____________________
E.____________________	____________________

NESTE CAPÍTULO

» **Falando sobre onde você mora e os cômodos de sua casa**

» **Usando o verbo reflexivo para falar sobre sua rotina**

» **Discutindo as refeições com os verbos *manger*, *prendre* e *boire***

» **Apresentando membros da família com os pronomes possessivos**

Capítulo **5**

Conversando sobre Sua Casa, Família e Rotina

Se você é como a maioria das pessoas, sua casa e família são o centro de sua vida, e oferecem numerosos tópicos para conversas diárias. Experimente contar quantas vezes você mencionou sua casa e família para seus colegas de trabalho e amigos. O mesmo acontece com pessoas de todo o mundo, e é por isso que esses assuntos normalmente são os primeiros a serem abordados ao se aprender um idioma. Além do mais, esses tópicos de conversa costumam ser as primeiras informações que as pessoas que não o conhecem querem saber. Elas podem perguntar onde você mora, se tem irmãos, se é casado ou solteiro, e assim por diante. Com o vocabulário e as informações trazidas nesse capítulo você estará pronto para responder e até fazer algumas perguntas.

Conversando sobre Onde Você Mora com o Verbo "Habiter"

Em "le salon" (a sala de estar)

Os franceses têm dois nomes para a sala de estar: **le salon**, que é uma sala mais formal, e **la salle de séjour** (la sal dê se-jur) — **le séjour** (lê se-jur), na forma abreviada —, que significa uma sala de visita mais casual. Os franceses ainda usam o anglicismo **le living** (lê li-ving). Veja uma lista dos móveis que normalmente ficam na sala de estar:

- **un sofa/un canapé** (aN so-fá/aN ca-na-pê) (*sofá*)
- **un fauteuil** (aN fo-téi) (*poltrona*)
- **un tapis** (aN ta-pí) (*tapete*)
- **une moquette** (iune mo-két) (*carpete*)
- **une table de salon** (iune ta-ble dê sah-loN) (*mesa de centro*)
- **une lampe** (iune lamp) (*luminária*)
- **des rideaux** (dê ri-dô) (*cortinas*)
- **une télévision/une télé** (iune tê-le-vi-zioN/iune te-lê) (*TV*)

Em "la cuisine" (a cozinha)

A cozinha é o coração de muitas casas. Ela não é apenas o local em que se preparam as refeições, mas também é onde a família e os amigos se reúnem para falar sobre o dia, fazer planos para o final de semana ou conversar sobre o tempo. Veja uma lista das coisas que normalmente estão na cozinha:

- **une cuisinière** (iune kiui-zi-niér) (*fogão*)
- **un réfrigérateur/un frigo** (aN re-fri-ge-rra-téur/aN fri-gô) (*geladeira*)
- **un évier** (aN-ne-vê) (*pia da cozinha*)
- **un comptoir** (aN coN-toár) (*bancada*)
- **un four à micro-ondes** (aN fur a mi-cro-oNd) (*micro-ondas*)
- **un lave-vaisselle** (aN lav-ve-séie) (*lava-louça*)
- **une table de cuisine** (iune ta-ble de kiui-zine) (*mesa da cozinha*)
- **des chaises** (dê chése) (*cadeiras*)

SABEDORIA CULTURAL

Na França, as cozinhas normalmente não são contadas como parte dos cômodos de uma casa. Se buscar nos classificados um apartamento ou casa para alugar, por exemplo, e achar **un appartment à trois pièces** (aN-napár-t-maN a troá piés), significa que é *um apartamento de três cômodos*: uma sala de estar e dois quartos.

Em "la chambre" (o quarto)

Seu quarto é um espaço pessoal, que reflete sua personalidade e gostos. Ele ainda é o lugar para onde ir quando deseja um pouco de privacidade. Veja uma lista dos itens que normalmente achamos no quarto:

- **un lit** (aN li) (*cama*)
- **des lits jumeaux** (dê li jiu-mô) (*duas camas de solteiro*)
- **un lit d'une personne** (aN li diune per-ssón) (*cama de solteiro*)
- **un lit de deux personnes** (aN li dê dê per-ssón) (*cama de casal*)
- **une commode** (iune co-mód) (*cômoda*)
- **une armoire** (iune ar-moár) (*armário*)
- **une table de nuit** (iune ta-ble dê niuí) (*criado-mudo*)
- **un réveil** (aN re-véi) (*despertador*)
- **une couverture** (iune ku-ver-tiur) (*cobertor*)
- **un oreiller** (aN-no-rre-iê) (*travesseiro*)
- **des draps** (de dra) (*lençóis*)

Em "la salle de bains" (o banheiro)

SABEDORIA CULTURAL

Na França existe uma diferença entre **la salle de bains** e **les toilettes** (lê toa-lét) (*banheiro*). **La salle de bains** literalmente significa *sala de banho*, ou um lugar para tomar banho. Nem sempre tem um vaso. Se estiver procurando o banheiro, pergunte sobre **les toilettes** ou **les W.C.** (lê vê sê) (*banheiro*). Veja alguns itens comumente encontradas em **la salle de bains**:

- **une baignoire** (iune be-nhoár) (*banheira*)
- **une douche** (iune duch) (*chuveiro*)
- **un lavabo** (aN la-va-bô) (*pia*)
- **une serviette** (iune ser-viét) (*toalha*)
- **un miroir** (aN mi-rroár) (*espelho*)
- **une brosse** (iune brós) (*escova de cabelo*)

- **un peigne** (aN pe-nhe) (*pente*)
- **un rasoir** (aN ra-zoár) (*lâmina de barbear*)
- **une brosse à dents** (iune brós a daN) (*escova de dente*)
- **du dentifrice** (diu daN-ti-frís) (*pasta de dente*)
- **du savon** (diu sa-vóN) (*sabão*)

Na França você pode também achar **un bidet** (aN bi-dê) (*um bidê*) em banheiros.

Tendo uma Conversa

ÁUDIO

Suzanne, uma estudante da Sorbonne, está procurando um colega de quarto para dividir o aluguel e outras despesas. Ela colocou um anúncio e encontrou outra aluna que está interessada em dividir o apartamento. As duas se encontram para conversar. (Faixa 4)

Suzanne: **Où habites-tu maintenant ?**
u a-bí-tiu maN-t-naN?
Onde você mora agora?

Agnès: **J'habite en banlieue mais je voudrais être plus près de l'université. Où se trouve l'appartement ?**
ja-bít aN baN-liêu mé jê vu-dré étre pliu pré dê liu-ni-ver-ssi-tê. u sê truv la-par-t-maN?
Eu moro no subúrbio, mas gostaria de mudar para mais perto da universidade. Onde fica o apartamento?

Suzanne: **L'appartement se trouve dans le 5e arrondissement, près de la Sorbonne.**
la-par-t-maN sê truv daN lê saNk-i-éme a-rroN-dis-maN, pré dê la sor-bônn.
O apartamento é no 5º arrondissement, perto da Sorbonne.

Agnès: **Combien de pièces y a-t-il ?**
coN-biaN dê piés i a-til?
Quantos cômodos tem?

Suzanne: **Il y a trois pièces: un séjour, deux chambres et la cuisine.**
il i a troá piés: aN se-jur, dê chaN-bre ê la kiui-síne.
Tem três cômodos: uma sala de estar, dois quartos e a cozinha.

Agnès: **Est-ce que l'appartement est meublé ?**
és-kê la-par-t-maN é me-blê?
O apartamento é mobiliado?

Suzanne: **Oui, il y a un canapé, un fauteuil, une table de salon et une télévision dans le séjour et un lit, une armoire et une table de nuit dans la chambre.**
uí, il i a aN ca-na-pê, aN fo-téi, iune ta-ble dê sa-loN ê iune tê-le-vi-sióN daN lê se-jur ê aN li, iune ar-moár ê iune ta-ble dê niuí daN la chaN-bre.
Sim, tem um sofá, uma cadeira, uma mesa de centro e uma televisão na sala de estar, e uma cama, um armário e um criado-mudo no quarto.

Agnès: **Est-ce que la cuisine est aménagée ?**
és-kê la kiui-síne é-ta-me-na-gê?
A cozinha é equipada?

Suzanne: **Oui, il y a un frigo, une cuisinière et un four à micro-ondes.**
uí, il i a aN fri-gô, iune kiui-zi-niér ê aN fur a mi-cro-oNd.
Sim, tem uma geladeira, um fogão e um micro-ondas.

Agnès: **Combien est le loyer ?**
coN-biaN é lê loá-iê?
Quanto é o aluguel?

Suzanne: **550 euros par mois.**
saNk saN saNk-aNt eu-rrô par moá.
550 euros por mês

Agnès: **C'est parfait !**
cé par-fé!
É perfeito!

Palavras a Saber

la banlieue	la baN-liêu	o subúrbio
près de	pré dê	perto de
combien de	coN-biaN dê	quantos/as
meublé	me-blê	mobiliado
aménagé	a-me-na-gê	equipado
le loyer	lê loa-iê	o aluguel
par mois	par moá	por mês

FALANDO DE GRAMÁTICA

Il y a significa *existe/há*, no singular ou no plural, dependendo do contexto. Seja qual for o significado, o verbo está sempre na terceira pessoa do singular: **a**.

A Rotina com os Verbos Reflexivos

Um verbo reflexivo é aquele que a ação recai sobre o sujeito. Por exemplo, na frase *eu me cortei*, o sujeito (*eu*) executa uma ação (*cortar*) sobre si mesmo. Os verbos reflexivos são muito comuns em francês. Eles são usados especialmente para descrever rotinas. Por exemplo, você deve dizer **je me réveille** (jê mê re-véi) (*Eu acordei* [literalmente: *Eu me acordei*]).

Os verbos reflexivos são regulares (veja o Capítulo 2 para a conjugação dos verbos regulares), mas acrescidos de um pronome — o pronome reflexivo — antes dele.

Na forma infinitiva, o pronome **se** (sê) indica que o verbo é reflexivo, e funciona de forma semelhante ao português. Veja a conjugação do verbo reflexivo **se réveiller** (sê re-vei-ê) (*acordar*):

Conjugação	Pronúncia
je me réveille	jê mê re-véi
tu te réveilles	tiu tê re-véi
il/elle/on se réveille	il/él/oN sê re-véi
nous nous réveillons	nu nu re-vei-oN
vous vous réveillez	vu vu re-vei-ê
ils/elles se réveillent	il/él se re-véi

Depois de acordar, você precisa sair da cama. Em francês, use o verbo reflexivo **se lever** (sê le-vê) (*levantar-se*). Esse verbo requer um acento grave na primeira (**je**), segunda (**tu**) e terceira (**il/elle/on**) pessoa do singular, assim como na terceira pessoa do plural (**ils/elles**), para fins de pronúncia. O acento grave no **e** transforma o som em *é*. Veja a conjugação de **se lever**:

Conjugação	Pronúncia
je me lève	jê mê lév
tu te lèves	tiu tê lév
il/elle/on se lève	il/él/oN sê lév
nous nous levons	nu nu le-voN
vous vous levez	vu vu le-vê
ils/elles se lèvent	il/él sê lév

Além dos verbos **se réveiller** e **se lever**, você precisa dos seguintes verbos reflexivos para descrever sua rotina matinal:

- **se laver** (sê la-vê) (*lavar-se*)
- **se doucher** (sê du-chê) (*banhar-se no chuveiro*)
- **se baigner** (sê be-nhê) (*banhar-se na banheira*)

- **se raser** (sê ra-zê) (*barbear-se*)
- **se brosser les dents** (se bro-ssê lê daN) (*escovar os dentes*)
- **se brosser les cheveux** (se bro-ssê lê che-vê) (*escovar o cabelo*)
- **se peigner (les cheveux)** (sê pe-nhê [lê che-vê]) (*pentear-se*)
- **s'habiller** (sa-bi-iê) (*vestir-se*)
- **s'en aller** (sa-na-lê) (*sair*)

Você pode usar inúmeros verbos reflexivos para descrever sua rotina ou a de outra pessoa. Por exemplo, pode dizer:

> **Je me réveille à huit heures.** (jê mê re-véi a uít-éur.) (*Eu acordei às oito horas.*)
>
> **Il se douche.** (il sê duch.) (*Ele tomou banho [se banhou].*)
>
> **Nous nous brossons les dents.** (nu nu bro-ssoN lê daN.) (*Escovamos os dentes.*)
>
> **Elle s'habille.** (él sa-bíie.) (*Ela está se vestindo.*)

O Apêndice B traz uma lista de verbos que podem ser usados para uma consulta rápida.

Três refeições por dia, ao estilo francês

No Brasil, as pessoas normalmente fazem três refeições por dia: café da manhã, almoço e jantar. Não seria mais simples se apenas três palavras designassem **les repas** (lê re-pá) (*as refeições*) em todos os países francófonos? Bem, não é assim. Quebec manteve os nomes dados por seus colonizadores franceses no século XVII, e as pessoas em algumas partes da região francesa do Canadá também usam os mesmo termos. As seções a seguir explicam os termos adequados e os tipos de alimentos consumidos em uma refeição típica na França. Naturalmente, nem todas as refeições são consumidas em casa. Veja mais informações sobre sair para jantar ou almoçar no Capítulo 8.

A abundância do café da manhã

A expressão *café da manhã* em francês é **le petir déjeuner** (lê pê-ti de-je-nê), na França, e **le déjeuner** (lê de-je-nê) no Québec. O café da manhã francês tradicional normalmente contém o seguinte:

- **le café** (lê ca-fê) (*café*). Se você não gosta de café preto, pode escolher **le café au lait** (lê ca-fê ô lé) (*café com leite*) ou **le café crème** (lê ca-fé crém) (*café com um toque de leite*).

- **le thé nature** (lê tê na-tiur) (*chá simples*). Se chá não for exatamente sua praia, você pode optar por **le thé au lait** (lê tê ô lé) (*chá com leite*), **le thé au citron/le thé citron** (lê tê ô ci-tróN/lê tê ci-tróN) (*chá com limão*) ou **la tisane** (la ti-zane) (*chá de ervas*).
- **le pain** (lê paN) (*pão*) ou **le pain grillé** (lê paN gri-iê) (*torrada*). Você pode ainda preferir **les tartines** (lê tar-tíne) (*fatias de pão com algum tipo de cobertura*), como **le beurre** (lê béur) (*manteiga*) ou **la confiture** (la coN-fi-tiur) (*geleia*).
- **un croissant** (aN croa-ssaN) (*um croissant*). O tradicional café da manhã francês inclui itens de confeitaria, como **le pain au chocolat** (lê paN ê cho-co-lá) (*croissant de chocolate*), **le chausson aux pommes** (lê cho-ssoN ô pômm) (*um tipo de pão doce recheado de creme de maçã*) ou **le pain aux raisins** (lê paN ô re-zaN) (*pão com passas*).

DICA

Você encontra todas essas delícias em qualquer **pâtisserie** (pa-tis-rrí) (*confeitaria*) ou **boulangerie** (bu-laN-ge-rrí) (*padaria*) em toda a França. Se não sabe o nome do item que quer, simplesmente aponte para a vitrine e se surpreenda com as delícias da culinária francesa! Veja o Capítulo 8 para saber como escolher itens em um mercado ou cafeteria.

Almoçando

A palavra para *almoço* é **le déjeuner** (lê de-je-nê), na França, e **le dîner** (lê di-nê), no Quebec e em outros países francófonos. Um almoço típico inclui:

- **un sandwich** (aN saN-duích) (*um sanduíche*)
- **une salade** (iune sa-lad) (*uma salada*)
- **une soupe** (iune sup) (*uma sopa*)
- **une omelette** (iune-om-lét) (*um omelete*)

Hora do jantar!

A palavra para *jantar* é **le dîner** (lê di-nê), na França, e **le souper** (lê su-pê), no Quebec e em outros países francófonos. É a principal refeição do dia na maioria dos lares franceses atualmente. As famílias francesas normalmente jantam entre 19h30 e 20h. Os franceses são mais formais para se sentar para jantar, e mesmo em um dia de semana o jantar inclui pelo menos uma entrada, um prato principal e um prato de queijos.

L´entrée (laN-trê) (*a entrada*) dá início à refeição e pode ser qualquer coisa, desde sopa até patê e salada de tomate. O *prato principal*, ou **le plat principal** (lê pla praN-ci-pál), normalmente consiste em **de la viande** (dê lá viaNd) (*a carne*), **de la volaille** (dê la vo-láie) (*aves*) ou **du poisson** (diu poa-ssoN) (*peixe*), e **des légumes** (dê lê-guiume) (*legumes/vegetais*). **Le plat principal** é normalmente seguido de salada de folhas, um prato de queijos ou uma sobremesa.

Beliscando entre as refeições

Depois de chegar da escola, as crianças desfrutam de **le goûter** (lê gu-tê) (*lanche da tarde*), que normalmente consiste de pão com manteiga, geleia ou chocolate. Se a fome bater entre as refeições, você pode comer **un casse-croûte** (aN cás-crut) (*um lanche* [literalmente: *quebrar a casca*]), como um **crêpe** (crép) (*crepe*) em uma barraca de rua de Paris, um cachorro-quente vendido pelo ambulante em Montreal ou qualquer coisa do tipo.

Arrumando a mesa

Se você vai ter o trabalho de planejar e preparar uma refeição caseira, vai querer sentar em uma mesa bem-posta para desfrutar de seu jantar. Para dizer *pôr a mesa*, use a expressão **mettre le couvert/la table** (me-tre le ku-vér/la ta-ble). Veja a seguir a conjugação do verbo **mettre**:

Conjugação	Pronúncia
je mets	jê mé
tu mets	tiu mé
il/elle/on met	il/él/oN mé
nous mettons	nu me-toN
vous mettez	vu me-tê
ils/elles mettent	il/él mét

Por exemplo, você pode dizer **ils mettent le couvert** (il mét lê ku-vér) (*eles estão pondo a mesa*). E com o que você arruma a mesa? Veja a lista a seguir:

- **une nappe** (iune nap) (*uma toalha de mesa*)
- **une assiette** (iune a-ssiét) (*um prato*)
- **les couverts** (lê ku-vér) (*os talheres*)
- **un verre** (aN vér) (*um copo*)
- **une fourchette** (iune fur-chét) (*um garfo*)

- » **une cuillère** (iune kiui-ér) (*uma colher*)
- » **un couteau** (aN ku-tô) (*uma faca*)
- » **une serviette** (iune ser-viét) (*um guardanapo*)
- » **le sel et le poivre** (le sel ê lê poa-vre) (*sal e pimenta*)

Comendo e bebendo com os verbos "manger", "prendre" e "boire"

Para falar sobre comer e beber em francês você precisa conhecer os verbos **manger** (maN-gê) (*comer*), **prendre** (praN-dreh) (*tomar*) e **boire** (boár) (*beber*). O verbo **manger** é um verbo regular terminado em **-er**, exceto pela primeira pessoa do plural (**nous**). O Capítulo 2 mostra como conjugar os verbos regulares. Veja a conjugação:

Conjugação	Pronúncia
je mange	jê maNge
tu manges	tiu maNge
il/elle/on mange	il/él/oN maNge
nous mangeons	nu maN-joN
vous mangez	vu maN-gê
ils/elles mangent	il/él maN-ge

Enquanto o verbo **manger** é um regular, terminado em **-er**, com **boire** é outra história. A tabela a seguir mostra como é a conjugação desse verbo irregular:

Conjugação	Pronúncia
je bois	jê boá
tu bois	tiu boá
il/elle/on boit	il/él/oN boá
nous buvons	nu biu-voN
vous buvez	vu biu-vê
ils/elles boivent	il/él boáv

Veja alguns exemplos de **manger** e **boire** em ação:

> **Nous mangeons des légumes tous les jours.** (nu maN-joN dê lê-guiume tu lê jur.) (*Comemos vegetais todos os dias.*)

Je bois du café le matin. (jê boá diu ca-fê lê ma-taN.) (*Eu tomo café todas as manhãs.*)

Em francês usamos o verbo **prendre**, que significa *tomar*, para nos referir a desfrutar de uma refeição. Veja a seguir alguns exemplos:

Pour le petit déjeuner, je prends du pain et de la confiture. (pur lê pe-tí de-je-nê, jê praN diu paN ê dê la coN-fi-tiur.) (*No café da manhã, como pão e geleia.* [Literalmente: *Para o café da manhã, eu tomei pão e geleia.*])

Je prends le steak frites. (jê praN lê stêk frit.) (*Eu vou querer bife com batatas fritas.*)

Prendre é um verbo irregular e pode ser usado no lugar de **manger** e **boire**. Veja a conjugação de **prendre**:

Conjugação	Pronúncia
je prends	jê praN
tu prends	tiu praN
il/elle/on prend	il/él/oN praN
nous prenons	nu pre-noN
vous prenez	vu pre-nê
ils/elles prennent	il/él préne

Usando "faire", "passer" e outros verbos para os afazeres diários

Em francês você pode fazer qualquer tipo de tarefas domésticas usando o verbo **faire** (fér) (*fazer*). **Faire** é um verbo irregular (veja o Capítulo 2 para saber mais sobre verbos irregulares). Veja sua conjugação:

Conjugação	Pronúncia
je fais	jê fé
tu fais	tiu fé
il/elle/on fait	il/él/oN fé
nous faisons	nu fe-zóN
vous faites	vu fét
ils/elles font	il/él foN

DICA

Faire é um verbo bastante prático, pois é usado com muitas expressões. Às vezes é usado no lugar de **jouer** (ju-ê) (*jogar/tocar*) ao falar de esportes e instrumentos. Ele também pode ser usado para falar do tempo (Capítulo 6), viagens (Capítulo 13) e outras coisas. Veja a seguir uma lista de afazeres e tarefas para as quais se usa o verbo **faire**:

» **faire le lit** (fér lê li) (*fazer a cama*)

» **faire le café** (fér lê ca-fê) (*fazer [o] café*)

» **faire le ménage** (fér lê me-náge) (*arrumar a casa*)

» **faire la cuisine** (fér la kiui-sí-ne) (*cozinhar*)

» **faire la vaisselle** (fér la ve-sél) (*lavar a louça*)

» **faire la lessive** (fer la le-ssív) (*lavar a roupa*)

» **faire les courses** (fér lê kurs) (*fazer compras*)

Por mais versátil que o verbo **faire** seja, ele não faz tudo. Para coisas como aspirar a casa e limpar o banheiro, você precisa de outros verbos: para dizer *aspirar a casa* ou *passar o aspirador* em francês, use o verbo **passer** (pa-ssê) (*passar*), que é um verbo regular terminado em **-er**, seguido da palavra **l'aspirateur** (m) (las-pi-rra-téur) (*aspirador de pó*): **Il passe l'aspirateur** (il pas las-pi-rra-téur) (*Ele está passando o aspirador*). Veja a conjugação dos verbos regulares no Capítulo 2.

Outro verbo irregular associado à limpeza é o verbo **ranger** (raN-gê) (*arrumar*): **Je range ma chambre** (jê raNj ma chaN-bre) (*Eu arrumo meu quarto*).

O último verbo para limpar é **nettoyer** (ne-toa-iê). Esse é um verbo com raiz variável, pois, embora as terminações sejam regulares, como em **parler**, o **y** muda para **i** em todas as pessoas, exceto **nous** (nu) e **vous** (vu). Veja sua conjugação:

Conjugação	Pronúncia
je nettoie	jê ne-toá
tu nettoies	tiu ne-toá
il/elle/on nettoie	il/él/oN ne-toá
nous nettoyons	nu ne-toa-ioN
vous nettoyez	vu ne-toa-iê
ils/elles nettoient	il/él ne-toá

Por exemplo, você pode dizer **Je nettoie la salle de bains** (jê ne-toá la sal diu baN) (*Estou limpando o banheiro*).

Assumindo o comando

Quando diz "Senta" para seu cachorro, "Faça o dever de casa" para seus filhos ou "Vamos comer" para sua família, você está usando a *forma imperativa*. Essa forma é simplesmente um comando, mesmo quando dita de forma educada, como em "Por favor, faça seu dever de casa". Ao dar um comando não se usa o pronome pessoal do caso reto. Por exemplo, não se diz: "Você senta" para seu cachorro ou "Você faça seu dever de casa" para seus filhos. Em vez disso, o sujeito — você — é implícito.

Em francês, para criar o imperativo, ou a forma de comando do verbo, use apenas as formas **tu** (*você* [singular informal]), **vous** (*você* [singular formal]) e **nous** (*nós*) do verbo. A Tabela 5-1 mostra exemplos de verbos terminados em **-er**, **-ir** e **-re** na forma imperativa.

LEMBRE-SE

Observe que o **s** final é removido da forma **tu** de todos os verbos terminados em **-er** no modo imperativo. Por exemplo, **tu parles** (tiu par-le) se transforma em **parle** (parl) (*fale*). Isso não acontece nos verbos terminados em **-ir** e **-re**.

TABELA 5-1 **Exemplos de Verbos Terminados em -er, -ir e -re no Modo Imperativo**

Tipo de Verbo	Afirmação	Imperativo
-er	**Tu restes ici.** (tiu rest i-cí) (*Você está aqui.*)	**Reste ici.** (rest i-cí.) (*Fique aqui.*)
-er	**Vous parlez français.** (vu par-lê fraN-cé) (*Você fala francês.*)	**Parlez français.** (par-lê fraN-cé.) (*Fale francês.*)
-er	**Nous mangeons des frites.** (nu maN-joN dê frit.) (*Estamos comendo batata frita.*)	**Mangeons des frites.** (majoN dê frit.) (*Vamos comer batata frita.*)
-ir	**Tu finis ton lait.** (tiu fi-ní toN lé.) (*Você termina seu leite.*)	**Finis ton lait.** (fi-ní toN lé.) (*Termine seu leite.*)
-re (verbo irregular)	**Nous faisons le ménage.** (nu fe-zoN lê me-náge.) (*Nós arrumamos a casa.*)	**Faisons le ménage.** (fe-zoN lê me-náge.) (*Vamos arrumar a casa.*)
-re (verbo irregular)	**Tu fais la vaisselle.** (tiu fé la ve-ssséi.) (*Você está lavando a louça.*)	**Fais la vaisselle.** (fé la ve-sséi.) (*Lave a louça.*)
-ir	**Tu choisis un CD.** (tiu chazí aN cê-dê.) (*Você está escolhendo um CD.*)	**Choisis un CD.** (Choa-zí an cê-dê.) (*Escolha um CD.*)
-re	**Tu rends les livres.** (tiu raN lê li-vre.) (*Você devolve os livros.*)	**Rend les livres.** (raN lê li-vre.) (*Devolva os livros.*)

Para comandos negativos — "Não bata no seu irmão", por exemplo —, basta envolver o verbo conjugado com a expressão **ne ... pas** (neh pah), usada para negativas diretas (veja o Capítulo 3 para saber mais sobre as formas negativas). Lembre-se: Se o verbo começar por vogal ou h mudo, o **ne** se torna **n'**:

N'attendez pas Paul. (na-taN-dê pa pôl.) (*Não espere por Paul.*)

Ne fais pas la cuisine, sortons ! (nê fé pa la kiu-síne, sor-toN!) (*Não cozinhe, vamos sair!*)

Tendo uma Conversa

M. Seiffert acabou de ligar para sua mulher, Élise, e a informou de que está levando um colega de trabalho, M. Morrissette, para o jantar. Madame Seiffert está conversando com seus dois filhos adolescentes, Charles e Josephine, para que organizem os afazeres.

Élise: **Charles ! Joséphine ! Vite ! Aidez-moi à faire le ménage.**
charl! jo-ze-fíne! vit! e-dê-moá a fér lê me-ná-ge.
Charles! Josephine! Rápido! Ajudem-me a arrumar a casa.

Charles: **Pourquoi, maman ?**
pur-koá, ma-maN?
Por quê, mãe?

Élise: **Monsieur Morrissette va venir dîner ce soir.**
me-ssiê mo-rri-ssét va ve-nír di-nê cê soár.
O Sr. Morrissette está vindo para jantar esta noite.

Joséphine: **Charles, range la salle de séjour.**
shahrl, rahNj lah sahl de se-juhr.
Charles, limpe a sala de estar.

Charles: **Joséphine, fais la vaisselle.**
jo-ze- fin, feh lah veh-sehl.
Josephine, lave a louça.

Élise: **Charles, passe l'aspirateur dans la salle de séjour. Joséphine, nettoie la salle de bains et les toilettes.**
charl, pas las-pi-rra-téur daN la sal dê se-jur. jo-ze-fíne, ne-toá la sal dê baN ê lê toa-lét.
Charles, passe o aspirador na sala de estar. Josephine, limpe o lavabo e o banheiro.

Joséphine: **Et quoi d'autre, maman ?**
ê koá do-tre, ma-maN?
E o que mais, mamãe?

Élise: **Mettez la table.**
me-tê la ta-ble.
Ponham a mesa.

Charles: **Et toi maman, fais la cuisine.**
ê toá ma-maN, fé la kiui-síne.
E você, mãe, cozinhe!

Palavras a Saber

faire le/la/les ...	fér lê/la/lê...	fazer a...
faire le ménage	fér lê me-ná-ge	arrumar a casa
fais la vaisselle	fé la ve-sséi	lavar a louça
Vite !	vit!	Rápido!

Usando os Pronomes Possessivos para Apresentar Seus Familiares

A família é o centro da vida francesa. Não importa onde você vá, um dos assuntos principais é a família. As pessoas podem lhe perguntar se você tem irmãos ou irmãs, avós, primos, filhos, e assim por diante. Portanto, vamos falar sobre família, o que é muito fácil depois de aprender as seguintes palavras:

- **le mari** (lê ma-rrí) (*marido*)
- **la femme** (la fámm) (*mulher*)
- **le père** (lê pér) (*pai*)
- **la mère** (la mér) (*mãe*)
- **les parents** (lê pa-rraN) (*pais*)
- **le fils** (lê fís) (*filho*)
- **la fille** (la fíie) (*filha*)
- **les enfants** (lê-zaN-faN) (*filhos, crianças*)
- **le frère** (lê freér) (*irmão*)
- **la soeur** (la séur) (*irmã*)

Naturalmente, muitas famílias vão além dos familiares imediatos e incluem uma extensão. Quando falar de tios, tias, avós e outros além da mãe, pai e irmãos, use estas palavras:

- **les grands-parents** (lê graN-pa-rraN) (*avós*)
- **le grand-père** (lê graN-pér) (*avô*)
- **la grand-mère** (la graN-mér) (*avó*)
- **les petits-enfants** (lê pe-ti-zaN-fáN) (*netos*)
- **le neveu** (lê ne-vêu) (*sobrinho*)
- **la nièce** (la niés) (*sobrinha*)
- **le cousin/la cousine** (lê ku-zaN/la ku-zi-ne) (*primo/a*)
- **l'oncle** (m) (loN-cle) (*tio*)
- **la tante** (la taNt) (*tia*)

Ao falar sobre membros de sua família, sem dúvidas é preciso usar os pronomes possessivos, como *meu*, *seu*, *nosso*, e assim por diante. Por exemplo, quando você diz: "Meu irmão mora em Boston e meus avós, em Vermont", ou, "Nossa casa fica perto da escola", usa pronome possessivos.

Os pronomes possessivos são usados da mesma forma em francês e em português. Eles variam conforme o gênero (masculino, feminino) e número (singular, plural) do substantivo, assim como os artigos **le/la/les** (lê/la/lê) (*o*, *a*, *os*, *as*). Veja o Capítulo 2 para saber mais sobre concordância.

SABEDORIA CULTURAL

Em francês, para se referir à família como um todo, você pode usar o último nome. Por exemplo, **Monsieur et Madame Texier** (me-ssiê ê ma-dámm tek--ssiê) (*Sr. e Sra. Texier*) são referidos como **Les Texier** (lê tek-ssiê).

TABELA 5-2 **Pronomes Possessivos**

Em Português	Masculino Sing.	Feminino Sing.	Masc. e Fem. Plural
meu(s)/minha(s)	**mon** (moN)	**ma** (ma)	**mes** (mê)
seu(s)/sua(s)	**ton** (toN)	**ta** (ta)	**tes** (tê)
seu(s)/sua(s)	**son** (soN)	**sa** (sa)	**ses** (sê)
nosso(s)/nossa(s)	**notre** (nó-tre)	**notre** (nó-tre)	**nos** (nô)
seu/sua/seus/suas (formal singular/ plural)	**votre** (vó-treh)	**votre** (vó-tre)	**vos** (vô)
seu(s)/sua(s)	**leur** (léur)	**leur** (léur)	**leurs** (léur)

Veja alguns exemplos usando o substantivo masculino singular **le frère**:

mon/ton/son frère (moN/toN/soN frér) (*meu/teu/seu irmão*)

notre/votre/leur frère (nó-tre/vó-tre/léur frér) (*nosso/vosso/seu irmão*)

Estes exemplos usam o substantivo feminino singular **la soeur**:

ma/ta/sa soeur (ma/ta/sa séur) (*minha/tua/sua irmã*)

notre/votre/leur soeur (nó-tre/vó-tre/lê séur) (*nossa/vossa/sua irmã*)

Finalmente, veja alguns exemplos usando o substantivo plural **les grands-parents**:

mes/tes/ses grands-parents (mê/tê/sê graN-pa-rraN) (*meus/teus/seus avós*)

nos/vos/leurs grands-parents (nô/vô/léur graN-pa-rraN) (*nossos/vossos/seus avós*)

FALANDO DE GRAMÁTICA

Embora seja fácil lembrar de usar **mon** (mon) como a versão masculina de *meu*, e **ma** (ma) para a versão feminina de *minha*, existe uma exceção: quando o substantivo feminino singular começa por vogal ou h mudo, use o possessivo masculino singular **mon**, **ton** ou **son**. Veja a palavra singular masculina **ami** (a-mi) (*amigo*) e a feminina singular **amie** (a-mi) (*amiga*), por exemplo. Para dizer *meu amigo*, independente de ser homem ou mulher, use a forma masculina — **mon ami** e **mon amie** —, porque a palavra **amie** começa com vogal.

LEMBRE-SE

Sempre que a palavra começar por vogal ou h mudo, um alarme tem que disparar em sua cabeça, alertando que coisas engraçadas podem acontecer. Veja os Capítulos 2 e 3 para saber mais sobre substantivos começados por vogal ou h mudo.

Diversão & Jogos

Usando a ilustração, primeiro identifique os cômodos (A, B, C, D) e depois os itens (1, 2 e 3) assinalados em cada cômodo.

A. ____________ 1) ____________ 2)____________

B. ____________ 1) ____________ 2)____________

C. ____________ 1) ____________ 2)____________ 3)____________

D. ____________ 1) ____________ 2)____________ 3)____________

2
Francês em Ação

NESTA PARTE...

Apresentamos o francês no contexto cotidiano. Mostramos como fazer perguntas-chave, manter conversas casuais, fazer pedidos em restaurantes franceses, pedir ajuda e identificar os itens que deseja comprar, pedir orientações, fazer planos para sair à noite, comunicar-se com colegas de trabalho e muito mais. Ao longo do caminho, você descobrirá algumas construções gramaticais importantes para se comunicar, compartilhar o que gosta e o que não gosta, fazer comparações e falar sobre o tempo, sua profissão e hobbies.

NESTE CAPÍTULO

» Fazendo perguntas-chave

» Falando sobre o que gosta e o que não gosta

» Usando pronomes demonstrativos

» Falando sobre o tempo e seu trabalho

Capítulo 6

Conhecendo Você: Batendo Papo

Seja conversando com alguém que acaba de conhecer ou com um velho amigo, bater papo é uma parte-chave de qualquer interação. Embora possa levar a discussões mais sérias, o papo geralmente trata de assuntos neutros, como seu trabalho, do que gosta e não gosta, o tempo, e assim por diante. Bater papo é uma maravilhosa maneira de conhecer melhor uma pessoa e permite que você decida se vale a pena continuar conversando com um estranho sentado do seu lado no avião ou no ônibus ou se é melhor voltar para seu livro. Depois de ler este capítulo, você terá toda a informação necessária para **parler de tout et de rien** (par-lê dê tut ê dê ri-aN) (*falar de tudo e de nada*).

Perguntas Básicas e Expressões Educadas

Como explica o Capítulo 3, é possível fazer perguntas do tipo sim ou não em francês de inúmeras maneiras: pela entonação no final da sentença, colocando **est-ce que** (és-kê) na frente da sentença ou invertendo o sujeito e o verbo.

Para bater papo, porém, você precisa de perguntas cujas respostas sejam mais esclarecedoras que um simples sim ou não. Com a informação das seções seguintes você será capaz de fazer perguntas básicas e usar expressões importantes em todas as conversas.

Usando palavras-chave para perguntar

Para obter informações específicas, você precisa conhecer estas palavras interrogativas:

- **à quelle heure** (a kél éur) (*a que horas*)
- **combien de** (coN-biaN dê) (*quantos/as*)
- **combien** (coN-biaN) (*quanto/a*)
- **comment** (cô-maN) (*como*)
- **où** (u) (*onde*)
- **pourquoi** (pur-koá) (*por quê*)
- **qu'est-ce que** (kés-kê) (*o quê*)
- **quand** (kaN) (*quando*)
- **quel(s)/quelle(s)** (kél) (*qual(is)*)
- **qui** (ki) (*quem*)

Você pode usar essas palavras sozinhas, como em português, ou em sentenças. Por exemplo, para saber o nome ou perguntar quem é uma pessoa, faça uma destas perguntas:

Qui est-ce ? (ki ésce) (*Quem é?*)

Comment vous appelez-vous ? (cô-maN vu-za-ple-vu) (*Qual é seu nome?*)

Comment s'appelle... ? (cô-maN sapél) (*Como... se chama?*)

Quel est son prénom ? (ké lé soN prênoN) (*Qual é seu nome?*)

Você pode também perguntar onde alguém mora e qual é sua idade com estas perguntas:

Où habitez-vous ? (u a-bi-tê-vu?) (*Onde você mora?* [formal ou plural])

Quel âge avez-vous ? (kél-aj a-vê-vu?) (*Quantos anos você tem?* [formal ou plural])

FALANDO DE GRAMÁTICA

A pergunta **Quel âge avez-vous** usa o verbo **avoir** (a-voár) (*ter*), como em português, então a tradução literal é *Qual idade você tem?* A resposta lógica também usa o verbo **avoir**: **J'ai douze ans** (jé du-zaN) (*Eu tenho 12 anos*).

Dizendo as palavras mágicas: Expressões educadas

Sua mãe estava certa: uma palavra gentil abre muitas portas. Dizer *por favor*, *obrigado* e *com licença*, assim como outras frases universais, tornam você uma pessoa gentil e que vale a pena conhecer. Então, use as expressões a seguir livremente:

- **Pardon/Excusez-moi.** (par-doN/éks-kiu-zê-moá.) (*Desculpe/Com licença.*)
- **Je suis désolé/désolée.** (jê siuí dê-zo-lê.) (*Sinto muito.*)
- **Ce n'est pas grave !** (cê né pa grav!) (*Não tem problema!*)
- **De rien.** (dê riaN.) (*De nada.*)
- **Je vous en prie.** (jê vu-zaN pri.) (*Por gentileza* [ao passar em uma porta e ceder a passagem, por exemplo]/*Não tem de quê.*)
- **S'il vous plaît.** (sil vu plê.) (*Por favor.*)

DICA

Quando estamos aprendendo uma língua estrangeira, às vezes é preciso dizer à outra pessoa que não estamos entendendo ou não sabemos responder. Em vez de dizer "Hein?", tente uma destas expressões:

Je ne comprends pas. (jên coN-praN pá.) (*Eu não entendo.*)

Je ne sais pas. (jên sé pá.) (*Eu não sei.*)

Pouvez-vous parler plus lentement, s'il vous plaît ? (pu-vê-vu parle pliu laNt-maN, sil vu plê?) (*Você poderia falar mais devagar?*)

Pouvez-vous répéter, s'il vous plaît ? (pu-vê-vu rê-pê-tê sil vu plê?) (*Você poderia repetir, por favor?*)

Un moment, s'il vous plaît. (aN mo-maN, sil vu plê.) (*Um momento, por favor.*)

Tendo uma Conversa

ÁUDIO

Depois de chegar a Paris, saída de Nova York, Amanda Hull pega uma conexão para Nice. Ela está muito cansada porque passou a noite no avião. Desaba no assento e está pronta para adormecer. Mas minutos depois é acordada com as seguintes palavras (Faixa 5).

Patrick Barnet: **Pardon, madame, quel est le numéro de votre place ?**
pardoN, madámm, kélé lê niumêrrô dê vótre plás?
Desculpe, senhora, qual é o número de seu assento?

Amanda Hull: **Je ne sais pas. Attendez ! Oh, c'est le 24B ; excusez-moi. Je suis désolée.**
jê nê sé pá. ataNdê! ô, cé lê vãN catre bê; ékskiuzê moá, jê siuí dêzolê.
Eu não sei. Espere! Ah, é o número 24B. Desculpe. Sinto muito.

Depois que Amanda muda para seu assento, a conversa continua.

Patrick: **Ce n'est pas grave ! Je m'appelle Patrick, et vous ?**
cê né pa grav! Jê-ma-pél pa-trik, ê vu?
Tudo bem! Eu me chamo Patrick. E você?

Amanda: **Enchantée monsieur. Je m'appelle Amanda.**
aN-chN-tê mê-siê. jê-ma-pél a-man-dá.
Encantada, senhor. Meu nome é Amanda.

Patrick: **Enchanté madame. Où allez-vous ?**
aN-chaN-tê ma-dámm. u a-lê-vu?
Encantado, senhora. Aonde está indo?

Amanda: **Je vais d'abord à Nice, puis à Toulon voir ma fille.**
je vé da-bór a nis, piuí a tu-loN voár ma fíie.
Vou descer em Nice, depois vou para Toulon para ver minha filha.

Patrick: **Vous venez souvent en France ?**
vu vê-nê su-vaN aN fraNs?
Você vem sempre à França?

Amanda: **Oh oui, j'adore la France.**
oh uí, ja-dór la fraNs.
Ah, sim! Eu adoro a França.

Patrick: **Combien de temps restez-vous en France ?**
coN-biaN dê taN re-stê-vu aN fraNs?
Quanto tempo vai ficar na França?

Amanda: **Un mois. Et vous, pourquoi allez-vous à Nice ?**
aN moá. ê vu, pur-koá a-lê-vu-za nis?
Um mês. E você, por que está indo para Nice?

Patrick: **Pour le travail.**
pur le tra-vái.
Para trabalhar.

FALANDO DE GRAMÁTICA

Preste atenção em duas palavras simples que você sempre vê em francês: **et** (ê) (*e*) e **dans** (daN) (*em*). Para usá-las corretamente, lembre-se das seguintes regras:

- **et:** Você nunca deve ligar **et** à palavra seguinte (em outras palavras, não faça a *liason*, explicada no Capítulo 3). Veja um exemplo: *Ele é bonito e inteligente*: **Il est beau et intelligent** (ilé bô ê ãNtêlijaN).
- **dans:** Usado para tempo e espaço. Note nestes exemplos que **dans** pode ter significados um pouco diferentes, dependendo do contexto: **dans un mois** (daN-zeN moá) (*em um mês*) e **dans l'avion** (daN lavioN) (*no avião*)

Palavras a Saber

Quel est le numéro ?	kél é lê niu-mê-rrô?	Qual é o número?
attendez	a-taN-dê	espere
je vais/vous allez	jê vé-/vu-za-lê	eu vou/você vai
souvent	su-vaN	com frequência
j'adore	ja-dór	eu adoro
le travail	lê tra-vái	trabalho

Declarando Suas Preferências

Uma das formas de se conhecer alguém ou de outras pessoas o conhecerem é falar sobre suas preferências. Para dizer em francês que você gosta de viajar, que odeia esperar na fila ou que ama um determinado filme, você usa os *verbos de preferência*. Estes verbos incluem:

- **aimer** (ê-mê) (*gostar, amar*)
- **aimer mieux** (ê-mê miêu) (*gostar mais, preferir*)
- **adorer** (a-do-rrê) (*adorar*)
- **préférer** (prê-fê-rrê) (*preferir*)
- **détester** (dê-tê-stê) (*detestar, odiar*)

Aimer, **adorer** e **détester** são todos verbos regulares terminados em **-er**; veja o Capítulo 2 para mais informações sobre a conjugação de verbos regulares. O verbo **préférer**, porém, tem raiz variável: o acento no segundo **e** muda de **aigu** (é) para **grave** (è), exceto para as formas **nous** e **vous**. Veja a conjugação de **préférer**:

Conjugação	Pronúncia
je préfère	je prê-fér
tu préfères	tiu prê-fér
il/elle/on préfère	il/él/oN prê-fér
nous préférons	nu prê-fê-rroN
vous préférez	vu prê-fê-rê
ils/elles préfèrent	il/él prê-fér

FALANDO DE GRAMÁTICA

Para dizer que gosta ou odeia algo em francês, você usa o artigo definido *o*, *a* — **le** (lê), **la** (la) e **les** (lê) —, mesmo que não seja necessário em português. Veja estes exemplos:

J'aime le café au lait. (jêm lê ké-fê ô lé.) (*Eu gosto de café com leite.*)

Nous préférons les films étrangers. (nu prê-fê-rroN lê film zê-traN-gê.) (*Nós preferimos filmes estrangeiros.*)

Ils détestent le bruit. (il dê-tést lê briuí.) (*Eles odeiam barulho.*)

Falando sobre Seu Trabalho

Em francês, para declarar sua profissão, basta dizer **Je suis...** (jê siuí) (*eu sou...*) e o nome da profissão. Por exemplo, **Je suis professeur** (jê siuí pro-fê-sséur) significa *Eu sou professor*. Para identificar a profissão de alguém, use a construção **Il/Elle est...** (il/él é) (*Ele/Ela é...*). **Il est ingénieur** (i-lé-taN-gê-niê), por exemplo, significa *Ele é engenheiro*. Observe que nessas construções você não usa o artigo **un** (aN) (*um*, *uma*).

DICA

Use a mesma construção para descrever a si mesmo ou outra pessoa: **Je suis optimiste** (jê siuí-zop-ti-mist) (*Eu sou otimista*), por exemplo, ou **Il est intelligent** (i-le-taN-tê-li-jaN) (*Ele é inteligente*).

Embora nem de longe exaustiva, esta lista inclui muitas ocupações comuns:

- **professeur** (pro-fê-sséur) (*professor/a*)
- **informaticien/informaticienne** (aN-for-ma-ti-ciaN/aN-for-ma-ti-cién) (*programador/a de computadores*)
- **secrétaire** (se-crê-tér) (*secretário/a*)
- **médecin** (mêd-ssaN) (*médico/a*)
- **infirmier/infirmière** (aN-fir-miê/aN-fir-miér) (*enfermeiro/a*)
- **avocat/avocate** (a-vô-cá/a-vô-cat) (*advogado/a*)
- **ingénieur** (aN-ge-niê) (*engenheiro/a*)
- **serveur/serveuse** (ser-véur/ser-véuz) (*garçom/garçonete*)
- **dentiste** (daN-tist) (*dentista*)
- **retraité/retraitée** (rê-tré-tê) (*aposentado/a*)
- **homme d'affaires/femme d'affaires** (ómm da-fér/fámm da-fér) (*executivo/a*)
- **architecte** (ar-shi-tékt) (*arquiteto/a*)
- **PDG** (pê dê gê) (*diretor/a executivo/a* [Observação: O acrônimo quer dizer **Président Directeur Général**])

FALANDO DE GRAMÁTICA

Observe que algumas profissões têm apenas uma forma para o masculino e o feminino. Como regra, substantivos e adjetivos terminados em *e*, por exemplo — **dentiste** —, são iguais para ambos os gêneros. Veja o Capítulo 2 para saber mais sobre substantivos e adjetivos. Algumas profissões da lista anterior não têm forma feminina, pois a ausência de designação de gênero é um vestígio do sexismo de antigamente, quando certas profissões eram ocupadas quase que exclusivamente por homens, o que não mais acontece atualmente.

As expressões a seguir são úteis no contexto das profissões:

Quel est votre métier ? (kél é vó-tre mê-tiê?) (*Qual é sua profissão?*)

Qu'est-ce que vous faites dans la vie ? (kés-kê vu fet daN la vi?) (*O que você faz da vida?*)

Pour quelle entreprise/compagnie travaillez-vous ? (pur kél aN-trê-priz/coN-pa-nhí trá-va-iê-vu?) (*Em que empresa/companhia você trabalha?*)

Voyagez-vous souvent pour votre travail ? (vo-iá-gê-vu su-vaN pur vó-tre tra-vái?) (*Você viaja muito a trabalho?*)

Votre métier est intéressant. (vó-tre mê-tiê é-taN-te-rrê-ssaN.) (*Sua profissão é interessante.*)

Tendo uma Conversa

Em um voo para Nice, Amanda e Patrick, que acabaram de se conhecer, conversam sobre trabalho.

Amanda: **Où travaillez-vous ?**
u travaiê vu?
Onde você trabalha?

Patrick: **Mon bureau est à Paris, mais je vais souvent à Nice en voyage d'affaires.**
moN biurô é tá parrí, mé jê vé suvaN a nice aN voáiage dafér.
Meu escritório fica em Paris, mas vou com frequência a Nice a trabalho.

Amanda: **Quel est votre métier ?**
kél é vó-tre mê-tiê?
Qual é sua profissão?

Patrick: **Je suis informaticien. Je travaille pour une compagnie d'informatique.**
je siuí-zaN-fôr-ma-ti-ciaN. je tra-vái pu-rriune coN-pa-nhi daN-for-ma-tik.
Sou programador de computador. Eu trabalho para uma empresa de computação.

Amanda: **C'est une grande compagnie ?**
cétiune graNde coNpanhí?
É uma empresa grande?

Patrick: **Non, elle est trés petite. Il y a seulement dix employés.**
noN, éle é tré pêtite iliá sêulemaN dizaNploáiê.
Não, ela é muito pequena. Há apenas dez funcionários.

Palavras a Saber

le voyage d'affaires	le vô-iáj da-fér	viagem de trabalho
mon bureau	moN biu-rrô	meu escritório
une compagnie	iune coN-pa-nhí	uma companhia
un employé/une employée	aN-naN-ploá-iê/ uine-naN-ploá-iê	um/a funcionário/a
un collègue/une collègue	aN cô-lég/uine cô-lég	um/a colega

Falando sobre o Tempo

Outro ótimo assunto para uma pequena conversa é, claro, **le temps** (lê taN) (*o tempo*). Na verdade, um modo de começar um bate-papo em francês é **parler de la pluie et du beau temps** (parlê dê la pliuí ê diu bô taN) (literalmente: *falar sobre a chuva e o tempo bom*). Nos países de grandes contrastes climáticos, como o Canadá, o clima é um assunto comum de conversas. Em climas mais temperados, como o da França, o tempo ainda é um assunto favorito, especialmente se você quiser reclamar sobre ele.

Naturalmente, você não pode falar sobre o clima sem saber os nomes das estações; **le printemps** (le praN-taN) (*primavera*), **l'été** (m) (lê-tê) (*verão*), **l'automne** (m) (lo-tônn) (*outono*) e **l'hiver** (m) (li-vér) (*inverno*). Veja o Capítulo 4 para mais detalhes sobre as estações. Você ainda pode perguntar sobre o tempo usando **Quel temps fait-il ?** (kél taN fé-til) (*Como está o tempo?*) Para responder a essa pergunta, use **Il fait ...** (il fé...) (*Está...*) e acrescente qualquer uma das frases a seguir:

» **chaud** (chô) (*quente, ameno*)

» **froid** (froá) (*frio*)

» **frais** (fré) (*fresco*)

» **doux** (du) (*ameno*)

» **beau** (bô) (*agradável*)

» **mauvais** (mô-vé) (*ruim*)

» **du vent** (diu vaN) (*ventando*)

» **du soleil** (diu so-léi) (*ensolarado*)

Para dizer que está chovendo ou nevando, diga **Il pleut** (il plê) (*Está chovendo*) ou **Il neige** (il néj) (*Está nevando*).

Você também pode dizer qual é a temperatura: **La température est de 20 degrés** (la taN-pe-rra-tiur é dê vaN dê-grê) (*A temperatura é de 20 graus [Celsius]*); para outras temperaturas, substitua o 20 pelo número real.

DICA

A França usa graus Celsius, e, assim como no Brasil, sempre que ouvir algo como **La température est de 25 degrés** (la taN-pe-rra-tiur é dê vaN saNk dê-grê) (*A temperatura é de 25 graus*), saiba que a informação está em graus Celsius.

FALANDO DE GRAMÁTICA

Observe que todas as frases referentes ao clima começam com **il**. Você deve estar familiarizado com **il** como pronome singular masculino — **il s'appelle** (il sa-pél) (*seu nome [o nome dele] é*) ou **il habite** (il a-bit) (*ele mora*), por exemplo —, mas esse **il** não se refere a uma pessoa do sexo masculino ou a um objeto na forma masculina, esse é um **il** impessoal. Usar o **il** nesse contexto não é difícil: desde que a conjugação esteja correta, a forma verbal que segue é a terceira pessoa do singular (assim como **il** e **elle**).

Tendo uma Conversa

ÁUDIO

O comandante do avião de Patrick e Amanda anuncia o tempo em Nice, provocando uma conversa entre os dois novos conhecidos. (Faixa 6)

Comandante: **A Nice, il fait beau et chaud et la température est de 30 degrés.**
a nis, il fé bô ê chô ê la taNperratiur é dê traNt dêgrê.
Em Nice, o tempo é bom e faz calor, e a temperatura é de 30 graus.

Patrick: **A Nice, il fait toujours beau !**
a nis, il fé tujur bô!
Em Nice o tempo é sempre bom!

Amanda: **Même en hiver ?**
même aN nivér?
Mesmo no inverno?

Patrick: **En hiver, il pleut un peu, mais il fait doux. Et à New York ?**
aN nivér, il plê aN pê, mé il fé du. ê a niu iórk?
No inverno chove um pouco, mas é agradável. E em Nova York?

Amanda: **En hiver, il fait très froid et il neige, et en été il fait très chaud et humide.**
aN nivér, il fé tré froá ê il néj, ê aN nêtê il fé tré chô ê iumíd.
No inverno faz muito frio e neva, e no verão faz muito calor e é úmido.

Patrick: **Et au printemps et en automne ?**
ê ô praNtaN ê aN notônn?
E na primavera e no outono?

Amanda: **Le temps est agréable.**
lê taN é tagrêáble
O tempo é agradável.

Palavras a Saber

d'abord	dabór	primeiro
puis	piuí	então
toujours	tujur	sempre
même	même	mesmo
un peu	aN pê	um pouco
agréable	agrêáble	agradável

Decidindo Manter Contato

Ao fazer novos amigos e começar a conhecê-los melhor, certamente vocês irão querer trocar endereços e telefones. Para trocar informações de contato, você pode usar estas frases:

- **Où habitez-vous ?** (u a-bi-tê-vu?) (*Onde você mora?*)
- **Quelle est votre adresse ?** (kél é vó-tra-drés?) (*Qual é seu endereço?*)
- **Donnez-moi votre numéro de téléphone.** (do-nê-moá vó-tre niu-mê-rrô de tê-lê-fón.) (*Dê-me seu telefone.*)

Nos dias de hoje, certamente é mais fácil trocar e-mails. A palavra francesa para *e-mail* é **l'adresse électronique** (la-drésse-lêk-trô-nik), mas dizer **e-mail** (i-mél) é mais conveniente; a forma foi até afrancesada como **le mél** (le mél)! É claro, a palavra para @ também existe em francês: **arobas** (a-rro--bas) ou, mais comumente, **à** (a) (*em*); o ponto é **point** (poaN), que significa, entre outras coisas, *o ponto-final de uma sentença.*

SABEDORIA CULTURAL

O Canadá tem um sistema telefônico parecido com o nosso: um código de área — **l'indicatif** (m) (laN-di-ca-tíf) — seguido por sete dígitos de um número pessoal de telefone. Na França, toda vez que você faz uma chamada, mesmo local, tem que digitar os dois números do código de área (que começa com 0) seguidos por oito números, que são representados de dois em dois (04 94 37 08 56, por exemplo). Para ligar para um número francês do Brasil, disque 00 + código da operadora de sua preferência + 33 (código da França) e depois o número do telefone sem o 0 do código de área. Por exemplo: 00 21 33 4 94 37 08 56.

Diversão & Jogos

Nas lacunas, identifique as estações mostradas nas ilustrações.

le printemps l'été l'automne l'hiver

A.____________________

B.____________________

C.____________________

D.____________________

Agora identifique as condições climáticas mostradas nestas imagens usando o banco de palavras.

il neige   il fait du vent   il pleut   il fait chaud

E.______________________________

F.______________________________

G.______________________________

H.______________________________

NESTE CAPÍTULO

» Pedindo orientações

» Usando preposições e comandos

» Conseguindo ajuda quando você está perdido

Capítulo 7

Pedindo Orientações e Encontrando Seu Caminho

Ao sair de viagem, você provavelmente tem uma boa ideia de todas as coisas que deseja fazer e dos lugares que deseja ver. Você descobre de antemão como chegar lá, de qual tipo de transporte precisa e como se preparar. Depois que chega, porém, descobre que não sabe bem onde fica o ponto de ônibus mais próximo, o banco ou como encontrar o banheiro ou um telefone. E se mudar de planos, toda a preparação prévia não será suficiente para chegar aonde quer. Nessas situações, você precisa saber como pedir orientações. Para onde você deve ir para as encontrar? Bem aqui.

Fazendo Perguntas com "Onde"

A maioria das perguntas quando estamos viajando certamente começa com *Onde fica...?* Para fazer perguntas desse tipo em francês, comece com **où** (u) (*onde*) e o verbo **être** (é-tre) (*ser/estar*) ou o verbo **se trouver** (sê tru-vê) (*estar localizado*).

Perguntas com "où", mais os verbos "être" e "se trouver"

O verbo **être** é o mais frequentemente ligado ao **où**, como mostram estes exemplos (veja o Capítulo 2 para a conjugação completa do verbo **être**):

Où est le Louvre ? (u é lê lúvre?) (*Onde fica o Louvre?*)

Où est la place Victor Hugo ? (u é la plás victór hiugô?) (*Onde fica a praça Victor Hugo?*)

Où sont les toilettes ? (u soN lê toalét?) (*Onde fica o banheiro?*)

Entretanto, como falamos anteriormente, outro verbo, **se trouver,** (sê tru-vê) é também bastante usado com perguntas que começam com *onde:*

Où se trouve le Louvre ? (u sê truv lê lú-vre?) (*Onde fica o Louvre?*)

Où se trouve la place Victor Hugo ? (u se truv la plás victór hiugô?) (*Onde fica a praça Victor Hugo?*)

Où se trouvent les toilettes ? (u se truv lê toalét?) (*Onde fica o banheiro?*)

FALANDO DE GRAMÁTICA

Assim como mostram os exemplos anteriores, as perguntas com *onde* seguem esta construção:

où + verbo + sujeito

Na verdade, você usa essa estrutura de oração para todos os outros verbos que quiser conectar ao **où**:

Où va ce bus ? (u va cê bius?) (*Para onde vai este ônibus?*)

Où mène cette rue ? (u méne cét riu?) (*Aonde leva esta rua?*)

Respondendo perguntas com "à"

As preposições são palavras que indicam relação entre uma coisa e outra em uma sentença. Elas são um elemento-chave para responder a perguntas que começam com *onde*: Aonde você vai? Ao zoológico. Onde é o show? No parque. Onde está Alice? No museu.

Felizmente, em francês, só precisamos nos lembrar de uma preposição, **à** (a), que significa *para*, *em* ou *a*. O modo como usamos **à**, porém, depende do contexto da resposta.

Como regra, você usa a preposição **à** quando quer dizer que está indo a ou está em uma cidade ou local. Por exemplo:

Je vais à Lille. (jê vé a lill.) (*Eu estou indo para Lille.*)

Ils sont à Montréal. (il soN-ta moN-rrê-ál.) (*Eles estão em Montreal.*)

Entretanto, quando quiser falar sobre ir ou estar em locais em geral, como museus, catedrais ou igrejas, você precisa acrescentar o artigo definido — **le** (lê), **la** (la) ou **les** (lê), que significam *o*, *a*, *os* e *as* — depois de **à**, assim como fazemos em português (em + a, o = na/no). Observe que há alterações nas formas dos artigos masculinos plural e singular — **le** e **les**. A lista a seguir mostra essas combinações e fornece exemplos de sentenças usando essa construção:

- **à + le = au** — Exemplo: **Sylvie va au musée.** (sil-ví va ô miu-zê.) (*Sylvie vai ao museu.*)
- **à + la = à la** — Exemplo: **Guy veut aller à la cathédrale.** (gui vêu-ta-lê a la ca-tê-dral.) (*Guy quer ir à catedral.*)
- **à + l' = à l'** — Exemplo: **Les Martin vont à l'église St. Paul.** (lê mar-taN voN-ta le-gliz saN pôl.) (*Os Martin vão à igreja de St. Paul.*)
- **à + les = aux** — Exemplo: **Allez aux feux.** (a-le ô fêu.) (*Vá até o semáforo.*)

Usando "voici" e "voilà"

Ocasionalmente, o lugar que está procurando (ou sobre o qual estão lhe perguntando) está bem na sua frente (ou perto o bastante para que você aponte). Afinal, se você nunca esteve em um lugar, pode não saber exatamente o que procurar ou pode não reconhecer que já chegou! Da mesma forma, se você está orientando uma pessoa enquanto seguem para o local, provavelmente ao chegar vai querer dizer *Aqui é o...*, ou expressão semelhante. Para criar essas expressões use as palavras **voici** (voá-cí) (*aqui está*) e **voilà** (voá-la) (*lá está*):

Voici la poste/le musée/l'université ! (voá-cí la póst/lê miu-zê/liu-ni-vér--ssi-tê!) (*Aqui é o correio/o museu/a universidade!*)

Voilà les bureaux ! (voá-la le biu-rrô!) (*Lá estão os escritórios!*)

FALANDO DE GRAMÁTICA

A diferença entre **voici** e **voilà** é que **voici** se refere a algo muito perto de você (aqui) e **voilà**, a algo mais distante (lá).

É claro, as pessoas sempre usam expressões que transmitem o mesmo significado com menos palavras. Para reduzir o tamanho dessas respostas, simplesmente elimine o substantivo (**le musée**, **l'université**, e assim por diante) e use **le**, **la** ou **les** antes de **voici** ou **voilà**, como mostram as respostas a seguir:

Pergunta	Resposta
Où est le musée ? (u é lê miu-zê?) (*Onde fica o museu?*)	**Le voici !** (le voá-cí!) (*Aqui está!*)
Où est l'université ? (u é liu-ni-vér-ssi-tê?) (*Onde fica a universidade?*)	**La voilà !** (la voá-la!) (*Lá está!*)
Où sont les bureaux ? (u soN le biu-rrô?) (*Onde ficam os escritórios?*)	**Les voilà !** (lê voá-la!) (*Aqui estão!*)

Sendo específico com as preposições

O idioma francês tem muitas outras preposições além de **à**. E você precisa as conhecer ao informar as direções a alguém ou quando alguém lhe dá informações. Com as preposições da lista a seguir você fica sabendo, por exemplo, se o restaurante que procura fica perto da catedral, do shopping ou em frente à praça:

» **à côté de** (a co-tê dê) (*ao lado de*)

» **à gauche de** (a gôch dê) (*à esquerda de*)

» **à droite de** (a droát dê) (*à direita de*)

» **en face de** (aN fás-dê) (*em frente à*)

» **près (de)** (pré [dê]) (*perto [de]*)

» **loin (de)** (loaN [dê]) (*longe [de]*)

» **devant** (de-vaN) (*em frente de*)

» **derrière** (de-rriér) (*atrás*)

» **entre** (aN-tre) (*entre*)

» **dans** (daN) (*em, dentro*)

» **sur** (siur) (*sobre, em cima*)

» **sous** (su) (*sob, embaixo*)

Veja alguns exemplos de sentenças usando essas preposições:

Le restaurant est entre la poste et l'hôtel de ville. (le rê-stô-rraN é-taN--tre la póst ê lô-tel de vil.) (*O restaurante fica entre o correio e a prefeitura.*)

Le cinéma est en face de l'hôtel. (le ci-nê-má é-taN fás de lê-tel.) (*O cinema fica em frente ao hotel.*)

La boulangerie se trouve à côté du musée. (la bu-laN-jrrí sê truv a co-tê diu miu-zê.) (*A padaria fica ao lado do museu.*)

Tendo uma Conversa

John e Ann estão no saguão do hotel perguntando sobre as direções para a Catedral de Notre-Dame. O recepcionista, **le réceptionniste** (lê rê-ce-psiô--nist), tenta ajudá-los.

Le réceptionniste:	**Bonjour, monsieur. Je peux vous aider ?** boN-jur, me-ssiê. Jê pê vu-ze-dê? *Bom dia, senhor. Posso o ajudar?*
John:	**Nous voulons savoir où se trouve la cathédrale Notre-Dame.** nu vu-loN sa-voar u sê truv la ca-tê-dral nó-tre damm. *Queremos saber onde fica a Catedral de Notre-Dame.*
Le réceptionniste:	**Notre-Dame se trouve à l'Île de la Cité.** nó-tre dam se truv a lil dê la ci-tê. *Notre-Dame fica na Ille de la Cité.*
John:	**Est-ce que c'est loin d'ici ? Nous voulons aller à pied.** és-kê cé loaN di-ci? nu vu-loN-zalê a piê. *É longe daqui? Queremos ir a pé.*
Le réceptionniste:	**Non, c'est à 15 minutes peut-être. Sortez de l'hôtel, tournez à gauche et continuez tout droit.** noN, cé-ta kaNz mi-niut pêu-té-tre. sor-tê de lô-tel, tur-nê a gôch e coN-ti-niu-ê tu droá. *Não, talvez uns 15 minutos. Saiam do hotel, virem à esquerda e vão em frente.*
John:	**Et ensuite ?** e aN-ssiuít? *E depois?*
Le réceptionniste:	**Traversez le Pont Neuf et la cathédrale est à gauche.** tra-ver-sê lê poN nêuf e la ca-tê-dralé-ta gôch. *Cruzem a Pont Neuf, e a Catedral está à esquerda.*
John:	**Merci beaucoup.** mer-cí bô-ku *Muito obrigado.*
Le réceptionniste:	**Je vous en prie.** jê vu-zan pri *Não há de quê.*

Palavras a Saber

Je peux vous aider ?	jê pê vu-ze-dê?	Posso o ajudar?
Nous voulons savoir ...	nu vu-loN sa-voar...	Nós queremos saber
C' est loin ?	cé loaN?	É longe?
aller à pied	a-lê a piê	ir a pé, caminhar
peut-être	pê-té-tre	talvez
continuez tout droit	coN-ti-niu-ê tu droá	continue em frente
Et ensuite ?	ê aN-siuít	E depois?

Entendendo Direções

Seja onde e quando for, ao viajar, você vai precisar de direções em algum momento. Entender algumas expressões básicas vai lhe dar uma ideia geral ou uma direção a seguir. As próximas seções trazem os detalhes. Você também vai descobrir o que fazer quando não conseguir entender o que estão dizendo.

Usando comandos diretos para indicar direções

Quando alguém lhe indica uma direção, essa pessoa lhe dá um comando. Em um comando, fica subtendido que é com você que a pessoa está falando, mas o francês tem duas maneiras de dizer *você* — o familiar **tu** (tiu) e a forma educada **vous** (vu).

Como discutido no Capítulo 5, para criar um comando, você precisa omitir o **tu**, o **nous** (nu) (*nós*) ou o **vous** na frente do verbo (assim como fazemos em português):

Va au centre. (va o saN-tre.) (*Vá ao centro.*)

Allez tout droit. (a-lê tu droá.) (*Vá em frente.*)

Traversons le pont. (tra-vêr-ssoN le poN.) (*Vamos cruzar a ponte.*)

FALANDO DE GRAMÁTICA

Apenas para os verbos terminados em **-er**, retire o **-s** final da forma do **tu** em todos os comandos, como nos exemplos:

Infinitivo (-er)	Forma tu	Forma de comando
aller (a-lê) (*ir*)	**tu vas** (tiu va) (*você vai*)	**va** (va) (*vá*)
continuer (coN-ti-niu-ê) (*continuar*)	**tu continues** (tiu coN-ti-níu) (*você continua*)	**continue** (con-ti-níu) (*continue*)

Entretanto, ao pedir informações sobre direções para pessoas que não conhece ou não conhece muito bem, descobrirá que elas se dirigem a você no modo formal **vous**. Nesse caso, lembre-se de que a terminação da maioria dos verbos na forma **vous** é **-ez**. Veja alguns verbos bastante úteis com **vous**:

- **Tournez ...** (tur-nê...) (*vire...*), como em **Tournez à droite/à gauche/à la rue ...** (tur-ne a droát/a gôch/a la riu...) (*Vire à direita/esquerda/na rua...*)
- **Prenez ...** (pre-nê...) (*pegue...*), como em **Prenez la deuxième rue à droite/à gauche.** (pre-nê lh dêu-zi-ém riu a droát/a gôch.) (*Pegue a rua à direita/ à esquerda.*)
- **Montez ...** (moN-tê...) (*suba...*), como em **Montez la rue .../le boulevard ... /l'avenue ...** (moN-tê la riu.../lê bul-vár.../lave-niu...) (*Suba a rua.../a alameda.../a avenida...*)
- **Descendez ...** (de-ssaN-dê...) (*desça...*) como em **Descendez la rue .../le boulevard .../l'avenue ...** (de-ssaN-dê la riu.../lê bul-vár.../lave-niu...) (*Desça a rua.../a alameda.../a avenida...*)
- **Suivez ...** (sui-vê) (*siga...*), como em **Suivez la rue .../le boulevard .../ l'avenue ...** (sui-vê la riu.../lê bul-vár.../lave-niu...) (*Siga a rua.../a alameda.../a avenida...*)
- **Continuez à ...** (coN-ti-niu-ê a...) (*continue...*), como em **Continuez à la rue .../ au boulevard .../à l'avenue ...** (coN-ti-niu-ê a la riu.../ô bul-vár.../a lave-niu...) (*Continue na rua.../na alameda.../na avenida...*)
- **Allez tout droit.** (a-lê tu droá.) (*Vá direto.*)
- **Traversez ...** (tra-ver-ssê...) (*cruze...*), como em **Traversez la rue .../le boulevard .../l'avenue .../le pont ...** (tra-ver-ssê la riu..../lê bul-vár.../lave-niu..../le poN.) (*Cruze a rua.../a alameda.../a avenida.../a ponte...*)

Amenizando comandos com "il faut"

FALANDO DE GRAMÁTICA

Os comandos tendem a soar um pouco autoritários. Portanto, em francês, existe uma maneira de evitar isso. Você pode usar apenas uma forma para todo mundo — **il faut** (il fô) (*sujeito indeterminado*). Essa forma impessoal existe apenas na forma **il** (il). A forma **il faut** em comandos nunca muda. Basta colocar o infinitivo de qualquer verbo depois da expressão, como mostram estes exemplos. A tradução para *eu*, *você* ou *nós* depende do contexto:

- **Il faut retourner à l'hôtel.** (il fô re-tur-nê a lô-tel.) (*Eu/você/nós tenho [m] [os] que voltar ao hotel.*)
- **Il faut aller au centre-ville.** (il fô-ta-lê o saNn-tre vil.) (*Eu/você/nós tenho [m] [os] que ir ao centro.*)
- **Il faut prendre un taxi.** (il fô praN-dreN ta-kssí.) (*Eu/você/nós tenho [m] [os] que pegar um táxi.*)

Para informações sobre como usar **il faut** com pronomes indiretos, veja o Capítulo 16.

Expressando distâncias de tempo e espaço

Como mostra o Capítulo 3, você pode usar a preposição **à** para expressões que indicam tempo, como **à demain** (a de-maN) (*até amanhã*), **à bientôt** (a biaN-tô) (*até logo*) e até **à la semaine prochaine** (a la sê-men-prô-chen) (*até semana que vem*), mas você pode usar **à** para distância, da seguinte forma:

À deux minutes. (a dê mi-niut.) (*Leva apenas dois minutos/Fica a dois minutos.*)

À cent mètres. (a saN mé-tre.) (*A apenas 100 metros de distância/Fica a 100 metros.*)

C'est à cent mètres (d'ici). (sé-ta saN mé-tre [di-cí].) (*Fica a 100 metros [daqui].*)

C'est à deux kilomètres. (sé-ta dê ki-lô-mé-tre.) (*Fica a dois quilômetros/Fica a dois quilômetros daqui.*)

SABEDORIA CULTURAL

Paris tem 20 distritos, chamados de **arrondissements** (a-rroN-dis-maN) (veja a Figura 7-1), numerados em um padrão espiral no sentido horário. O primeiro distrito fica no coração de Paris e inclui o Louvre. Quanto mais alto o número, mais distante do centro ele é; quanto menor o número, mais perto do centro. Ao conversar com os moradores de Paris, você verá que normalmente se referem a eles pelos números ordinais para indicar determinado endereço. Por exemplo, se alguém diz **Dans quel arrondissement est le restaurant?** (daN kél a-rroN-dis-maN é lê re-stô-rraN?) (*Em que distrito é o restaurante?*), a resposta pode ser **Il est dans le deuxième** (il é daN lê dêu-zi-em) (*É no segundo [distrito]*).

Se você vai dar ou seguir direções, precisa saber os números ordinais: para dizer primeira, segunda ou terceira rua ou semáforo, por exemplo. Veja os números ordinais no Capítulo 4.

Indo para o norte, o sul, o leste e o oeste

Se você não está familiarizado com um lugar, orientações que usam marcos da cidade (que muitas vezes são conhecidos apenas pelos moradores!) não ajudam muito. E quando a pessoa que lhe dá direções não sabe exatamente onde você está (ao pedir informações por telefone, por exemplo), ela não pode dizer ao certo onde você tem que virar ou por quais ruas deve passar para chegar a seu destino. Nesses casos, é mais fácil usar os pontos cardeais: norte, sul, leste, oeste. Sabe qual é a vantagem de usar os pontos cardeais? Eles facilitam também as viagens não programadas aos arredores da cidade — como explorar o campo, por exemplo.

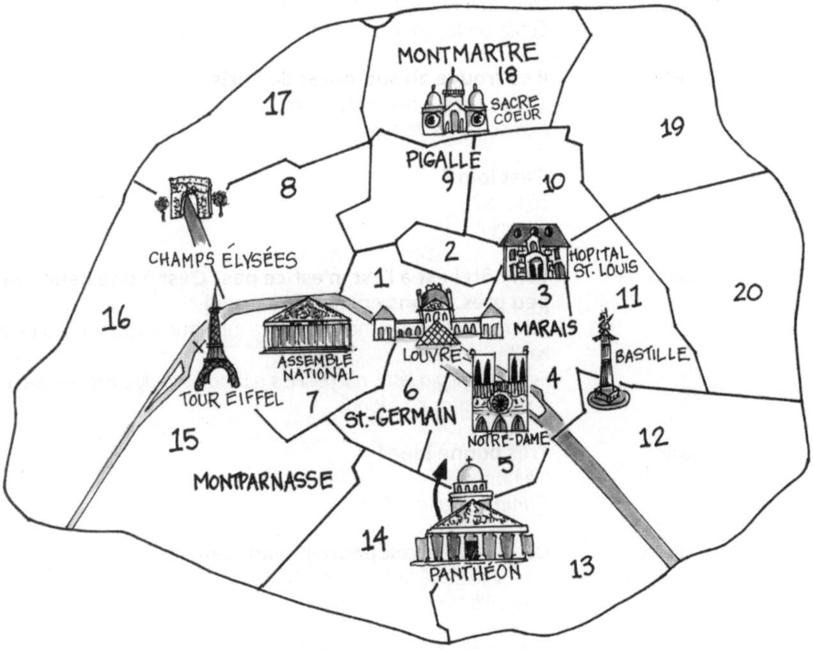

FIGURA 7-1: Os 20 distritos de Paris, com alguns marcos turísticos assinalados.

- **nord** (nór) (*norte*), **nord-est** (norrést) (*nordeste*) e **nord-ouest** (norruest) (*noroeste*).
- **sud** (siud) (*sul*), **sud-est** (siu-dest) (*sudeste*) e **sud-ouest** (siu-duest) (*sudoeste*).
- **est** (ést) (*leste*).
- **ouest** (u-ést) (*oeste*).

FALANDO DE GRAMÁTICA

Ao pedir ou dar informações sobre direções usando os pontos cardeais, sempre use **au** (ô) (*ao/à*) antes do nome do ponto cardeal que começa por consoante, e **à l'** (a l) (*ao/à*) antes do que começa por vogal. Veja alguns exemplos:

Paris est au nord de Nice. (pa-rrí é-tô nór dê nis.) (*Paris fica ao norte de Nice.*)

La Suisse est à l'est de la France. (la suis é-ta lést dê la fraNs.) (*A Suíça fica ao leste da França.*)

Tendo uma Conversa

ÁUDIO

Julie pergunta à sua amiga francesa Cécile sobre a localização do castelo de Versailles. (Faixa 7)

Julie: **Cécile, où est le château de Versailles ?**
cê-cil, u é lê cha-tô de vér-ssái?
Cécile, onde fica o castelo de Versailles?

Cécile: **Il se trouve au sud-ouest de Paris.**
il sê truv ô siu-duest de pa-rrí.
Fica no sudoeste de Paris.

Julie: **C'est loin ?**
cé loaN?
É longe?

Cécile: **Ton hôtel est à l'est, n'est-ce pas? C'est à une heure en voiture, à peu près. Allons ensemble samedi.**
toN-nô-tel é-ta lést, nés pa? se-ta iune éur aN voa-tiur, a pê pré. a-loN-zaNble sam-dí.
Seu hotel fica a leste, não é? Fica a uma hora de carro, mais ou menos. Vamos juntas no sábado.

Julie: **Très bonne idée !**
tré bóni-dê!
É uma ótima ideia!

Cécile: **OK. Il faut se téléphoner avant samedi.**
o-kê. il fô sê tê-le-fo-nê a-vaN sam-dí.
Certo. Nos falamos por telefone antes de sábado.

Julie: **Très bien. Au revoir, Cécile.**
tré biaN. ôr-voar, cê-cil.
Ótimo. Tchau, Cécile.

Palavras a Saber

le château	lê cha-tô	castelo, palácio
N'est-ce pas ?	nés pa?	Não é?
en voiture	aN voá-tiur	de carro
à peu près	a pêu pre	mais ou menos
Allons ensemble	a-loNzaN-ssaN-ble	Vamos juntos/as
Il faut se téléphoner	il fô sê tê-le-fo-nê	Temos que nos telefonar
avant	a-vaN	antes

Conferindo suas direções ou localização

E se você se perder a caminho de Versailles? E se apenas quiser ter certeza de que está no caminho certo, qualquer que seja seu destino? Aqui você encontra algumas perguntas úteis para essas ocasiões:

Est-ce que c'est la bonne route pour ... ? (és-kê cê la bon rut pur...?) (*Este é o caminho certo para...?*)

Où va cette rue ? (u va cét riu?) (*Aonde esta rua leva?*)

Comment s'appelle cette ville ? (co-maN sa-pél cét vil?) (*Qual é o nome desta cidade?*)

Pourriez-vous m'indiquer comment aller ... ? (pu-rri-ê-vu maNdi-kê co-maN-ta-lê...?) (*Você poderia me indicar como chegar a...?*)

O que fazer quando você não entender

O que fazer quando você não conseguir entender as informações que estão lhe dando, porque a pessoa está falando muito rápido, murmurando ou tem um sotaque muito forte? Bem, não desista! Diga que não entendeu e peça à pessoa para repetir a informação mais lentamente. Veja as frases que pode usar:

» **Pardon. Je ne comprends pas.** (par-dóN. jê nê coN-praN pá.) (*Desculpe. Não entendo.*)

» **Excusez-moi ! Est-ce que vous pouvez répéter, s'il vous plaît ?** (ekskiu-zê-moá! és-kê vu pu-vê rê-pe-tê, sil vu plê?) (*Desculpe. Pode repetir, por favor?*)

» **(Parlez) plus lentement.** ([par-lê] pliu laNt-maN.) (*[Fale] mais devagar.*)

» **Qu'est-ce que vous avez dit ?** (kés-kê vu-za-vê di?) (*O que você disse?*)

É claro, é sempre útil saber como dizer obrigado ou muito obrigado, que em francês é **merci** (mer-cí) ou **merci beaucoup** (mer-cí bô-cu). Em resposta, você pode ouvir **De rien** (dê riaN) (*De nada*) ou **Je vous en prie** (jê vu-zan pri) (Nesse contexto: *não há de quê.*)

Tendo uma Conversa

Vivianne está procurando **Le Panthéon** (lê paN-te-oN) (*o Panteão*). Ela pergunta a **un agent de police** (aN-na-jaN dê po-lís) (*um policial*) onde fica.

Vivianne: **Excusez-moi, s'il vous plaît. Pour aller au Panthéon ?**
éks-kiu-zê-moá, sil vu plê. pur a-lê ô paN-te-oN?
Com licença, por favor. Para o Panteão?

Agent de Police: **Montez la rue Saint-Jacques et prenez la troisième rue à droite.**
moN-tê la riu saN jak ê pre-nê la troazi-em riu a droat.
Suba a rua St. Jacques e pegue a terceira rua à direita.

Vivianne: **Bon. La troisième à droite. Elle s'appelle comment, cette rue ?**
boN. la troa-zi-em a droat. el sa-pel co-maN, cét riu?
Certo. A terceira à direita. Qual é o nome da rua?

Agent de Police: **C'est la rue Pierre et Marie Curie. Tournez à gauche à la rue d'Ulm et continuez tout droit. Le Panthéon est à votre droite.**
cé la riu piér ê ma-rrí kiu-rrí. tur-nê a gôch a la riu diulm ê coN-ti-niu-ê tu droá. le paN-te-oN é-ta vó-tre droat.
É a rua Pierre e Marie Curie. Vire à esquerda na rua Ulm e continue em frente. O Panteão fica à sua direita.

Vivianne: **Je ne comprends pas. Pouvez-vous répéter, s'il vous plaît ?**
jê nê coN-praN pa. pu-vê-vu rê-petê, sil vu plê?
Eu não entendi. Poderia repetir, por favor?

Agent de Police: **Tournez à gauche à la rue d'Ulm et continuez tout droit. Le Panthéon est à votre droite.**
tur-nê a gôch a la riu diulm ê coN-ti-niu-ê tu droá. le paN-te-oN é-ta vó-tre droat.
Vire à esquerda na Rua Ulm e siga em frente. O Panteão fica à sua direita.

Vivianne: **Merci beaucoup.**
mer-cí bô-ku.
Muito obrigada.

Diversão & Jogos

Você precisa explicar para um amigo como ir do ponto A ao B do mapa seguindo as setas.

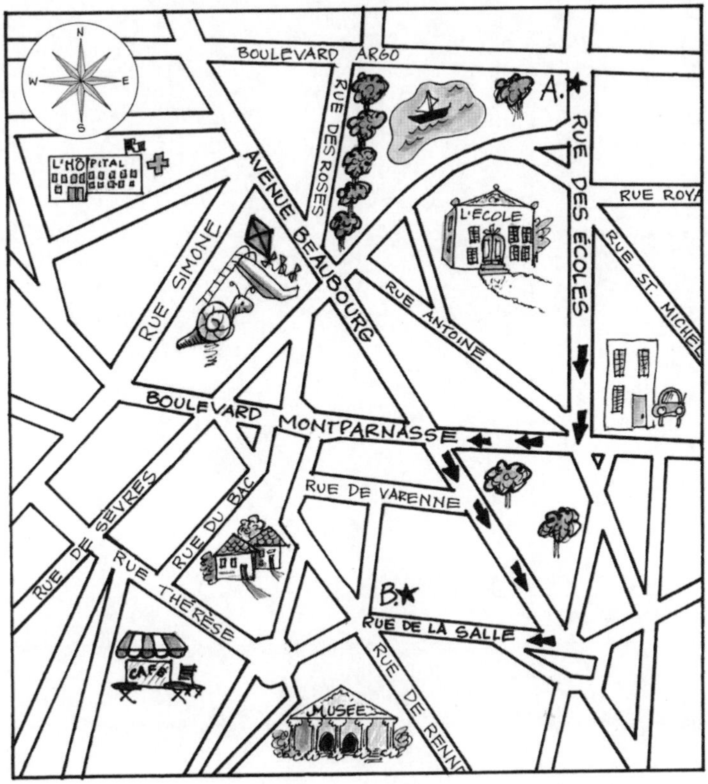

Usando o vocabulário deste capítulo, preencha as lacunas.

(A)____________________________(*Desça* ou *Pegue*) la Rue des Écoles. (B) _______________________ (*Vire à direita*) au Boulevard Montparnasse. (C)________________________ (*Pegue*) le Boulevard Montparnasse à l'Avenue Beaubourg et (D)________________________(*Vire ao sudoeste*). (E) ________________________ (*Vire à direita*) à la Rue de La Salle et (F) ________________________ (*Siga*) la Rue de La Salle et votre destination est à droite (*e seu destino está à direita*).

NESTE CAPÍTULO

» **Fazendo reservas em restaurantes, fazendo seu pedido e pagando a conta**

» **Usando o tempo condicional de vouloir e pouvoir**

» **Indo ao mercado com os verbos acheter e vendre**

Capítulo **8**

Bon Appétit ! Jantando Fora e Indo ao Mercado

Explorar os hábitos culinários e alimentares de outro país é um dos modos mais agradáveis de descobrir sua cultura. Quando o assunto é comida francesa e restaurantes, essa exploração é especialmente agradável. Este capítulo é, sem dúvida alguma, o mais apetitoso e provavelmente um dos mais úteis caso planeje visitar um país em que se fala francês ou caso queira simplesmente impressionar seu(sua) namorado(a) fazendo o pedido em francês naquele novo bistrô maravilhoso da cidade. Seja para comer em um restaurante luxuoso com duas ou três estrelas, ou pão e queijo sentado em um banco de praça, é preciso saber como selecionar, pedir e, finalmente, desfrutar (o que prometemos que será fácil)! Naturalmente, nem toda refeição é desfrutada fora de casa, então este capítulo explica que tipos de itens você encontra em feiras locais e lojas especializadas.

Comendo em Restaurantes

Que maneira melhor de desfrutar do que você vai comer do que começar com o estômago vazio? Para isso, você pode dizer: **J'ai faim** (jé faN) (*Tenho fome*) ou **J'ai soif** (jé soáf) (*Tenho sede*), e o mundo glorioso da gastronomia francesa será seu!

SABEDORIA CULTURAL

Os falantes de francês gostam de enfatizar o modo como se sentem. Então, em vez de dizer *Estou com muita fome* ou *Estou com muita sede*, os franceses costumam exagerar um pouco, como fazemos no Brasil, dizendo **Je meurs de faim** (jê méur de faN) (*Estou morrendo de fome*) ou **Je meurs de soif** (jê méur de soáf) (*Estou morrendo de sede*).

A comida francesa é provavelmente a mais famosa e elogiada do mundo. E você não tem que ir a Paris para desfrutar dela. Nas grandes cidades do Brasil existem muitas opções de restaurantes especializados em culinária francesa, embora, em geral, sejam caros. No Quebec e em Montreal, você também pode desfrutar de bons restaurantes franceses.

SABEDORIA CULTURAL

As leis francesas obrigam todos os restaurantes a colocarem seus cardápios — com os preços — do lado de fora, assim você não é surpreendido pelos preços depois de entrar. Alguns restaurantes oferecem **un menu à prix fixe** (an mê-niu a pri fiks) (*menu a preço fixo*) que inclui uma entrada, um prato principal e uma sobremesa por um preço razoável.

Fazendo uma reserva em um restaurante

Na maioria das grandes cidades, como Paris ou Montreal, os restaurantes conhecidos e da moda requerem reservas — às vezes até com dois meses de antecedência! Por isso, sempre que planejar jantar fora com seus amigos em um restaurante casual ou mais sofisticado, telefone antes e reserve uma mesa. Para fazer isso de forma educada, é preciso usar o verbo no condicional. Esses verbos expressam desejo, possibilidade ou suposição. O condicional é usado também para pedidos mais educados, como *Eu gostaria de água, por favor* ou *Poderia me passar o sal?*

Um verbo usado com bastante frequência no modo condicional é **vouloir** (vu-loár) (*querer*). Em sua forma condicional, sua tradução é *gostaria*. Use esse verbo na hora de fazer reservas, por exemplo. **Je voudrais faire une réservation** (jê vu-dré fer iune rê-ser-va-cioN) (*Eu gostaria de fazer uma reserva*) ou **Je voudrais réserver une table** (jê vu-dré rê-ser-vê iune táble) (*Eu gostaria de reservar uma mesa*). A tabela a seguir mostra como conjugar o verbo **vouloir** no condicional:

Conjugação	Pronúncia
je voudrais	jê vu-dré
tu voudrais	tiu vu-dré
il/elle/on voudrait	il/él/oN vu-dré
nous voudrions	nu vu-dri-oN
vous voudriez	vu vu-dri-ê
ils/elles voudraient	il/él vu-dré

Pouvoir (pu-voár) (*poder*) é outro verbo muito importante para pedidos educados. Em sua forma condicional, esse verbo equivale a *poderia*, como em *Poderia me recomendar um restaurante?* Por exemplo, você pode dizer **Pourriez-vous (me/nous) recommander un bon restaurant, s'il vous plaît?** (pu-rri-ê vu [mê/nu] re-con-maN-dê aN boN re-storraN, sil vu plê?) (*Você poderia (me/nos) recomendar um bom restaurante, por favor?*). A tabela a seguir mostra a forma condicional do verbo **pouvoir**:

Conjugação	Pronúncia
je pourrais	jê pu-rré
tu pourrais	tiu pu-rré
il/elle/on pourrait	il/él/oN pu-rré
nous pourrions	nu pu-rri-oN
vous pourriez	vu pu-rri-ê
ils/elles pourraient	il/él pu-rré

DICA

Pode ser que lhe peçam para soletrar seu nome ao fazer uma reserva. Confira as letras do alfabeto e suas pronúncias no Capítulo 3.

Tendo uma Conversa

O Sr. Miller está visitando Paris com sua esposa. Eles decidiram jantar em um restaurante sofisticado. O Sr. Miller liga para o restaurante e fala com **la réceptionniste** (la rê-cêp-cio-nist) (*a recepcionista*) para reservar uma mesa:

M. Miller: **Bonjour, je voudrais réserver une table.**
bonjur, jê vudré rêservê iune táble.
Olá, eu gostaria de reservar uma mesa.

Réceptionniste: **Bien sûr monsieur, pour quand ?**
biaN siur mêssiê, pur caN?
Claro, senhor. Para quando?

M. Miller: **Pour lundi prochain.**
pur laNdí prochaN.
Para a próxima segunda.

Réceptionniste: **Ah je suis désolée, monsieur, nous sommes fermés le lundi.**
ah jê siuí desolê mêssiê nu some fermê lê laNdí.
Ah, sinto muito, senhor. Nós fechamos às segundas.

M. Miller: **Alors mardi.**
alór mar-dí.
Então terça-feira.

Réceptionniste: **D'accord, pour déjeuner ou pour dîner ?**
dacór, pur dêjeunê u pur dinê?
Tudo bem, para o almoço ou jantar?

M. Miller: **Pour dîner.**
pur dinê.
Para o jantar.

Réceptionniste: **Pour combien de personnes ?**
pur combiaN dê perssón?
Para quantas pessoas?

M. Miller: **Pour deux personnes.**
pur dêu perssón.
Para duas pessoas.

Réceptionniste: **Et à quelle heure ?**
ê a keléur?
E a que horas?

M. Miller: **À vingt heures.**
a-vaN-téur.
Às vinte horas.

Réceptionniste: **C'est à quel nom ?**
cé ta kél noN?
Qual é o nome?

M. Miller: **Miller, M-I-L-L-E-R.**
míler, em i él él ê ér.
Miller, M-I-L-L-E-R.

Réceptionniste: **Très bien monsieur, une table pour deux personnes mardi 16 à 20 heures. À bientôt.**
tré biaN mêssiê, iune táble pur dêu pérsson mar-dá séz a vaNtéur. a biaNtô
Muito bem, senhor. Uma mesa para duas pessoas, terça-feira, dia 16, às 20 horas. Até breve.

SABEDORIA CULTURAL

Para encontrar um restaurante em Paris, consulte o **Guide Michelin** (guid miche-laN) (*Guia Michelin*). Esse guia é a bíblia dos amantes de restaurantes. Um nova edição desse livro vermelho mundialmente conhecido — aquele com as estrelas para a qualidade da comida e garfos para o nível de formalidade — é publicada todo ano e pode tornar um restaurante famoso ou acabar com ele da noite para o dia.

Palavras a Saber

Pour quand ?	pur kaN	Para quando?
Nous sommes fermés	nu som fer-mê	Estamos fechados
lundi prochain	laN-dí pro-chaN	próxima segunda
Je suis désolé(e)	je siuí de-so-lê	Sinto muito
d'accord	da-kor	certo, tudo bem
C'est à quel nom ?	cé-ta kél noN?	Qual é o nome?

Lendo o menu

Na maioria dos restaurantes da França, você escolhe de um **menu à prix fixe** (mêniu a pri fiks) (*menu com preço fixo*). O menu de **prix fixe** geralmente é mais barato e normalmente oferece diversas combinações de pratos, cada uma com uma entrada, um prato principal e queijo e/ou sobremesa. Outra opção é pedir **à la carte** (a la cár-t) (*à la carte*), com um preço para cada prato. Quando você pede **à la carte**, pode escolher qualquer coisa do cardápio. A seguir, trazemos uma amostra de alguns itens que você encontra no cardápio de um restaurante francês. Lembre-se, cada restaurante pode dar um nome diferente a cada prato, então, se não tiver certeza, pergunte ao garçom ou garçonete.

Entradas

Aqui estão **les entrées** (le-zaN-trê) (*as entradas*) que podem aparecer em um cardápio:

- **le pâté/la terrine** (lê pa-tê/la te-rrin) (*patê*)
- **le saumon fumé** (lê sô-moN fiu-mê) (*salmão defumado*)
- **la salade verte** (la sa-lad vért) (*salada verde*)
- **les crudités** (lê kriu-di-tê) (*mix de vegetais crus*)

Carne e aves

O cardápio francês pode conter qualquer — ou todas — estas variedades de **les viandes** (lê viaNd) (*carnes*) e **volaille** (vo-láie) (*aves*):

- **le boeuf** (lê bêuf) (*bife*). Você pode pedir sua carne **saignant** (se-nhaN) (*malpassada*), **à point** (a poaN) (*ao ponto*) ou **bien cuit** (biaN kiuí) (*bem passada*).
- **le veau** (lê vo) (*vitela*). **La côte de veau** (la kót dê vo) é uma *costeleta de vitela*.
- **l'agneau** (m) (la-nhô) (*cordeiro*). As opções incluem **la côte d'agneau** (la kót da-nhô) (*costeleta de cordeiro*) ou **un gigot** (aN gi-gô) (*pernil de cordeiro*).
- **le porc** (lê pór) (*porco*). **La côte de porc** (la kót de por) (*costeleta de porco*) e **le jambon** (lê jaN-boN) (*presunto*) são itens populares.
- **la volaille** (la vo-láie) (*ave*). As opções de aves podem incluir **le poulet** (lê pu-lê) (*frango*), **la dinde** (la daNd) (*peru*) e **le canard** (lê ca-nár) (*pato*).

CUIDADO

Que diferença um acento faz! **Le pâté** (lê pa-tê) é um patê de carne, normalmente de carne de porco e temperos, que é comido com pão como entrada ou aperitivo. Naturalmente, existe o famoso **pâté de foie gras d'oie** (pa-tê dê-foá grá doá) (*patê de fígado de ganso*), que é mais caro. Por outro lado, **les pâtes** (le pát) são as massas. Então cuidado com o acento ao fazer seu pedido, ou pode se surpreender com o que receber!

Frutos do mar

A seguir, mostramos a variedade de opções de **les fruits de mer** (lê fruí dê mér) (*frutos do mar*) que normalmente aparece nos cardápios franceses:

- **les poissons** (lê poa-ssoN) (*peixes*), como **le saumon** (le sô-moN) (*salmão*), **le thon** (le toN) (*atum*), **l'espadon** (m) (lê-spa-doN) (*peixe-espada*) e **la truite** (la triuít) (*truta*)
- **les crevettes** (lê krê-vét) (*camarão*)
- **les huîtres** (leziuí-tre) (*ostras*)
- **le homard** (lê ô-már) (*lagosta*)
- **les coquilles Saint-Jacques** (lê co-kíie saN jak) (*vieiras*)

Le riz (lê ri) (*arroz*), **les pâtes** (lê pát) (*massas*) ou **les pommes de terre** (le pômm de tér) (*batatas*) são normalmente servidos com todos os itens citados.

Vegetais

Já dizia sua mãe: "Coma vegetais!" Com a enorme variedade nos cardápios franceses, isso pode ser um problema:

- **les légumes** (lê lê-guium) (*legumes*)
- **les pommes de terre** (le pômm de tér) (*batatas*)
- **les haricots verts** (lê a-rri-kô vér) (*feijão-verde*)
- **les petits pois** (lê p-tí poá) (*ervilhas*)
- **les épinards** (le-ze-pi-nár) (*espinafre*)
- **les asperges** (le-za-spérj) (*aspargos*)
- **le chou** (le chu) (*repolho*)
- **le chou-fleur** (lê chu-fléur) (*couve-flor*)
- **les choux de Bruxelles** (lê chu de briussél) (*couve-de-bruxelas*)
- **les poireaux** (lê poa-rô) (*alho-poró*)
- **les champignons** (lê chaN-pi-nhoN) (*cogumelos*)

Queijos

A França é conhecida por seus deliciosos **fromages** (fro-má-j) (*queijos*), e a maioria dos franceses come **le fromage** em todas as refeições. Dizem que a França tem um queijo diferente para cada dia do ano. Na verdade, a França tem muitos ditados envolvendo a importância do queijo, como: **Un repas sans fromage est comme une journée sans soleil** (aN re-pá saN fro-máj é cóm iune jur-nê saN so-léi) (*Uma refeição sem queijo é como um dia sem sol*).

Alguns queijos que fazem parte do cardápio francês são **le chèvre** (lê chév-re) (*queijo de cabra*), **le camembert** (lê ca-maN-bér) (*camembert*) e **le brie** (lê brí) (*brie*).

Sobremesas

Veja **les desserts** (lê de-ssér) (*as sobremesas*) que normalmente aparecem no cardápio francês.

- **la glace** (la glás) (*sorvete*)
- **la crème** (la crém) (*pudim*)
- **la crème brulée** (la crém briu-lê) (*crème brulée*)

- **le gâteau au chocolat** (lê ga-tô ô cho-co-lá) (*bolo de chocolate*)
- **la tarte aux pommes** (la tart ô-pómm) (*torta de maçã*)

SABEDORIA CULTURAL

Os franceses tomam sorvete de creme e comem torta de maçã, mas não juntos, como acontece em outros lugares.

Bebidas

Certamente você vai querer complementar sua deliciosa refeição com uma bebida. Lógico que a bebida nacional da França é **le vin** (lê vaN) (*o vinho*). Se você estiver em **une brasserie** (iune bras-rrí) (*um restaurante/bar mais casual*), vai querer experimentar **une bière à la pression** (iune biér a la pre-ssioN) (*chope*). Naturalmente, nem todas as bebidas têm que ser alcoólicas. Veja uma lista com as bebidas que você pode pedir em um café ou restaurante:

- **le jus d'orange** (lê jiu dô-rraNj) (*suco de laranja*)
- **le jus de pomme** (lê jiu dê pómm) (*suco de maçã*)
- **le jus de fruit** (lê jiu dê friuí) (*suco de fruta*)
- **le lait** (lê lé) (*leite*)
- **l'eau minérale/gazeuse** (lô mi-ne-rrál/ga-zêuz) (*água mineral/com gás*)
- **la boisson gazeuse** (la boa-ssoN ga-zêuz) (*refrigerante*)
- **le thé** (lê tê) (*chá*)
- **le café** (lê ca-fê) (*café*)
- **le chocolat chaud** (lê cho-co-lá chô) (*chocolate quente*)

SABEDORIA CULTURAL

Un apéritif (aN-na-pê-rri-tif) (*um aperitivo*) não é apenas uma bebida, mas sim uma bebida antes da refeição. A finalidade é abrir a refeição e o apetite. Normalmente, como **apéritif**, os franceses preferem bebidas alcoólicas leves, como **kir** (kir), que consiste em vinho branco ou espumante com **crème de cassis** (crém dê ká-ssis) (*licor de cassis*), vinhos doces, como xerez ou porto, e assim por diante; e bebem vinho regularmente durante as refeições. **Un digestif** (aN di-gês-tif) é uma bebida para *depois do jantar*, normalmente conhaque ou brandy, que, como o nome indica, supostamente ajuda a digestão. Em geral, **un apéritif** e **un digestif** são reservados para ocasiões especiais, como reuniões familiares e jantares.

INTERVALO PARA O CAFÉ

Ao pedir um café em uma cafeteria ou em um restaurante na França, você vai descobrir que **un express** (aN-neks-prés) (*um expresso*) é igualzinho ao nosso cafezinho expresso. No café da manhã você pode tomar um bule de café com leite quente à parte, **un café au lait** (aN cafê ô lé). Em casa, o **café au lait** é desfrutado em uma xícara grande. Se quiser leite no seu café durante o dia, tem que pedir **un café crème** (aN ca-fê crém) (*café com um pouquinho de leite*). Naturalmente, você também tem outras opções, como:

- **un double express (aN duble eksprés)** (*um expresso duplo*)
- **une grande crème (iune grande crém)** (*um café grande com leite*)

Obs.: Grande significa exatamente um duplo, que é o equivalente a duas xícaras pequenas de expresso.

- **un déca ; un décaféiné (aN decá; ã decafeinê)** (*um café descafeinado*)

Se você realmente preferir café fraco, muitos hotéis em Paris oferecem **un café américain** (aN cafê amêrricãN) (*café americano*). Você também pode solicitar em qualquer lugar **de l'eau chaude** (dê lô chôd) (*água quente*) e carregar com você seu café instantâneo.

Para pedir quantidades específicas de bebidas, use estas frases:

» **un verre de ...** (aN vér dê...) (*um copo de...*)

» **une bouteille de ...** (iune bu-téie dê...) (*uma garrafa de...*)

» **une carafe de ...** (iune ca-rráf dê...) (*uma jarra de...*)

» **une tasse de ...** (iune tás de...) (*uma xícara de...*)

SABEDORIA CULTURAL

Na França, raramente as pessoas pedem vinho em taça. Em geral, pedem **un quart** (aN kar) (*um quarto de litro*), **une demi-bouteille** (iune de-mí-bu-téie) (*meia garrafa*) ou **une bouteille** (iune bu-téie) (*uma garrafa*). O vinho da casa é pedido em **une carafe** (iune ca-rráf) (*uma jarra*) ou **un pichet** (aN pi-chê) (*um jarro*). Para pedir uma jarra de água, diga **une carafe d'eau, s'il vous plaît** (iune ca-rráf dô, sil vu plê) (*uma jarra de água, por favor*).

Fazendo seu pedido

Você pode querer fazer algumas perguntas ao garçom sobre os pratos do menu. Na verdade, quanto mais sofisticado o restaurante, menor a probabilidade de você entender o menu! A arte de dar nomes incomuns aos pratos é quase tão elaborada quanto a de realmente prepará-los. E não pense que você é o único que não entende. O frequentador comum de restaurantes franceses também não compreende. Sua melhor aposta é perguntar ao garçom. Outra opção é pedir uma recomendação ao garçom dizendo **Qu'est-ce que vous recommandez/suggérez ?** (kés-kê vu rê-co-maN-dê/siug-ge-rrê?) (*O que você recomenda/sugere?*)

Quando estiver pronto para pedir, o garçom vai perguntar coisas como:

> **Qu'est-ce que vous voulez boire ?** (kés-kê vu vulê boár?) (*O que você gostaria de beber?*) Ou **Qu'est-ce que vous voulez comme boisson ?** (kés-kê vu vulê cómm boassoN?) (*O que você deseja como bebida?*)
>
> **Avez-vous choisi ?** (a-vê-vu choa-zí?) (*Você já decidiu?*)
>
> **Qu'est-ce que vous voulez prendre ?** (kés-kê vu vu-lê praN-dre?) (*O que vai querer [para beber ou comer]?*)
>
> **Que prenez-vous comme plat principal ?** (kê pre-nê-vu cómm pla praN--ci-pál?) ou **Qu'est-ce que vous prenez comme plat principal ?** (kés-kê vu pre-nê cómm pla praN-ci-pál?). Ambas significam *O que vai querer como prato principal?*

LEMBRE-SE

A frase contendo **comme** (cómm) (*como*), seguida de um substantivo, é muito usada no francês não apenas para alimentos e bebidas, mas também sempre que você é solicitado a expressar uma preferência por alguma coisa ou outra. Por exemplo, você pode perguntar a um amigo: **Qu'est-ce que tu aimes comme films ?** (kés-kê tiu éme cómm film?) (*De que tipo de filme você gosta?*)

Se quiser perguntar ao garçom quais as opções disponíveis, use a pergunta **Qu'est-ce que vous avez comme ... ?** (kés-kê vu-za-vê cómm...?) (*O que você tem para...?*) Observe estes exemplos:

> **Qu'est-ce que vous avez comme boisson ?** (kés-kê vu-za-vê cómm boa-s-soN?) (*O que você tem para beber?*) Outra opção é perguntar **Qu'est-ce qu'il y a comme boisson ?** (kés-kil i a cómm boa-ssoN?) (*O que há para beber?*)
>
> **Qu'est-ce que vous avez comme vin ?** (kés-kê vu-za-vê cómm vaN?) (Literalmente: *Que vinhos você tem?* ou *Que tipo de vinho você tem?*)
>
> **Qu'est-ce que vous avez comme entrée ?** (kés-kê vu-za-vê cómm aN-trê?) (*O que você tem de entrada?*)
>
> **Qu'est-ce que vous avez comme fromage ?** (kés-kê vu-za-vê cómm fro--máj?) (*Que queijos você tem?*)

Quando estiver pronto para pedir, estas frases serão bastante úteis:

- **Comme entrée, je prends ...** (com-aN-trê, jê praN...) (*Para primeiro prato [entrada], eu vou querer...*)
- **Je voudrais ...** (je vu-dré...) (*Eu gostaria...*)
- **Pour moi ...** (pur moá...) (Literalmente: *Para mim...*)

» **Et ensuite ...** (ê aN-siuít...) (*E depois...*)

» **Et comme boisson ...** (ê cómm boa-ssoN...) (*E para beber...*)

» **Et comme dessert ...** (ê cómm de-ssér...) (*E para sobremesa...*)

LEMBRE-SE

Não é mais usual se dirigir a um garçom como **garçon** (gar-ssoN), que é considerado arrogante e depreciativo, pois significa *menino*. Use **monsieur** (me-siê) (*senhor*). Caso o atendente seja **une serveuse** (iune ser-vêuz) (*uma garçonete*), diga **madame** (ma-dám) (*senhora*) ou, se for muito jovem, **mademoiselle** (mad-moa-zél) (*senhorita*).

Tendo uma Conversa

Julie, uma jovem do Quebec, e seu amigo Mike, dos Estados Unidos, passaram a manhã toda passeando por **le vieux Montréal** (lê viêu Monrrêál) (*a antiga Montreal*). Eles estão ficando com fome e a rua está cheia de restaurantes.

Julie: **Je meurs de faim, pas toi ?**
jê méur dê fN, pa toá?
Estou morta de fome, você não?

Mike: **Moi aussi ! Tu veux un sandwich ?**
moá ôcí! tiu vê aN saNduích?
Eu também! Você quer um sanduíche?

Julie: **Oh non, il y a un tas de bons petits restaurants pas chers ici. Et puis je suis fatiguée.**
ô noN iliá aN tá dê boN ptí restorraN pa chér icí. ê piuí jê siuí fatiguê.
Ah, não. Há muitos pequenos restaurantes bons e baratos aqui. Além do mais, estou cansada.

Mike: **Bon, d'accord. Alors, on mange dehors !**
boN, dacór. alór, oN maNge deór!
Bem, tá bom. Vamos comer fora então!

Depois de ver alguns lugares, escolhem um pequeno bistrô com uma varanda adorável. Eles se sentam e **le serveur** (lê servéur) (*o garçom*) leva o menu.

Le serveur: **Vous voulez boire quelque chose ?**
vu vulê boár kélque chôz?
Vocês gostariam de beber algo?

Julie: **Un verre de vin blanc, s'il vous plaît.**
aN vér dê vaN blaN, sil vu plê.
Um copo de vinho branco, por favor.

Mike: **Et pour moi, une bière.**
ê pur moá, iune biér.
E, para mim, uma cerveja.

Alguns minutos depois, o garçom volta com as bebidas.

Le serveur: **Voilà vos boissons. Vous avez choisi ?**
voalá vô boassoN. vuzavê choazí?
Aqui estão suas bebidas. Vocês já escolheram?

Julie: **Oui, je voudrais le poulet avec de pommes de terre et une salade verte.**
uí, jê vudré lê pu-lê a-vec pó-mm de tér ê iune salad vért.
Sim. Eu gostaria de frango com batatas e salada verde.

Mike: **Moi, je prends le steak-frites.**
moá, jê praN lê ste-k frit.
Eu gostaria de bife com batatas fritas.

Le serveur: **Et comme boisson, la même chose ?**
ê cómm boassoN, la méme chôz?
Vocês gostariam da mesma coisa para beber?

Mike: **Oui, merci.**
uí, mercí.
Sim, obrigado.

Palavras a Saber

moi aussi	moá ô-ci	para mim também
un tas de	aN ta dê	muitos/as, cheio de
cher/pas	chér/pa chér	caro/barato
dehors	dê-ór	fora
Avez-vous choisi ?	A-vê vu choa-zí?	Você escolheu?
la même chose	la méme chôz	a mesma coisa

Pagando a conta

Depois de terminar sua deliciosa refeição, é hora de pagar a conta. Não espere que o garçom vá até você com a conta sem precisar a pedir. Levar a conta antes de você pedir é considerado rude e mal-educado. Chame o garçom quando estiver pronto e diga **L'addition, s'il vous plaît** (la-di-cióN, sil vu plê) (*A conta, por favor*).

SABEDORIA CULTURAL

Na França, o imposto e uma gorjeta de 15% são incluídos na lista de preços: **le pourboire est compris** (lê purboár é coNprí) (*a gorjeta está incluída*) ou **le service est compris** (lê sér-vis é coN-prí) (*o serviço está incluído*). O que você vê é o que paga. Naturalmente, você poderá dar uma gorjeta extra se desejar, especialmente em um restaurante muito bom, mas nas cafeterias e restaurantes comuns, isso não é necessário. No Canadá, o imposto é adicionado à sua conta, e o garçom espera receber uma gorjeta (de cerca de 15%).

Le pourboire (lê purboár) (*a gorjeta*) é uma palavra engraçada em francês. Literalmente, significa *para beber*. Essa palavra muito antiga data do século XVII, quando era habitual dar uma gorjeta para que o recebedor pudesse comprar uma bebida (alcoólica, supostamente). O nome permaneceu, mas sua função mudou; hoje, muitos garçons e lanterninhas de teatro são pagos apenas com gorjetas.

Tendo uma Conversa

ÁUDIO

Julie e Mike estão gostando muito de sua refeição e estão relaxados quando o garçom chega. (Faixa 8)

Le serveur: **Vous voulez un dessert ?**
vu vulê aN dessér?
Gostariam de uma sobremesa?

Julie: **Non, merci. Deux cafés seulement et l'addition.**
noN mercí. dêu cafê sêulemaN ê ladiciôN.
Não, obrigado. Apenas dois cafés e a conta.

O garçom volta com a conta e Mike pega seu cartão de crédito.

Mike: **Vous prenez les cartes de crédit ?**
vu prenê lê cárt dê credí?
Você aceita cartões de crédito?

Le serveur: **Bien sûr, monsieur.**
biãN siur, messiê
Claro, senhor.

Encontrando os banheiros

Antes de sair do restaurante, você pode querer dar uma passadinha no banheiro. Nesse caso, pergunte: **Où sont les toilettes, s'il vous plaît ?** (u soN lê toalét, sil vu plê?) (*Onde é o banheiro, por favor?*) Nos restaurantes franceses, os banheiros geralmente estão localizados **en bas** (aN bá) (*no andar de baixo*). Não se esqueça de levar um trocado; geralmente você tem que pagar para entrar! Na maioria dos lugares, o desenho é autoexplicativo, mas você pode também ver **Dames** (dámm) (*mulheres*) ou **Hommes** (hómm) (*homens*) escrito na porta.

Comprando Comida no Mercado

Os mercados ao ar livre são uma delícia. Eles são especialmente bons em cidades pequenas do interior, onde você pode usufruir da feira local e se deliciar com os barulhos, cheiros e sotaques. Mas as grandes cidades têm mercados maravilhosos também. Certos distritos de Paris têm uma feira duas vezes por semana, de manhã, faça chuva ou faça sol.

Montreal é famosa por suas feiras ao ar livre durante os meses do verão. As praças das cidades maiores e de muitas cidades pequenas também têm **les halles** (le ále) (*uma feira em local fechado*). Existe maneira melhor de praticar seu francês? Afinal, você pode apontar o que deseja e, talvez, aprender a palavra certa com um vendedor simpático. Os vendedores em uma feira ao ar livre vendem quase de tudo. Com muitos deles, você pode até encontrar roupas, sapatos, utensílios de cozinha e, claro, flores.

Fazendo compras com os verbos "acheter" e "vendre"

É quase impossível visitar **le marché** (lê mar-chê) (*mercado/feira ao ar livre*) e não comprar alguma coisa. Esses mercados são ótimos lugares para comprar as frutas mais perfeitas e deliciosas para uma boquinha, ou um pouco de queijo e pão para seu piquenique. Seja qual for sua escolha, para comprar, você usa o verbo **acheter** (ach-tê) (*comprar*), e os produtos são vendidos usando o verbo **vendre** (vaN-dre) (*vender*). **Vendre** é um verbo regular terminado em **-re** (veja o Capítulo 2 para saber mais sobre a conjugação dos verbos regulares), e **acheter** é um verbo com raiz variável, assim como **préférer** (pre-fe-rrê) (*preferir*), explicado no Capítulo 6. Veja as conjugações de **vendre** e **acheter**.

Conjugação	Pronúncia
je vends	jê vaN
tu vends	tiu vaN
il/elle/on vend	il/él/oN vaN
nous vendons	nu vaN-doN
vous vendez	vu vaN-de
ils/elles vendent	il/él vaNd

Conjugação	Pronúncia
j'achète	ja-chét
tu achètes	tiu a-chét
il/elle/on achète	il/él/oN a-chét
nous achetons	nu-za-chtoN
vous achetez	vu-za-chtê
ils/elles achètent	ill-/él-za-chét

Geralmente, usa-se **acheter** na forma infinitiva. Por exemplo, você pode dizer **Je voudrais acheter des cerises** (je vu-dré-zach-tê dê ce-rríse) (*Eu gostaria de comprar cerejas*). Com tanta variedade nas barracas de frutas, você não precisa se segurar. Veja uma lista de **fruits** (friuí) (*frutas*) que você encontra em **le marché** (para uma lista de carnes, frutos do mar e vegetais disponíveis nas feiras, veja a lista da seção anterior, "Lendo o menu").

Os vendedores em um mercado ao ar livre vendem quase tudo. Em muitos deles, você pode até encontrar roupas, sapatos, utensílios de cozinha e, claro, flores. Eis uma pequena lista de coisas que encontra:

» **la pomme** (la pómm (*maçã*)

» **la banane** (la banáne) (*banana*)

» **la poire** (la poár) (*pera*)

» **la pêche** (la péche) (*pêssego*)

» **l'abricot (m)** (la-bri-cô) (*damasco*)

» **la cerise** (la ce-rrí-se) (*cereja*)

» **la figue** (la fig) (*figo*)

» **le raisin** (lê ré-zan) (*uva*)

» **l'ananas (m)** (la-na-ná) (*abacaxi*)

» **la prune** (la priun) (*ameixa*)

» **la framboise** (la fraN-boase) (*framboesa*)

» **l'orange [f.]** (lorraNg) (*laranja*)

» **la fraise** (la frése) (*morango*)

» **la pastèque** (la pas-ték) (*melancia*)

Naturalmente, você não pode comprar uma uva ou uma framboesa, não é? Para o plural de qualquer dessas frutas, ponha os artigos no plural (**les**) (lê) (*os/as*) ou peça "um pouco de" usando o artigo indefinido **des** (dê) (*um pouco/algumas*). Por exemplo: **Je voudrais des abricots** (je vu-dré dez-a-bri-cô) (*Eu gostaria de um pouco de damasco*). Veja também as seções seguintes sobre o sistema métrico para comprar uma quantidade específica.

Especificando quantidades

O sistema métrico foi adaptado pelos franceses no século XVIII e é usado na maioria dos países no mundo. Ao viajar, é sempre bom conseguir expressar algumas medidas.

O sistema métrico é o mesmo adotado no Brasil e, na França, normalmente, usam-se gramas para comprar frutas, vegetais ou carne. A Tabela 8-1 lista as medidas e seus nomes:

TABELA 8-1 Medindo Quantidades em Gramas

Francês	Pronúncia	Tradução
un gramme	aN grám	*1 grama (g)*
un kilogramme/ **un kilo**	aN ki-lôgrám/ aN ki-lô	*1 quilograma (kg)*
un demi-kilo/ **une livre**	aN de-mí-kilô/ iune li-vre	*meio quilo*

LEMBRE-SE

Se quiser meio quilo de cerejas, por exemplo, peça **une livre de cerises** (iune li-vre dê ce-rríse) (*meio quilo de cerejas*). Se quiser mais cerejas do que vai conseguir comer, peça **un kilo de cerises** (aN ki-lô de ce-rríse).

O sistema métrico é importante também na hora de viajar, especialmente para determinar distâncias ou encher o tanque de combustível. Para mais informações sobre medidas, veja o Capítulo 15.

Tendo uma Conversa

Sexta-feira de manhã é **le jour du marché** (lê jur diu marchê) (*dia do mercado*). **Madame Arnaud** (madámm arnô) pega seu sobrinho **Thibaud** (tibô) e vai fazer compras no mercado local ao ar livre.

Mme Arnaud: **Qu'est-ce que tu aimes comme fruits ?**
kés-kê tiu éme cómm friuí?
De qual tipo de fruta você gosta?

Thibaud: **Tous ! Mais à cette saison, je préfère les pêches.**
tus! mé a cét séson jê prefér lê péche.
Todas, mas nesta época do ano prefiro os pêssegos.

Madame Arnaud e Thibaud esperam na fila na barraca de frutas. Quando chega sua vez, Madame Arnaud se dirige a **le vendeur** (lê vaNdéur) (**o vendedor**).

Mme Arnaud: **Donnez-moi un kilo de pêches s'il vous plaît.**
donê moá aN kilô dê péche sil vu plê.
Dê-me um quilo de pêssegos, por favor.

Le vendeur: **Voilà madame, et avec ça?**
voalá madámm, ê avéc sa?
Aqui, senhora, o que mais?

Mme Arnaud:	**Je voudrais aussi un demi-kilo d'abricots et un demi-kilo de raisins.** je vu-dré ô-ci aN de-mí ki-lô da-bri-cô ê aN de-mí ki-lô de ré-zaN. *Eu gostaria também de meio quilo de damascos e meio quilo de uvas.*
Le vendeur:	**Très bien madame. C'est tout ?** tré biaN madámm. cé tu? *Muito bem, senhora. É tudo?*
Mme Arnaud:	**C'ést tout merci. Ça fait combien ?** cé tu mer-cí. sa fé coNbiaN? *É tudo, obrigada. Quanto é?*
Le vendeur:	**Huit euros.** iuít-êurrô *Oito euros.*

Palavras a Saber

tous	tus	todos/as
mais	mé	mas
donnez-moi	do-nê-moá	dê-me
Voilà	voa-lá	Aqui está
Et avec ça ?	ê a-vec sa	Algo mais?
C'est tout	cé tu	É tudo
Ça fait combien ?	sa fé coN-biaN	Quanto é?

Indo ao supermercado e a armazéns

Quando você não tiver tempo para ir à feira ao ar livre ou não encontrar o que precisa em um pequeno armazém, o supermercado será útil. A França tem alguns supermercados enormes que se enfileiram nas rodovias quando você entra em uma cidade. Alguns deles são tão grandes que são chamados de **hypermarchés** (hipérmarchê) (*hipermercados*), em vez de **supermarchés** (siupérmarchê) (*supermercados*). Neles, você pode encontrar absolutamente tudo: comida, roupas, computadores, grandes utensílios e, algumas vezes, até carros! Certamente, eles são convenientes, mas se você visitar a França e tiver tempo, conheça os pequenos armazéns de alimentos. Com certeza você vai gostar!

Já que os supermercados normalmente ficam muito longe do centro da cidade, os franceses fazem suas compras diárias nas lojas do bairro. Lá, eles compram pão, carne e vegetais diariamente, pois as lojas ficam sempre perto umas das outras. A seguir estão alguns dos **les petits magasins** (lê ptí magasaN) (*os pequenos armazéns [de alimento]*) que você encontra nos bairros franceses:

- **la boulangerie** (la bu-laN-jri) (*padaria*). **La boulangerie** vende todos os tipos de pão, como **des croissants** (dê croá-ssaN) (*croissants*) e **du pain aux raisins** (diu paN ô ré-zaN) (*pão com passas*).
- **la pâtisserie** (la pa-tis-rrí) (*confeitaria*). Essas lojas são especializadas em bolos e confeitos, normalmente de qualidade superior. Elas não vendem pão.
- **la boucherie** (la bu-chrrí) (*açougue*). Aqui, você encontra cortes frescos de todos os tipos de carnes, como bovina, vitela, cordeiro, cabra e frango.
- **la charcuterie** (la char-kiu-trí) (*delicatessen de embutidos e produtos de carne de porco*). Essas lojas são especializadas em carne de porco e comidas preparadas.
- **la poissonnerie** (la poa-sson-rrí) (*peixaria*).
- **l'épicerie** (f) (lê-pis-rrí) (*mercearia*).
- **la crèmerie** (la crém-rrí) (*laticínio*). Aqui é onde você compra laticínios e queijos.
- **le marchand de fruits et légumes** (lê mar-chaN dê friuí ê lê-guim) (*hortifrúti*). Essas lojas têm todos os tipos de vegetais e frutas frescas.

Diversão & Jogos

Identifique os itens ilustrados em cada uma das figuras.

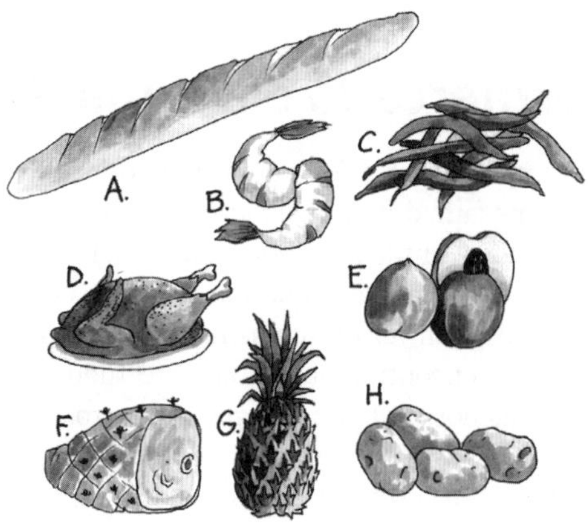

A. ______________________
B. ______________________
C. ______________________
D. ______________________
E. ______________________
F. ______________________
G. ______________________
H. ______________________

NESTE CAPÍTULO

» Olhando um loja e pedindo ajuda

» Usando pronomes demonstrativos e adjetivos para indicar itens

» Reconhecendo tamanhos, cores e materiais

» Usando comparativos e superlativos

Capítulo 9

Compras Fáceis

Le shopping (lê shopíng) (*compras*) — é muito divertido onde quer que você esteja. E quando estamos em um país estrangeiro, normalmente queremos comprar lembrancinhas especiais, como um perfume, uma linda echarpe ou uma bolsa de grife, ou um CD repleto de músicas maravilhosas para nos lembrar de nossa viagem. Seja em Paris, Montreal, Genebra ou Bruxelas, você está no paraíso das compras! Embora os produtos desses países não sejam baratos, você encontrará o melhor de tudo. E, como dizem os franceses, **une fois n'est pas coutume** (uine foá né pá cutiume) (*uma exceção não faz a regra*).

Neste capítulo, explicamos tudo que você precisa saber para fazer compras, incluindo o vocabulário para uma variedade de itens, como pedir ajuda, o que dizer quando quer experimentar algo e muito mais.

Indo às Compras

O lugar ideal para fazer compras depende do que você quer comprar. Para alguns itens, é melhor escolher uma loja mais popular; para outros, é preciso visitar uma boa loja de departamentos ou uma boutique. Veja alguns opções:

- **un hypermarché** (aN-ni-per-mar-chê) (*um hipermercado*). Nessas enormes lojas populares você pode comprar de tudo, de alimentos a produtos eletrônicos.
- **un grand magasin** (aN graN ma-ga-zaN) (*uma loja de departamentos*).
- **un centre commercial** (aN saN-tre co-mer-ciál) (*um shopping*).
- **une boutique** (iune bu-tik) (*uma boutique*).
- **une librairie** (iune li-bre-rrí) (*uma livraria*).
- **une bijouterie** (iune bi-ju-trí) (*uma joalheria*).
- **une dépanneuse** (uine de-pa-nêuse) (*uma loja de conveniência* [Quebec]).

SABEDORIA CULTURAL

Dépanner (depanê) significa *ajudar*, e as pessoas na França e no Quebec entendem isso assim, mas usam para finalidades diferentes. No Quebec, **une dépanneuse** (iune depanêuse) é uma daquelas lojas de conveniência 24 horas em que você pode comprar pão e leite quando precisa. Na França, **une dépanneuse** (iune depanêuse) é um guincho. Os dois ajudam você, não ajudam?

SABEDORIA CULTURAL

Preste atenção aos horários de abertura. O Canadá tem horários mais convencionais. Mas na França todas as lojas de departamento e shoppings fecham aos domingos. Muitas lojas fecham na hora do almoço, especialmente fora das grandes cidades, embora isso ocorra cada vez menos. A maioria das lojas está fechada às segundas-feiras, mas as lojas de departamentos geralmente ficam abertas. Estas perguntas podem ser úteis:

A quelle heure ouvrez-vous/fermez-vous ? (a ké-léur u-vrê-vu/fer-mê--vu?) (*A que horas vocês abrem/fecham?*)

Etes-vous ouverts le dimanche ? (ét-vu-zu-vér le di-maNch?) (*Vocês abrem aos domingos?*)

Comprando roupas, item por item

Na hora de comprar roupas ou sapatos, para você ou para uma pessoa querida, é preciso conhecer o vocabulário apropriado. A lista a seguir de **vêtements pour dames** (vet-maN pur dámm) (*roupas femininas*) pode ser bastante útil. Alguns destes itens servem também para homens:

- **un chemisier** (aN che-mi-ziê) (*uma blusa*)
- **une chemise de nuit** (iune che-miz de niuí) (*um vestido de noite*)

- **un costume de bain** (aN cos-tium de baN) (*um traje de banho* [Quebec])
- **un foulard** (aN fu-lár) (*um lenço*)
- **un imperméable** (aN-naN-pêr-me-a-ble) (*capa de chuva*)
- **une jupe** (iune jiup) (*uma saia*)
- **un jean** (aN djin) (*jeans*)
- **un manteau** (aN maN-tô) (*um casaco*)
- **un maillot de bain** (aN ma-iô dê baN) (*traje de banho* [França])
- **un pantalon** (aN paN-ta-loN) (*calças*)
- **une robe** (iune rób) (*um vestido*)
- **une robe de chambre** (une rób de chaN-bre) (*um robe*)
- **des sous-vêtements** (m) (dê su-vét-maN) (*roupa de baixo*)
- **un tailleur** (aN ta-iéur) (*um tailler, terno feminino*)
- **une veste** (iune vést) (*jaqueta, casaco, blazer*)

E agora as **vêtements pour hommes** (vet-maN pu-rróm) (*roupas masculinas*). Naturalmente, alguns itens podem ser usados também por mulheres:

- **une ceinture** (iune saN-tiur) (*um cinto*)
- **un chapeau** (aN cha-pô) (*um chapéu*)
- **des chaussettes** (de chô-ssét) (*meias*)
- **une chemise** (iune che-mise) (*uma camisa*)
- **un complet** (aN coN-plê) (*um terno masculino* [França])
- **une cravate** (iune cra-vát) (*uma gravata*)
- **un habit** (aN-na-bí) (*um terno* [Quebec])
- **un pardessus** (aN par-dê-ssiu) (*sobretudo*)
- **un veston** (aN ves-toN) (*um paletó*)

DICA

Os franceses pegaram emprestadas algumas palavras relativas a vestuário do inglês. Veja algumas delas (elas podem ter significado diferente do inglês):

- **le jogging** (lê djo-guing) (*abrigo, calça e casaco de moletom*)
- **le pull** (lê piul) (*suéter*)
- **le slip** (lê slip) (*cuecas*)

- **le sweat** (lê suét) (*moletom*)
- **le tee-shirt** (lê ti-shert) (*camiseta*)

Ao comprar **une paire de chaussures** (iune pér dê chô-siur) (*um par de sapatos*), use estes termos:

- **les baskets** (lê bas-kê) (*tênis*)
- **les bottes** (lê bót) (*botas*)
- **les chaussons/les pantoufles** (lê cho-ssoN/lê paN-tu-fle) (*chinelos*)
- **les chaussures à talons** (lê cho-ssiur-za ta-loN) (*sapatos de salto alto*)
- **les sandales** (lê saN-dál) (*sandálias*)
- **les tennis** (lê te-nís) (*tênis*)

Encontrando o que quer

A maioria das lojas tem disposições familiares. Veja alguns termos que você precisa conhecer para achar o quer em uma loja:

- **le rez-de-chaussée** (lê red-cho-ssê) (*o térreo*)
- **le premier étage** (lê pre-mie-rre-táj) (*o primeiro piso*)
- **le deuxième étage** (lê dêu-zi-ém e-táj) (*o segundo andar*)
- **le troisième étage** (lê troa-zi-ém e-táj) (*o terceiro andar*)
- **le sous-sol** (lê su-ssol) (*o subsolo*)
- **l'escalier roulant** (m) (les-ka-liê ru-laN) (*escada rolante*)
- **l'ascenseur** (m) (la-ssaN-sséur) (*elevador*)
- **le rayon** (lê re-ioN) (*departamento*)
- **les cabines d'essayage** (lê ca-bine dê-se-iáj) (*provadores*)
- **les toilettes** (le toa-let) (*banheiro*)

LEMBRE-SE

Assim como no Brasil, o térreo é o nível da rua, e a contagem dos andares começa a partir do primeiro piso.

Pedindo ajuda

Embora os vendedores não costumem importunar você em lojas de conveniência e grandes lojas, em lojas de departamento ou boutiques provavelmente **une vendeuse** (iune vaN-dêuz) (*uma vendedora*) vai lhe perguntar **Je peux vous aider ?** (jê pê vu-ze-dê) (*Posso o ajudar?*). Se você está apenas "olhando" e não precisa de ajuda, diga **Non, merci, je regarde seulement** (noN, mer-cí, jê regard seule-maN) (*não, obrigado/a, estou só olhando*). Entretanto, se precisar de ajuda, use qualquer uma das seguintes frases:

- **Pouvez-vous m'aider s'il vous plaît ?** (puvê vu medê sil vu plê) (*Você pode me ajudar, por favor?*)
- **Je voudrais un renseignement.** (jê vudré aN raNssenhemaN) (*Eu gostaria de uma informação.*)
- **Je cherche ...** (jê chérche... (*Estou procurando...*)

FALANDO DE GRAMÁTICA

A expressão em francês para *eu posso* é **je peux** (jê pêu). O verbo é **pouvoir** (puvoár) e é irregular. Você conjuga o tempo presente como a seguir:

Conjugação	Pronúncia
Je peux	jê pêu
Tu peux	tiu pêu
Il/elle peut	il/él pêu
Nous pouvons	nu puvoN
Vous pouvez	vu puvê
Ils/elles peuvent	il/él pêuv

O verbo **pouvoir** é sempre seguido de um infinitivo. Observe que quando há um pronome oblíquo, ele é colocado entre a forma conjugada de **pouvoir** e o infinitivo (para mais informações sobre pronomes oblíquos de objeto indireto, veja o Capítulo 13). Veja alguns exemplos:

Est-ce que vous pouvez me renseigner ? (és-kê vu puvê mê raNssenhê?) (*Você pode me dar uma informação?*)

Est-ce que je peux l'essayer ? (és-kê jê pêu lesseiê) (*Posso experimentar?*)

DICA

Se não houver um vendedor à vista, você pode procurar o balcão de informações, **les renseignements** (lê raN-sse-nhe-maN) ou **le service clients** (lê ser-vis cli-iaN). É bem provável que alguém fale inglês na loja, se para você for mais fácil se comunicar em inglês, caso contrário, não se preocupe. Se você souber as frases e as respostas a seguir, vai conseguir se virar:

Pardon madame, où sont les parfums ? (par-doN ma-dám, u soN le par--faN?) (*Com licença, senhora, onde ficam os perfumes?*)

Ici, au rez-de-chaussée. (i-ci, ô red-cho-ssê.) (*Aqui, no térreo.*)

Les vêtements pour dames, s'il vous plaît. (le vet-maN pur dámm, sil vu plê.) (*[A seção de] Roupas femininas, por favor.*)

C'est au troisième étage. (ce-tô troa-zi-ém e-táj.) (*Fica no terceiro andar.*)

Excusez-moi, je cherche les compacts disques. (éks-kiu-zê-moá, je chérch lê coN-pact disc.) (*Com licença, estou procurando CDs.*)

Ils sont au sous-sol, à côté des livres. (il soN-tô su-ssol, a co-tê dê li-vre.) (*Estão no subsolo, perto dos livros.*)

Encontrando o tamanho certo

Comprar roupas envolve encontrar o tamanho correto. Nesta seção, nós o ajudamos a encontrar o que precisa.

No Canadá os tamanhos das roupas são iguais aos dos Estados Unidos. Na Europa, você encontra modos diferentes de medir, dependendo do país. Eis alguns equivalentes gerais para os tamanhos de roupas femininas:

Tamanhos canadenses e norte-americanos	6	8	10	12	14	16	18	20
Tamanhos franceses	36	38	40	42	44	46	48	50
Tamanhos brasileiros	34	36	38	40	42	44	46	48

Para paletós masculinos e tamanhos de terno, use as seguintes conversões aproximadas:

Tamanhos canadenses e norte-americanos	38	40	42	44	46	48	50
Tamanhos franceses e brasileiros	44	46	48	50	52	54	56

Naturalmente, se tudo mais falhar, você sempre terá a possibilidade de solicitar **petit** (petí) (*pequeno*), **moyen** (moáiaN) (*médio*), **large** (lárge) (*grande*) ou **extra-large** (ekstrá lárge) (*extragrande*).

Em francês, *tamanho* é **la taille** (la táie). Mas, geralmente, você nem mesmo tem que dizer essa palavra, como nestes exemplos:

Je fais du 36 (jê fé diu traNt siz) (*Sou* [tamanho] *36.*)

Je voudrais essayer une robe en 40. (jê vudré esseiê iune rób aN carraNt) (*Eu gostaria de experimentar um vestido* [tamanho] 40.)

Est-que vous l'avez en plus petit ? (és-kê vu lavê aN pliu petí?) (*Você tem um* [tamanho] *menor*?)

LEMBRE-SE

O português tem apenas uma palavra para roupas e tamanhos de sapato, mas o francês tem duas: **la taille** para altura e roupas e **la pointure** *(la poaNtiur)* para sapatos.

Para descrever como a roupa ou o sapato ficaram, use a expressão **Ça ... va** (sa... va) (*Ficou...*). Entre **Ça** e **va** você indica a pessoa que está vestindo. Veja alguns exemplos:

- » **Ça me va.** (sa me va.) (*Serviu em mim.*)
- » **Ça te va bien.** (sa tê va biaN.) (*Ficou bem em você* [informal].)
- » **Ça vous va très bien.** (sa vu va tré biaN.) (*Ficou muito bem em você* [formal].)
- » **Ça lui va mal.** (sa liuí va mal.) (*Não serviu nele/nela, não ficou bem nele/nela.*)

Você ainda pode usar os seguintes termos para descrever com mais detalhes o caimento de uma roupa:

- » **ample** (aN-ple) (*largo/a*)
- » **étroit/étroite/serré/serrée** (e-troá/e-troát/se-rrê/se-rrê) (*apertado/a*)
- » **large** (larj) (*grande* [sapatos])
- » **trop court/courte** (trô cur/curt) (*muito curto/a*)
- » **trop grand/grande** (trô graN/graNd) (*muito grande*)
- » **trop long/longue** (trô loN/loNg) (*muito comprido*)
- » **trop petit/petite** (trô pe-tí/pe-tit) (*muito pequeno/a*)

Veja alguns exemplos:

Cette jupe est trop courte. (cet jiup é trô curt.) (*Esta saia é muito curta.*)

Ces chaussures sont étroites. (cê chô-ssiurr soN-te-troát.) (*Estes sapatos estão apertados.*)

Tendo uma Conversa

ÁUDIO

Cécile está procurando um vestido e viu um que lhe agradou. A vendedora se aproxima. (Faixa 9)

La vendeuse: **Je peux vous aider, madame ?**
jê pêu vuzedê, madámm?
Posso ajudá-la, senhora?

Cécile: **Oui, s'il vous plaît. Avez-vous cette robe en 36 ?**
uí, sil vu plê. avê vu cét rób aN traNt siz?
Sim, por favor. Você tem este vestido no tamanho 36?

La vendeuse: **Attendez un instant. Oui, nous l'avons. La voilà.**
ataNdê aN aãNstaN. uí, nu lavoN. la voalá.
Espere um pouco. Sim, temos. Aqui está.

Cécile: **Est-ce que je peux l'essayer ?**
és-kê jê pêu lesseiê?
Posso experimentar?

La vendeuse: **Mais bien sûr, madame. Les cabines d'essayage sont au fond à gauche.**
mé biaN siur madámm. le cabine desseiáge soN tô foN a gôch.
Mas claro, senhora. Os provadores estão lá atrás, à esquerda.

Alguns minutos depois, Cécile sai do provador com o vestido e pede a opinião da vendedora.

Cécile: **Qu'est-ce que vous en pensez ?**
kés-kê vu zaN paNsê?
O que você acha?

La vendeuse: **Je ne sais pas ... elle est un peu trop grande, je crois.**
jê nê sé pá... él é taN pêu trô graNd, jê croá.
Não sei... ele está um pouco grande, eu acho.

Cécile: **Moi, je trouve qu'elle ne me va pas du tout. Est-ce que vous l'avez en plus petit ?**
moá, jê truve quéle nê mê va pá diu tu. és-kê vu la-vê aN pliu pe-tí?
Eu acho que não me serve. Você tem um tamanho menor?

La vendeuse: **Non, je suis désolée ; c'est la plus petite taille.**
noN, jê siuí desolê; cé la pliu petit táie.
Não, sinto muito; é o menor tamanho.

Cécile: **Tant pis !**
taN pí!
Que pena!

Palavras a Saber

attendez un instant	ataNdê aNaNstant	espere um pouco
au fond	o foN	nos fundos
à gauche	a gôch	à esquerda
à droite	a droát	à direita
je trouve/pense	jê trúv/paNs	acredito/acho
un peu	aN pêu	um pouco
trop	trô	demais
pas du tout	pa diu tu	nada
tant pis	taN pí	que pena

Apontando itens com "este(s)", "esta(s)", "aquele(s)", "aquela(s)"

De vez em quando, precisamos indicar um item específico. Se não souber o nome do item (uma situação comum quando se está aprendendo um idioma), você sempre pode o indicar usando estes demonstrativos:

- **ce** (cê) (*este, aquele*): Use o **ce** antes de substantivos masculinos singulares — **ce chemisier** (cê che-mi-ziê) (*esta blusa, aquela blusa*), por exemplo.
- **cet** (cét) (*este, aquele*): Use **cet** antes de substantivos masculinos singulares começados por vogal ou h mudo — **cet imperméable** (cê-taN-per-me-á-ble) (*esta capa de chuva, aquela capa de chuva*). (Veja o Capítulo 3 para saber mais sobre o h mudo.)
- **cette** (cét) (*esta, aquela*): Use **cette** antes de substantivos femininos singulares — **cette veste** (cét vest) (*esta jaqueta/casaco, aquela jaqueta/casaco*), por exemplo.
- **ces** (cê) (*estes(as), aqueles(as)*): Use **ces** antes de substantivos masculinos e femininos plurais — **ces chaussures** (cê chô-ssiur) (*estes sapatos/aqueles sapatos*), por exemplo.

Observe que esses adjetivos demonstrativos significam tanto *este(a)* quanto *aquele(a)* no singular e no plural. Se precisar distinguir entre dois itens (*este terno e aquele terno*, por exemplo, ou *estas botas e aquelas botas*), acrescente os sufixos **-ci** (-ci) (*aqui*) e **-là** (-la) (*lá*) aos substantivos:

- Acrescentar o sufixo **-ci** ao substantivo singular significa *este(a) aqui*; acrescentar **-ci** a um substantivo plural significa *estes(as) aqui.*
- Acrescentar o sufixo **-là** ao substantivo singular significa *aquele(a) lá*; acrescentar **-là** a um substantivo plural significa *aqueles(as) lá*.

Veja estes exemplos:

Cette robe-ci est plus jolie que cette robe-là. (cét rób-ci é pliu jo-lí kê cét rób-la.) (*Este vestido aqui é mais bonito que aquele lá.*)

Ces magasins-ci sont plus chers que ces magasins-là. (cê-ma-ga-zan--ci soN pliu chér kê cê ma-ga-zaN la.) (*Estas lojas aqui são mais caras que aquelas lá.*)

Pronomes demonstrativos

Se você não quer parecer um robô ao falar, pode tentar evitar as redundâncias substituindo os substantivos e adjetivos demonstrativos por pronomes. Em vez de dizer *este vestido aqui é mais bonito que aquele vestido lá*, por exemplo, diga *este é mais bonito que esse ou aquele*. Os pronomes demonstrativos em francês precisam de sufixo **-ci** e **-là**, pois não podem ser usados sozinhos. A Tabela 9-1 mostra os pronomes demonstrativos.

TABELA 9-1 Pronomes Demonstrativos Franceses

Pronome Demonstrativo	Gênero/Número	Exemplo
celui-ci, celui-là (celiuí-ci, ce-liuí-la) (*este aqui, esse aí, aquele lá*)	masculino/singular	**ce chemisier-ci** (cê che-mi-ziê-ci) (*esta blusa*) se torna **celui-ci** (celiuí-ci) (*esta aqui*)
celle-ci, celle-là (cél-cí, cél-la) (*esta aqui, essa aí, aquela lá*)	feminino/singular	**cette chemise-là** (cét che-mi-z-la) (*essa/aquela camisa*) se torna **celle-là** (cél-la) (*essa aí, aquela lá*)
ceux-ci, ceux-là (cêu-ci, cêu-la) (*estes aqui, esses aí, aqueles lá*)	masculino/plural	**ces vêtements-ci** (cês vét-maN-ci) (*estas roupas*) se torna **ceux-ci** (cêu-ci) (*estas aqui*)
celle-ci, celles-là (cél-ci, cél-la) (*essas aí, aquelas lá*)	feminino/plural	**ces bottes-là** (cê bót la) (*essas/aquelas botas*) se torna **celles-là** (cél-la) (*aquelas lá*)

Escolhendo o tecido e a cor certa

Ao comprar roupas, às vezes queremos um determinado tecido — **le tissu** (le ti-ssiu). Ser capaz de expressar sua preferência para o vendedor facilita sua busca. Eis uma lista de tecidos comuns:

- **la laine** (la lein) (*lã*)
- **la soie** (la soá) (*seda*)
- **le coton** (lê co-tóN) (*algodão*)
- **le velours côtelé** (lê ve-lur kot-lê) (*veludo cotelê* [França]), ou **le corduroy** (lê cor-diu-rroá) (*veludo cotelê* [Quebec])
- **la flanelle** (la fla-nél) (*flanela*)
- **le lin** (le laN) (*linho*)
- **le cuir** (lê kiuír) (*couro*)

Ao falar sobre tecidos, use **en** depois do verbo ou **de** depois do substantivo, como nestes exemplos:

Cette veste est <u>en</u> laine. (cét vest-é-taN lein) (Este casaco é de lã.)

C'est une veste <u>de</u> laine. (cé-tiune vest de lein.) (*É um casaco de lã.*)

Je voudrais un foulard <u>de</u> soie. (je vu-dré aN fu-lar dê soá.) (*Eu gostaria de um lenço de seda.*)

Est-ce que ces chaussures sont <u>en</u> cuir ? (és-kê cê chô-ssiur soNtaN kiuír?) (*Estes sapatos são de couro?*)

Ao escolher roupas, não tem nada mais importante do que a cor, não é? Lembre-se de que a cor é um adjetivo. Como todos os adjetivos, ele deve concordar com o substantivo em gênero e número (veja o Capítulo 2 para mais informações sobre concordância). A lista a seguir traz as cores; aquelas com asterisco são invariáveis, o que significa que têm apenas uma forma, até mesmo para o plural:

- **blanc/blanche** (blaN/blaNch) (*branco/branca*)
- **bleu/bleue** (blêu) (*azul/feminino*)
- **jaune/jaune** (jône) (*amarelo/amarela*)
- **marron*** (ma-rroN) (*marrom*)
- **noir/noire** (noár) (*preto/preta*)

- **orange*** (o-rraNj) (*laranja*)
- **rouge/rouge** (ruge) (*vermelho/vermelha*)
- **vert/verte** (vér/vért) (*verde/feminino*)

LEMBRE-SE

As cores sempre seguem o substantivo, como mostrado nestes exemplos:

un pantalon noir (aN paN-ta-loN noár) (*uma calça preta*)

des chaussures marron (dê chô-ssiur ma-rroN) (*sapatos marrons*)

une jupe verte (iune jiup vért) (*uma saia verde*)

Tendo uma Conversa

Vincent está procurando uma jaqueta esportiva. Ele entra em **une boutique de vêtements pour hommes** (iune butique dê vêtemaN purrómm) (*uma loja de roupas masculinas*). Nessa época do ano, muitas roupas estão *em liquidação* (**en solde**) (aN sóld]). Imediatamente, ele é cumprimentado por um balconista e faz sua solicitação.

Vincent: **Je cherche une veste.**
jê chérch iune vést.
Estou procurando um casaco.

Le vendeur: **Quel genre de veste voulez-vous, monsieur, un blazer, un veston habillé ?**
kél jaNrre dê vést vulê vu, messiê, aN bleizér aN vestoN habiê?
Que tipo de casaco deseja, senhor? Um blazer, um paletó de terno elegante?

Vincent: **Non, plutôt une veste de sport.**
noN, pliutô iune vést dê spór.
Não, uma jaqueta esportiva.

Le vendeur: **En quelle taille ?**
aN kél táie?
Em qual tamanho?

Vincent: **En général, je porte du 50.**
aN generrál, jê pórt diu saNcaNt.
Em geral, visto 50.

Le vendeur: **Nous avons ce modèle ou celui-ci en pure laine.**
nuzavoN cê modél u celiuí ci aN piur léin.
Temos este modelo ou este em lã pura.

Vincent: **Je préfère une couleur plus foncée, bleu foncé, peut-être.**
jê prefér iune culér pliu foncê, blêu foncê, pe-té-tre.
Prefiro uma cor mais escura, azul-escuro talvez.

Vincent escolhe uma jaqueta, que ele experimenta.

Le vendeur: **Oh, celle-ci vous va à merveille ! Et elle est très à la mode.**
ô, cél ci vu va a mervéi! ê éle é trésa la mód.
Ah, ficou ótima em você! E está muito na moda.

Vincent: **Oui, vous avez raison et elle est en solde ! Alors je la prends.**
uí, vuzavê rézon ê él é aN sóld! alór jê la praN.
Sim, você está certo, e ela está em liquidação! Então vou ficar com ela.

Palavras a Saber

foncé(e)	foN-cê	escuro/a
clair	cler	claro/a
Ça vous va à	sa vu va a	Fica ótimo em você
merveille	mer-véi	[uma] maravilha
à la mode	a la mód	na moda, estiloso
les soldes	lê sold	liquidação [França]

Fazendo Comparações: Bom, Melhor e Mais

Para fazer a comparação entre dois objetos ou duas pessoas, o idioma francês usa as seguintes construções para todos os adjetivos e advérbios:

» **plus ... que** (pliu... kê) (*mais... que*)

» **moins ... que** (moaN... kê) (*menos... que*)

» **aussi ... que** (ô-ci... kê) (*tão... quanto*)

Veja alguns exemplos:

» **La librairie est plus grande que la bijouterie.** (la li-bre-rrí é pliu graNd kê la bi-ju-tri.) (*A livraria é maior que a joalheria.*)

- **Les imperméables sont aussi chers que les manteaux.** (le-zaN-pêr-me-a-ble soN-tô-ci chér kê lê maN-tô.) (*As capas de chuva são tão caras quanto os casacos.*)
- **Ces chaussures-ci sont moins étroites que celles-là.** (ce chô-ssiur-ci soN moaN-zê-troat kê cél-la.) (*Estes sapatos são menos apertados que aqueles.*)

Quando você quer dizer que algo é o melhor de todos — ou o pior de todos —, usa o superlativo, tanto em português quanto em francês. Os superlativos são construídos de duas maneiras em francês, dependendo da posição do adjetivo em relação ao substantivo. Em ambos os casos, a construção do superlativo sempre vem antes do adjetivo; entretanto, quando o adjetivo vem depois do substantivo, os artigos definidos **le**, **la** ou **les** precedem o substantivo e a forma superlativa.

C'est la moins jolie robe. (cê la moaN jo-lí rób.) (*É o vestido menos bonito [mais feio].*) — o adjetivo na frente do substantivo

Elle achète la robe la moins chère de la boutique. (él a-chét la rób la moaN chér dê la bu-tique.) (*Ela está comprando o vestido menos caro (mais barato) da loja.*) — o adjetivo depois do substantivo

CUIDADO

Assim como em português, você não pode usar a construção comparativa **plus ... que** para **bon** (boN) (bom). Assim como na construção em português, a palavra *bom* tem um comparativo (*melhor*) e um superlativo (o *melhor*) próprio, assim como **bon**:

- **meilleur(s)/meilleure(s)** (me-iéur) (*melhor*). Veja um exemplo:

  Les bottes de cuir sont meilleures que les bottes de caoutchouc. (lê bót dê kiuír soN me-iéur kê lê bót dê ca-u-tchu.) (*As botas de couro são melhores do que as de borracha.*)

- **le/la/les meilleur(s)/meilleure(s)** (lê/la/lê me-iéur) (*o/a melhor*). Veja um exemplo:

  On trouve le meilleur chocolat en Suisse. (oN truv lê meiéur cho-kô-la taN siuís.) (*O melhor chocolate é o suíço.*)

  Les meilleurs produits de cuir se trouvent en Italie. (le me-iéur pro-diuí dê kiuír se truv aN-ni-ta-lí.) (*Os melhores produtos de couro são os italianos.*)

Tendo uma Conversa

Nicole Verdier está procurando sapatos. Depois de examinar as vitrines de várias lojas, Nicole vê um par do qual realmente gosta e entra na loja.

Nicole: **Bonjour, je voudrais voir les chaussures noires là dans la vitrine.**
boNjur, jê vudré voár lê chôssiur noár la daN la vitríne.
Olá, eu gostaria de ver os sapatos pretos na vitrine.

La vendeuse: **Bien sûr, madame, en quelle pointure ?**
biaN siur madámm, aN kél poaNtiur?
Claro, senhora. Qual é o tamanho?

Nicole: **Je fais du 38.**
jê fé diu traNt iuít
Calço 38.

La vendeuse: **Je regrette. En 38, nous les avons seulement en marron.**
jê regrét .aN traNte iuít, nu lezavoN sêulemaN aN marroN.
Sinto muito. Número 38 temos apenas na cor marrom.

Nicole: **Bon, montrez-moi les marron.**
boN, moNtrê moá lê marroN.
Tudo bem, mostre-me o marrom.

Nicole experimenta os sapatos.

Nicole: **Elles sont trop étroites. Vous les avez en plus larges ?**
él soN trô etroát. vu lezavê aN pliu lárge.
Estão apertados demais. Você tem em um tamanho maior?

La vendeuse: **Ah non, madame. Voulez-vous voir un autre modèle ?**
a noN, madámm. vulê vu voár aNôtre modél?
Não, senhora. Gostaria de ver outro modelo?

Nicole não fica satisfeita e vai para outra loja, onde encontra um par de que gosta e que lhe serve perfeitamente.

Nicole: **Combien coûtent celles-ci ?**
combiaN cut cél ci?
Quanto custa este?

La vendeuse: **Cinquante euros.**
saNcaNt eu-rrô.
Cinquenta euros.

Nicole: **C'est un peu cher, mais elles sont très jolies et puis je dois absolument acheter des chaussures aujourd'hui. Allez, je les prends.**
cétaN pêu chér, mé él soN tré jolí ê piuí jê doá absoliumaN achtê dê chôssiur ojurdiuí. alê jê lê pranN.
São um pouco caros, mas são muito bonitos, e tenho que comprar sapatos hoje. Tudo bem, ficarei com eles.

La vendeuse: **C'est une très bonne décision, madame.**
cétiune tré bóne decisioN, madámm.
É uma decisão muito boa, senhora.

Palavras a Saber

voir	voár	ver
la vitrine	la vi-trí-ne	a vitrine
montrer	moN-trê	mostrar
un autre	aN-nô-tre	outro
Combien coûte .... ?	coN-biaN cut...?	Quanto custa...?
aujourd'hui	ê-jur-diuí	hoje
absolument	ab-so-liu-maN	absolutamente

O verbo **devoir** (de-voar) (*dever*) é seguido de um infinitivo para expressar algo que você precisa, deve ou é obrigado a fazer. Veja a conjugação de **devoir** no presente:

Conjugação	Pronúncia
Je dois	jê doá
Tu dois	tiu doá
Il/elle doit	il/él doá
Nous devons	nu devoN
Vous devez	vu devê
Ils/elles doivent	il/él doáv

Seguem alguns exemplos usando esse verbo: **Je dois acheter un manteau aujourd'hui** (jê doá ach-tê aN maN-tô ô-jur-diuí) (*Eu preciso comprar, devo comprar um casaco hoje*). No entanto, **devoir** significa dever, no sentido de dívida, quando seguido por um substantivo: **Je dois cent euros à Catherine** (jê doá saN-têu-rrô a ca-trine) (*Eu devo 100 euros a Catherine*).

Diversão & Jogos

Identifique todos os itens de vestuário indicados pelas letras no desenho.

A. ______________________________

B. ______________________________

C. ______________________________

D. ______________________________

E. ______________________________

F. ______________________________

G. ______________________________

H. ______________________________

I. ______________________________

J. ______________________________

K. ______________________________

NESTE CAPÍTULO

» Usando os verbos **sortir** e **s'amuser**

» Curtindo uma variedade de atividades

» Fazendo planos com os amigos

Capítulo 10

Saindo na Cidade

Ao visitar uma nova cidade, você se diverte experimentando o máximo possível do entretenimento local. Na França, há opção para todos, desde museus e teatros até boates e cinemas. Este capítulo traz informações para falar sobre aonde ir, fazer planos com amigos e descrever o quanto está se divertindo!

Saindo com o Verbo "Sortir"

Quando você visita um lugar novo, não quer ficar sentado dentro do seu quarto de hotel; quer sair e explorar a cidade e participar de tudo o que o local tem a oferecer. Você pode visitar museus, assistir a um show, um concerto ou uma peça de teatro, ou talvez sair para dançar. Seja qual for sua atividade de escolha, o verbo **sortir** (sor-tír) (*sair*) é bastante útil.

DICA

Sortir é um verbo irregular, mas não é difícil de conjugar. Eis um pequeno truque para se lembrar de como conjugar não apenas esse verbo, mas alguns outros como ele, como **partir** (par-tír) (*partir*), **dormir** (dor-mír) (*dormir*), **servir** (ser-vír) (*servir*) e **mentir** (maN-tír) (*mentir*):

- Para o singular, retire não apenas a terminação **-ir** do infinitivo, mas também a consoante antes de **-ir**, que deixa apenas as raízes **sor-**, **par-**, **dor-**, **ser-** e **men-**. Depois acrescente **s**, **s**, **t**.
- Para o plural, retire a terminação **-ir** do infinitivo e simplesmente adicione **ons**, **ez**, **ent**.

Confira a conjugação de **sortir**:

Conjugação	Pronúncia
je sors	jê sór
tu sors	tiu sór
il/elle/on sort	il/él/oN sór
nous sortons	nu sor-toN
vous sortez	vu sor-tê
ils/elles sortent	il/el sórt

Veja algumas sentenças usando o verbo **sortir**:

Nous sortons ce soir. (nu sor-toN cê soár.) (*Vamos sair esta noite.*)

Je sors avec mes amis. (jê sór a-vek mê-za-mí.) (*Vou sair com meus amigos.*)

LEMBRE-SE

Sortir normalmente é usado na forma infinitiva depois do verbo que indica preferência ou desejo. Por exemplo, você pode dizer **Ils aiment sortir** (il-zém sor--tír) (*Eles gostam de sair*) ou **Elle veut sortir ce soir** (él vê sor-tír cê soár) (*Ela quer sair esta noite*).

Diversão com o Verbo "S'amuser"

Que melhor maneira de expressar como está se divertindo do que com o verbo **s' amuser** (sa-miu-zê) (*divertir-se*)? Esse é um verbo pronominal, o que significa que requer pronomes pronominais, também conhecidos como *pronomes reflexivos*, que correspondem ao sujeito do verbo.

FALANDO DE GRAMÁTICA

Existem três categorias de verbos pronominais: reflexivos, recíprocos e idiomáticos:

- Um verbo reflexivo é aquele em que o sujeito executa a ação sobre si mesmo: **Je me lave** (jê mê láv) (*Eu me lavo*). Veja o Capítulo 5 para saber mais sobre os verbos reflexivos.
- Com um verbo recíproco, duas ou mais pessoas praticam a ação uma na outra. Por essa razão, os verbos recíprocos só podem estar no plural: **Ils s'aiment** (il sém) (*Eles se amam*), por exemplo, ou **Nous nous écrivons** (nu nu-zê-cri-voN) (*Nós nos escrevemos*).
- Um verbo idiomático é aquele cujo significado não pode ser entendido pela tradução literal das palavras. Por exemplo, o verbo **ennuyer** (aNniu-iê) significa *aborrecer*, mas quando o mesmo verbo é pronominal, **s'ennuyer** (saNniu-iê), significa *entediar-se*.

Seja qual for a categoria, todos os verbos pronominais têm um pronome oblíquo antes do verbo. Esses pronomes são **me** (mê) (*me*), **te** (tê) (*te*, *se*), **se** (sê) (*se*), **nous** (nu) (*nos*), **vous** (vu) (*vos*, *se*) e se (sê) (*se*). Se o verbo é reflexivo, esses pronomes oblíquos são chamados de pronomes reflexivos. Quando o verbo começa com uma vogal ou h mudo, remova o **e** de **me**, **te** e **se**.

Eis a conjugação do verbo **s'amuser**:

Conjugação	Pronúncia
je m'amuse	jê ma-miuz
tu t'amuses	tiu ta-miuz
il/elle/on s'amuse	il/él/oN sa-miuz
nous nous amusons	nu nu-za-miu-zoN
vous vous amusez	vu vu-za-miu-zê
ils/elles s'amusent	il/el sa-miuz

Estas sentenças mostram o verbo **s'amuser** em ação; observe os pronomes reflexivos que aparecem antes dos verbos:

Je m'amuse beaucoup. (je ma-miuz bo-kú.) (*Eu estou me divertindo muito.*)

Nous nous amusons toujours. (nu nu-za-miu-zoN tu-jur.) (*Nós sempre nos divertimos.*)

Quando alguém está saindo, você pode dizer *Divirta-se*, que é a forma imperativa do verbo pronominal. Para saber mais sobre a formação do imperativo, veja o Capítulo 5. Veja alguns exemplos:

Amuse-toi ! (a-miuz-toá!) (*Divirta-se. [você]*)

Amusons-nous ! (a-miu-zoN-nu!) (*Vamos nos divertir!*)

Amusez-vous ! (a-miu-zê-vu!) (*Divirta-se.* [formal singular] *Divirtam-se. [vocês]*)

FALANDO DE GRAMÁTICA

Quando o pronome reflexivo **te** vem depois do verbo, torna-se **toi** (toá). Na forma negativa, porém, volta a ser **te** e é posicionado antes do verbo: **Ne t'amuse pas !** (nê ta-miuz pá!) (*Não se divirta.*) — se bem que esse é o tipo de frase que ninguém ouve por aí!

Lugares para Ir

Você está sonhando com suas férias ideais e está ansioso para viajar. Já até planejou os lugares que pretende visitar e todos os shows e eventos de que quer participar. A lista a seguir traz alguns lugares e ideias para se divertir:

» **le ballet** (lê ba-lê) (*o balé*)

» **l'opéra** (m) (lo-pê-rrá) (*a ópera*)

» **le concert** (lê coN-cér) (*o concerto/o show*)

» **le théâtre** (lê te-á-tre) (*o teatro*)

» **le cinéma** (lê ci-ne-má) (*o cinema*)

» **la soirée** (la soá-rrê) (*a festa*)

DICA

Graças à internet, o mundo todo está na ponta de seus dedos. Você pode descobrir o que está acontecendo em qualquer lugar a qualquer momento. Quase todos os museus, galerias de arte, teatros e boates possuem um site, no qual é possível saber tudo o que precisa com apenas um clique. Ou, se preferir, pegue um jornal local para descobrir as opções de entretenimento. Se estiver em Paris, por exemplo, e quiser encontrar as listas de atividades culturais, procure uma dessas publicações: **Pariscope** (pa-rri-skóp), **L'Officiel des Spectacles** (lô-fi-ciel dê spek-tá-kle) ou **Figaroscope** (fi-ga-rrô-skóp), um suplemento do jornal **Le Figaro** (lê fi-ga-rrô). O Gabinete de Turismo de Paris tem um livreto chamado de **Paris Sélection** (pa-rrí se-lek-cioN). Você pode também procurar informações sobre eventos nos quiosques verdes espalhados pela cidade.

Visitando museus e galerias de arte

Você pode visitar muitos museus diferentes em Paris. Talvez o mais famoso seja **Le Louvre** (lê lúvre). Originalmente construído como uma fortaleza real, o Louvre agora abriga artefatos que datam de 5.000 a.C. até 1848, incluindo algumas das esculturas e pinturas mais famosas do mundo, como a Vitória de Samotrácia, a Vênus de Milo e **La Joconde** (la jô-koNd) *(a Mona Lisa)*. Você também pode ver as fundações originais da fortaleza do século XII e os suportes da ponte levadiça. Outro museu famoso, **le Musée D'Orsay** (lê miu-sê dor-ssêi), é o lar da mais preciosa coleção de pinturas de **van Gogh** (vaN Gó) fora do museu van Gogh, em Amsterdã, assim como uma impressionante coleção de arte impressionista.

SABEDORIA CULTURAL

Os museus de Paris fecham em dias diferentes. **Le Louvre** fecha às terças-feiras, por exemplo, e **Le Musée D'Orsay**, às segundas-feiras. Verifique os horários antes de ir, bem como os preços das entradas. Alguns museus têm dias de entrada franca. No Louvre, por exemplo, a entrada é gratuita no primeiro domingo do mês e no dia 14 de julho, Feriado Nacional na França.

Se quer visitar um museu, verifique as modalidades de descontos (estudantes, crianças e idosos normalmente pagam meia entrada) e considere comprar um passe para os museus, a **Carte Musées et Monuments** (cart miu-sê ê moN--niu-maN). Esses passes, disponíveis nas bilheterias dos museus, escritórios turísticos e estações de metrô, são bastante econômicos. Para mais informação, visite o site da **Association InterMusées** (a-sso-cia-cion aN-ter-miu-sê) em `www.intermusees.fr`.

Você pode também fazer um tour em muitos **châteaux** (chatô) *(castelos)* da França, como **Versailles** (ver-ssái), construído como casa de campo para caçadas em 1624 por Louis XIII e transformado em residência oficial da monarquia francesa por Louis XIV na segunda metade do século XVII. Versailles é bastante impressionante e vale um dia de visita.

Fontainebleau (foNtenblô) é outro castelo famoso transformado em museu. Originalmente construído como uma casa de campo para caçadas durante a Idade Média, Fontainebleau foi o lugar em que Napoleão estabeleceu a corte no início do século XIX. Foi nele também que o imperador assinou sua abdicação, em 1814. Existem também muitos castelos de contos de fadas no vale do rio **Loire** (loár), como **Chambord** (chaNbór), **Blois** (bloá), **Chenonceau** (che-noNçô), **Azay-le-Rideau** (azé lê ridô) e **Chinon** (chinoN).

Ao entrar nesses lugares impressionantes, você pode se deparar com avisos como os seguintes:

- **Photos au flash interdites** (fotô ô fléshãNterdit) (*Proibido fotografar com flash*).
- **Défense d'entrer** (defaNsse daNtrê) (*Proibida a entrada*).

Passando uma noite no teatro

O teatro francês é famoso no mundo há séculos e oferece algo para todo tipo de gosto e bolso, desde produções clássicas até **avant-garde** (avaN gárd) (*modernas*). Paris tem cerca de 130 teatros; o mais famoso é um dos teatros nacionais da França, **La Comédie Française** (la co-me-dí fraN-cése), que foi construído em 1680 por Louis XIV e que apresenta performances de peças clássicas dos maiores dramaturgos do século XVII — **Pierre Corneille** (pier cor-néi), **Jean Racine** (jaN ra-cin) e **Jean-Baptiste Poquelin** (jaN-bap-tist poke-laN), mais conhecido como **Molière** (mo-liér).

DICA

As reservas para um dos teatros nacionais devem ser feitas com antecedência, a menos que você queria tentar comprar ingressos na última hora, que normalmente são vendidos mais barato (e com desconto para estudantes), 45 minutos antes do início do espetáculo. Uma opção é usar um dos muitos serviços de ingressos de Paris. Eles eliminam a necessidade de ir à bilheteria do teatro com antecedência. Além disso, alguns oferecem ingressos com desconto, especialmente no mesmo dia da apresentação, embora haja restrições. Visite os sites: **Kiosque-Théâtre** (kiosk-tê-a-tre) em `www.kiosquetheatre.com`, que é considerado o melhor agente de descontos, vendendo ingressos com desconto no dia da apresentação, e **Alpha FNAC: Spectacles** (al-fá fnak spek-tá-cle), em `www.fnacspectacles.com` ou `www.fnac.com`.

SABEDORIA CULTURAL

Ir ao teatro é uma ocasião especial: homens e mulheres se vestem de modo mais formal para irem ao teatro. Homens devem usar ternos escuros e mulheres, vestidos. As estreias requerem traje ainda mais formal, como smoking e vestidos longos. É habitual dar gorjeta ao lanterninha (aquela pessoa que o leva até seu assento), assim como aos "cuidadores" dos banheiros, que é um personagem tão típico do cenário francês que tem até nome: **dame pipi** (damm pi-pí).

Se você vai ao teatro, precisa conhecer algumas palavras importantes:

- **la pièce** (la piés) (*a peça*)
- **monter une pièce** (moN-tê iune piés) (*montar uma peça*)
- **la représentation/le spectacle** (la re-prê-zaN-ta-cioN/le spek-tá-cle) (*a apresentação/o espetáculo*)
- **les costumes** (lê co-stium) (*os figurinos*)
- **la comédie** (la co-me-dí) (*a comédia*)
- **la tragédie** (la tra-ge-dí) (*a tragédia*)
- **le rideau** (lê ri-dô) (*a cortina*)
- **le décor** (lê de-cór) (*a decoração/o cenário*)
- **la scène** (la cén) (*a cena*)

» **l'éclairage** (m) (lê-cle-ráj) (*a iluminação*)

» **le billet** (le bi-iê) (*o ingresso*)

» **le balcon** (le bal-cóN) (*a galeria*)

» **l'entracte** (m) (laN-trakt) (*o intervalo*)

Veja algumas perguntas que você pode querer fazer ou que alguém pode lhe fazer:

Aimez-vous le théâtre ? (e-mê-vu lê te-á-tre?) (*Você gosta de teatro?*)

Voulez-vous aller au théâtre ? (vu-le-vu-za-lê o te-á-tre?) (*Você quer ir ao teatro?*)

Quelle pièce voulez-vous voir ? (kél piés vu-lê-vu voár?) (*Que peça você quer ver?*)

Qu'est-ce qu'on joue ? (kés-koN ju?) (*O que está em cartaz?*)

Combien coûtent les billets ? (coN-biaN cut lê bi-iê?) (*Quanto custa o ingresso?*)

À quelle heure commence le spectacle ? (a kél éur co-maNs lê spek-tá--kle?) (*A que horas o espetáculo começa?*)

Tendo uma Conversa

Elis, uma estudante francesa, e Steven, um estudante de intercâmbio norte-americano, estão discutindo sobre ir ao teatro.

Elise: **Je veux aller au théâtre ce soir. Et toi ?**
jê vezalê ô teátre cê soár. ê toá?
Eu gostaria de ir ao teatro hoje à noite. E você?

Steven: **Oui, d'accord. Qu'est-ce qu'on joue ?**
uí dacór. kés koN ju?
Com certeza. O que está passando?

Elise: **Tartuffe, une comédie de Molière.**
tartiuf, iune comedí dê moliér.
Tartuffe, uma comédia de Molière.

Steven: **Je ne connais pas beaucoup le français. Ça va me plaire ?**
jê nê coné pa bokú lê fraNcé. sa va mê plér?
Eu não falo muito francês. Vou gostar?

Elise: **Oui, bien sûr. C'est rigolo.**
uí, biaN siur. cé rigolô.
Sim, claro. É muito divertida.

Mais tarde, Elise está **au guichet** (ô gui-chê) (*no guichê*) de **le caissier** (le ké-ssiê) (*do caixa*) da bilheteria.

Elise:	**Bonsoir. Je voudrais deux places à l'orchestre, s'il vous plaît.** boNsoár. jê vudré dê plás a lorquéstre, sil vu plê. *Boa noite. Gostaria de dois lugares na plateia, por favor.*
Le monsieur:	**Tout est complet à l'orchestre.** tuté complé a lorquéstre. *Os lugares da plateia estão esgotados.*
Elise:	**Au balcon, s'il vous plaît.** ô balcoN, sil vu plé. *No balcão, por favor.*
Le monsieur:	**Il y a deux places au premier rang au balcon.** ili á dê plás ô premiê raN ô balcoN. *Há dois lugares na primeira fila do balcão.*
Elise:	**C'est parfait ! Combien coûtent les billets ?** cé parfé! coNbiaN cút le biiê? *Está perfeito! Quanto custam os ingressos?*
Le monsieur:	**Soixante euros, s'il vous plaît.** soa-ssaNt êrrô, sil vu plê. *São 60 euros, por favor.*
Elise:	**Le lever du rideau est à quelle heure ?** lê levê diu ridô éta keléur? *A que horas as cortinas sobem?*
Le monsieur:	**Dans une demi-heure.** daNsiune demí éur. *Em meia hora.*
Elise:	**Merci, monsieur.** mercí, messiê. *Obrigada, senhor.*

Palavras a Saber

rigolo	ri-go-lô	divertido
la place	la plás	assento/lugar
à l'orchestre	a lor-qués-tre	assentos na orquestra
Tout est complet	tu-té coN-plé	lotado
Le premier rang	lê pre-miê raN	primeira fila
Le rideau se lève	lê ri-dê se lév	a cortina sobe

Indo ao cinema

Você é **un cinéphile** (aN ci-nê-fil) (*um cinéfilo*)? Então temos boas notícias! Quando se está aprendendo francês — aliás, qualquer idioma —, uma ótima maneira de vivenciar o idioma e praticar suas habilidades é assistir a filmes naquele idioma. Se você planeja assistir a um filme em um país que fale francês ou em um cinema perto de casa, os seguintes termos podem ser úteis para falar sobre cinema ou filmes em geral:

- **l'acteur/l'actrice** (lak-téur/lak-tris) (*ator/atriz*)
- **le cinéaste** (lê ci-nê-ast) (*o cineasta*)
- **les effets spéciaux/les trucages** (le-ze-fé spe-ciô/le triu-caj) (*efeitos especiais*)
- **le générique** (lê ge-nê-rrik) (*os créditos*)
- **le guichet** (lê gui-chê) (*o guichê*)
- **le long-métrage** (lê loN mê-traj) (*o longa-metragem*)
- **le metteur-en-scène/le réalisateur** (lê me-téur aN cén/lê rê-ali-za-téur) (*diretor*)
- **la séance** (la se-aNs) (*a sessão*)
- **la vedette** (la ve-dét) (*estrela de cinema*)

Os filmes indicados como **VO (version originale)** (vê ô [ver-cioN o-rri-gi--nál]) são exibidos no idioma original, com legendas em francês. **VF (version française)** (vê éf [ver-cioN fraN-céz]) significa que o filme é dublado em francês (a dublagem está cada vez mais rara).

A maioria das pessoas tem um gênero de filme favorito. Se alguém perguntar **Quels genres de films aimez-vous ?** (kél jaN-rre dê film e-mê-vu?) (*De que tipos de filmes você gosta?*), use uma das frases a seguir:

- **un film d'amour** (aN film da-múr) (*um romance/um filme de amor*)
- **un film d'aventures** (aN film da-vaN-tiur) (*um filme de aventura*)
- **un film d'épouvante/d'horreur** (aN film dê-pu-vaNt/do-rréur) (*um filme de terror*)
- **un dessin animé** (aN de-ssaN a-ni-mê) (*um desenho animado*)
- **un documentaire** (aN do-kiu-maN-téur) (*um documentário*)
- **un film d'espionnage** (aN film de-spi-ô-naj) (*um filme de espionagem*)
- **un film policier** (aN film po-li-ciê) (*um filme policial*)

» **un film de science-fiction** (aN film dê ciaNs fi-kcioN) (*um filme de ficção científica*)

» **un western** (aN ue-stérn) (*um faroeste*)

SABEDORIA CULTURAL

O cinema, inventado pelos franceses, os irmãos **Auguste** (ô-guiust) e **Louis** (lui) **Lumière** (liu-miér), teve sua estreia em Paris. A indústria francesa sempre se viu primeiro como arte e depois como indústria. O cinema francês é tão popular que mais de 300 filmes são exibidos em Paris por semana, mais do que em qualquer outra cidade do mundo. **Le Festival de Cannes** (lê fes-ti-val dê kanN) (*O Festival de Cinema de Cannes*) é um festival internacional de cinema que ocorre todo ano, no mês de maio, em Cannes, no sul da França. **La Palme d'or** (la palm dór) (*a Palma de Ouro*) é outorgada todo ano para o diretor do melhor longa-metragem do festival. Todo ano, mais de mil filmes de todos os lugares do mundo são enviados para o festival esperando ser selecionados.

DICA

Muitos teatros exibem uma série de trailers seguidos por propagandas até meia hora antes do espetáculo. Portanto, se não quer perder os trailers, é melhor chegar cedo. As sessões, **les séances** (lê sê-aNs), são exibidas no lobby dos cinemas. Você também pode lhes assistir online.

Tendo uma Conversa

ÁUDIO

O seguinte diálogo envolve Madame e Monsieur Dumont e seu filho Ben enquanto eles decidem o que fazer hoje. (Faixa 10)

M. Dumont: **Qu'est-ce qu'on fait aujourd'hui ? Je voudrais visiter un musée.**
kés-koN fé ô-jur-diuí? jê vu-dré visitê ãN miusê.
O que vamos fazer hoje? Eu gostaria de visitar um museu.

Mme. Dumont: **Non, je voudrais visiter une cathédrale.**
noN, jê vu-dré visitê iune catedrále.
Não, eu gostaria de visitar uma catedral.

Ben: **Ah non, pas de musées, pas de cathédrales !**
a noN, pa dê miusê, pa dê catedrále!
Nada de museus, nada de catedrais!

M. Dumont: **D'accord. Voulez-vous aller au cinéma ?**
dacór. vulê vuzalê ô cinemá?
Tudo bem. Você quer ir ao cinema?

Ben: **Super ! Un film d'aventure !**
siupér! aN film davaNtiur!
Ótimo! Um filme de aventura!

Mme. Dumont: **J'aime mieux les documentaires.**
jéme miê lê dokiumaNtér.
Prefiro os documentários.

Ben: **Non, un dessin animé !**
noN, aN dessaN animê!
Não, um desenho animado!

M. Dumont: **C'est moi qui décide. Je voudrais voir un film policier.**
cé moá qui decíd. jê vudré voár aN film po-li-ciê.
Eu decido. Quero ver um filme policial.

Palavras a Saber

Je veux visiter ...	jê vê vi-zi-tê	Eu quero visitar...
J'aime mieux	jém miê	Eu prefiro
C'est moi qui décide	cé moá qui de-cid	Eu que decido
Je voudrais voir	jê vu-dré voár	Eu gostaria de ver

Indo a um concerto

Não importa qual idioma você fale, música é universal. Se estiver se sentindo pressionado a ter que falar francês o tempo todo, experimente ir a um concerto. Lá você não terá que falar durante algumas horas, poderá relaxar e aproveitar a música sem se preocupar em fazer com que alguém o compreenda. Visite os sites a seguir e descubra os shows e concertos na cidade: `www.infoconcert.com` ou `www.concerts.fr`. Veja alguns termos gerais e diferentes tipos de apresentações musicais que podem lhe interessar:

- **une symphonie** (iune saN-fo-ní) (*uma sinfonia*)
- **la musique classique** (la miu-zik cla-ssí-que) (*música clássica*)
- **la musique moderne** (la miu-zik mo-dérn) (*música moderna*)
- **la musique rock/le rock** (la miu-zik rock/lê rock) (*rock*)
- **la musique de jazz/le jazz** (la miu-zik dê djéz/lê djéz) (*jazz*)
- **la musique techno/la techno** (la miu-zik tek-nô/la tek-nõ) (*música tecno*)
- **le rap** (le rép) (*rap*)
- **un orchestre de chambre** (aN-nor-qués-tre de chaN-bre) (*uma orquestra de câmara*)

SABEDORIA CULTURAL

Não grite **Encore!** (aNcór) (literalmente: *De novo!*) em um concerto francês, a menos que queira que os músicos toquem a peça inteira de novo. Ao contrário, diga **Bis** (bis), que significa que você deseja que eles toquem algo a mais.

FALANDO DE GRAMÁTICA

O verbo **jouer** (ju-ê) é um verbo regular terminado em **-er** que significa *jogar/tocar/atuar*. É usado com a preposição **de** (dê) ou **à** (a). Essas preposições não têm tradução quando acompanham o verbo **jouer**. Quando **jouer** é usado com instrumentos, use a preposição **de** + artigo definido **le** (lê) (*o*), **la** (la) (*a*) e **les** (lê) (*os*, *as*), dependendo do gênero e número do substantivo. A preposição **à** é usada ao se referir a esporte e jogos, ou apresentações teatrais, cinematográficas ou musicais. Para saber mais sobre esportes veja o Capítulo 12. A seguir, alguns exemplos usando **jouer**:

Je joue du piano. (jê ju diu pia-nô.) (*Eu toco piano.*)

Tu joues de la guitare. (tiu ju dê la gui-tár.) (*Você toca guitarra.*)

Il joue du violon. (il ju diu vio-lóN.) (*Ele toca violino.*)

Elles jouent au film de Truffaut. (él ju ô film de triu-fô.) (*Elas atuam em um filme do Truffaut.*)

Curtindo a vida noturna

Se você não estiver exausto depois de um dia passeando pela cidade, talvez queira experimentar um lugar bem animado. A maioria das grandes cidades tem muitas casas noturnas que oferecem tudo, desde música ao vivo até dança. A que tipo de **club** (cliub) (*boate*) você quer ir? Veja algumas opções:

» **Une disco/discothèque** (iune dis-cô/dis-co-ték) (*uma discoteca*)

» **Une revue** (uine rê-viu) (*show, teatro de revista, espetáculo*)

» **Une boîte de nuit** (uine boat dê nuí) (*uma boate, clube noturno*)

SABEDORIA CULTURAL

Muitos clubes parisienses são oficialmente privados. Isso significa que têm o direito de escolher sua clientela. Em geral, o boca a boca e os jornais semanais são o melhor guia para o cenário atual. Os europeus também tendem a se vestir melhor para uma noite na cidade do que seus companheiros norte-americanos. Para ser aceito nos clubes mais exclusivos, você pode ter que estar acompanhado de um frequentador regular. Há outras coisas que você precisa saber: a idade para beber na França é 18 anos; as mulheres normalmente têm desconto no valor da entrada; o melhor conselho é não ir sozinho, a menos que esteja disposta a atrair muita atenção. Nos dias da semana, é mais barato e menos lotado.

Tendo uma Conversa

Paul e Denise estão terminando o jantar e decidindo onde devem continuar a noite.

Paul: **Veux-tu aller en boîte ? Nous pouvons danser.**
vê tiu alê aN boát? nu puvoN dancê.
Você quer ir a uma discoteca? Poderíamos dançar.

Denise: **Non, merci. Je suis trop fatiguée.**
noN, mercí. jê siuí trô fatiguê.
Não, obrigada. Estou cansada demais.

Paul: **Bon. Allons au club pour regarder une revue.**
boN. aloN ô cliub pur regardê iune rêviu.
Tudo bem. Vamos a um clube assistir a um show.

Denise: **D'accord. Faut-il réserver ?**
dacór. fôtil reservê?
Tudo bem. Precisamos de reserva?

Paul: **Nous allons devoir faire la queue.**
nuzaloN devoar fér la quê.
Teremos que ficar na fila.

Denise: **À quelle heure commence le spectacle ?**
a kéléur comans lê spectácle?
A que horas começa o show?

Paul: **À 23h.**
a vâN troazéur.
Às 11 da noite.

Denise: **Oh non ! C'est trop tard !**
ô noN! cé trô tár!
Ah, não! É muito tarde!

Palavras a Saber

danser	daN-cê	dançar
Je suis trop fatigué/fatiguée	jê siuí trô fa-ti-guê	estou muito cansado/cansada
Faut-il réserver ?	fo-til re-zer-vê?	É preciso fazer reserva?
faire la queue	fér la quê	esperar na fila
C'est trop tard	cé trô tar	É muito tarde

Fazendo Planos com Amigos

Seja qual for a atividade, convidar seus amigos para ir junto é sempre divertido. Esta seção o ajuda a convidar amigos e a aceitar ou recusar convites deles.

Convidando um amigo para sair

Ao convidar um amigo para sair, use o **tu** (tiu) (*você* informal). Você pode perguntar o que seu amigo vai fazer e se ele gostaria de sair e para onde. Veja algumas perguntas práticas para convidar um amigo para sair:

Qu'est-ce que tu fais (ce soir) ? (kés-kê tiu fé [cê soár]?) (*O que vai fazer esta noite?*)

Veux-tu sortir ? (vê-tiu sor-tír?) (*Você quer sair?*)

Qu'est-ce que tu veux faire ? (kés-kê tiu vê fér?) (*O que você quer fazer?*)

Où veux-tu aller ? (u vê-tiu a-lê?) (*Aonde você quer ir?*)

Veux-tu aller au cinéma/au théâtre ? (vê-tiu a-lê ô ci-ne-má/ô te-á-tre?) (*Você quer ir ao cinema/ao teatro?*)

Qu'est-ce que tu veux voir ? (kés-kê tiu vê voár?) (*O que você quer ver?*)

Aceitando e recusando convites

Quando você não tem nada para fazer ou quando está entediado, aceita com alegria convites dos seus amigos. Mas se está cansado ou não está a fim de sair, vai querer recusar o convite e talvez marcar para outro dia. Com estas frases você pode fazer isso:

Je veux bien. (jê vê biaN.) (*Eu gostaria muito.*)

J'aimerais vraiment aller au cinéma/au théâtre. (jem-rré vré-maN a-lê ô ci-ne-má/o te-á-tre.) (*Eu gostaria muito de ir ao cinema/ao teatro.*)

J'aimerais/je voudrais voir le nouveau film de ... (jem-rré/je vu-dré voár lê nu-vô film dê...) (*Eu gostaria de ver o novo filme de...*)

Je n'ai pas envie de sortir (ce soir). (je né pa-zaN-ví dê sor-tír [cê soár].) (*Eu não estou com vontade de sair [esta noite].*)

Peut-être demain/la semaine prochaine. (pê-té-tre dê-maN/la se-mén pro-chén.) (*Talvez amanhã/semana que vem.*)

Diversão & Jogos

Identifique a atividade representada em cada uma das imagens.

A. ______________________ B. ______________________

C. ______________________ D. ______________________

E. ______________________ F. ______________________

NESTE CAPÍTULO

» Fazendo negócios via telefone e internet

» Marcando um compromisso

» Indo ao correio

» Formando o tempo pretérito

Capítulo 11

Negócios e Telecomunicações

Nem toda viagem ao exterior é puramente a lazer. Nos tempos de hoje, de mercados globais e comércio internacional, executivos viajam a todo instante ou trabalham com colegas de todas as partes do mundo. Este capítulo apresenta os termos e expressões mais prováveis de encontrar ao realizar negócios, trabalhar em um escritório ou se comunicar via telefone, fax ou e-mail com um colega que fale francês.

Familiarizando-se com o Ambiente e as Pessoas do Escritório

Se estiver viajando para a França ou outro país francófono a trabalho — ou apenas se precisar se reunir com colegas franceses via teleconferência ou internet

—, saiba que o objetivo de todos é tornar o encontro agradável. A seguir mostramos alguns profissionais que poderá encontrar:

- **le président-directeur général** (PDG) (lê prê-zi-daN-di-rrek-téur ge-nê-rral [pê dê gê]) (*o chefe da empresa que atua como diretor-executivo e diretor administrativo*)
- **le gérant/la gérante** (lê gê-rraN/la gê-rraNt) (*o/a gerente* [de um restaurante, hotel, loja])
- **le directeur/la directrice** (lê di-rrek-téur/la di-rrek-tris) (*diretor/diretora* [de uma companhia ou empresa])
- **le personnel** (lê per-sso-nél) (*os funcionários, empregados*)
- **le/la propriétaire** (lê/la pro-pri-ê-tér) (*proprietário*/a)

SABEDORIA CULTURAL

Embora algumas práticas comerciais e corporativas francesas sejam diferentes das suas, conhecer e respeitar essas diferenças não apenas impressionará seus parceiros franceses como também facilitará que você atinja seus objetivos. Eis algumas informações úteis:

- Durante a década de 1980, os negócios franceses passaram por um período de explosão empresarial. A mídia e os serviços públicos foram privatizados, e alguns dos maiores e mais recentes negócios foram reestruturados por consultores de administração norte-americanos. Esses negócios reorganizados tendem a ser mais flexíveis e ter um processo de tomada de decisão menos centralizado do que o modelo antigo, estruturado como negócio familiar. Ainda assim, o ambiente pode ser um tanto diferente do cenário de trabalho em equipe que prevalece no modelo norte-americano e canadense. O mais comum é que **le président-directeur général** tome a maioria das decisões. Os funcionários abaixo do **PDG** seguem uma rígida cadeia de comando, com os funcionários mais abaixo na hierarquia remetendo os problemas a seus superiores.
- Você pode perceber uma atmosfera particularmente elitista no mundo dos negócios. Ser das famílias "certas" e frequentar as escolas "certas" normalmente leva a posições de gerenciamento.
- Mulheres detêm mais posições seniores do que costumavam, especialmente nos campos da propaganda, varejo e mídia. O sul da França ainda tem uma mentalidade mais tradicional, e você pode encontrar um pouco de preconceito em relação às mulheres em cargos mais altos.
- Assédio sexual é mais uma ideia norte-americana (e brasileira). Não se surpreenda se os franceses tratarem as mulheres dentro do ambiente profissional de forma mais sedutora. Ao sair com executivos para tratar de negócios em restaurantes ou eventos na Bélgica, executivas de outras

nacionalidades devem combinar previamente o pagamento ou dizer que é a companhia que está pagando. Os executivos belgas normalmente não permitem que mulheres paguem a conta em quaisquer outras circunstâncias.

Conhecendo os equipamentos e materiais de escritório

Não importa onde você esteja, em seu escritório habitual ou no exterior realizando negócios, seu escritório inclui objetos indispensáveis para trabalhar com eficiência e precisão. Olhe a seu redor em seu escritório e verá **fournitures de bureau** (fur-ni-tiur dê biu-rrô) (*materiais de escritório*), **matériel de bureau** (ma-tê-rri-el de biu-rrô) (*equipamentos de escritório*) e **mobilier de bureau** (mo-bi-liê dê biu-rrô) (*móveis de escritório*) indispensáveis:

- **l'agrafeuse** (f) (la-grá-feuse) (*grampeador*)
- **les agrafes** (lê-za-gráf) (*grampos*)
- **le bureau** (lê biu-rrô) (*mesa*)
- **les ciseaux** (lê ci-zô) (*tesouras*)
- **le classeur à tiroirs** (lê cla-sséur a ti-rroar) (*arquivo*)
- **la corbeille à papiers** (la cor-béie a pa-piê) (*cesto de papel*)
- **le crayon** (lê crei-oN) (*lápis*)
- **les élastiques** (lê-ze-la-stik) (*elásticos*)
- **les enveloppes** (lê-zaN-velop) (*envelopes*)
- **les fichiers** (lê fi-chiê) (*pastas*)
- **la gomme** (la góm) (*borracha*)
- **l'horloge** (f) (lor-lój) (*relógio*)
- **la lampe** (la lamp) (*luminária*)
- **la photocopieuse** (la fo-to-cô-pieuse) (*fotocopiadora*)
- **le ruban adhésif** (lê riu-baN ad-ê-zif) (*fita adesiva*)
- **le siège/la chaise de bureau** (lê siéj/la chése de biu-rrô) (*cadeira de escritório*)
- **le stylo** (lê sti-lô) (*caneta*)
- **le tableau d'affichage** (lê ta-blô da-fi-chaj) (*quadro de avisos*)
- **le télécopieur** (lê te-le-ko-piéur) (*aparelho de fax*)
- **les trombones** (le troN-bón) (*clipes de papel*)

Usando o computador e a internet

Na França, a internet é, às vezes, chamada de **la toile** (la toal), que literalmente significa *a teia* [referência à palavra inglesa web]. O mais comum é chamá-la de **Le Web** (lê web). Veja a lista de vocabulário pertencente ao mundo dos computadores e da internet:

- **le clavier** (lê cla-viê) (*teclado*)
- **le curseur** (lê kiu-sséur) (*cursor*)
- **le fichier** (lê fi-chiê) (*arquivo*)
- **l'icône** (f) (li-kón) (*ícone*)
- **l'imprimante** (f) (lam-pri-maNt) (*impressora*)
- **le logiciel** (lê lo-gi-ciél) (*software*)
- **le matériel** (lê ma-te-rriel) (*hardware*)
- **le moniteur** (lê mo-ni-téur) (*monitor*)
- **le mot de passe** (lê mô de pas) (*senha*)
- **le navigateur** (lê na-vi-ga-téur) (*navegador*)
- **l'ordinateur** (m) (lor-di-na-téur) (*computador*)
- **la page d'accueil** (la paj da-kéi) (*home page/página*)
- **le portable** (lê por-tá-ble) (*laptop*)
- **le pseudo** (lê pseu-dô) (*nome de usuário*)
- **le réseau** (lê re-zô) (*rede*)
- **le salon de chat** (lê sa-loN de chat) (*sala de bate-papo*)
- **la souris** (la su-rrí) (*mouse*)
- **surfer le Web** (siu-fê lê web) (*surfar na web*)
- **le système d'exploitation** (lê si-stem deks-ploa-ta-cioN) (*sistema operacional*)
- **télécharger** (te-le-char-gê) (*fazer download/baixar*)

SABEDORIA CULTURAL

Muitos sites franceses são bilíngues: francês e inglês. Além do mais, na Europa, todos os endereços de internet terminam com letras identificando o país em que o site está hospedado. Na França, são as letras `.fr`. Por exemplo, se quiser se conectar ao site do Yahoo! francês, digite `www.yahoo.fr`. Fique avisado! Esse site está inteiramente em francês!

Enviando um e-mail ou um fax

Com a internet, o mundo ficou menor. Agora é possível se conectar com sua família e amigos via **le courrier électronique/le mél** (lê ku-rriê ê-lek-tro-nik/lê mêl) (*e-mail*). Enviar um e-mail não é apenas muito fácil, mas também muito rápido. Embora certas instruções específicas possam variar, de modo geral, para enviar **un pièce jointe** (aN piès joaNt) (*um anexo*), você deve fazer o seguinte, antes de clicar em **Envoyer** (en-voa-iê) (*enviar*): clique no ícone **Insertion** (an-cer-cion) (*inserir*), clique em **Pièce jointe** (piés joaNt) (*anexo*), escolha o *arquivo*, **fichier** (fi-chi-ê). Finalmente, clique no botão **Joindre** (joaN-dre) (*anexar*).

Você ainda pode enviar facilmente **une télécopie/un fax** (iune te-le-co-pí/aN fáks) (*um fax*) para alguém na França. Se você está ligando do Brasil, disque 00 (código internacional) + número da operadora + 33 (código da França) seguido do número. Depois, aperte enviar.

Tendo uma Conversa

Jean-Michel está mostrando ao seu avô, André, como enviar um e-mail.

André: **Quelle est la fonction d'un système d'exploitation ?**
kelé la foN-kcioN daN si-stem deks-ploa-ta-cioN?
Qual é a função de um sistema operacional?

Jean-Michel: **C'est de gérer les ressources de l'ordinateur comme le matériel, le logiciel, les fichiers.**
cé dê ge-rê lê re-ssurs dê lor-di-natéur cóm lê ma-tê-rriel, lê lo-gi-ciel, lê fi-chiê.
É gerenciar os recursos do computador, como o hardware, o software, os arquivos.

André: **Que dois-je faire pour envoyer un courrier électronique ?**
kê doá-jê fér pur aN-voa-iê aN ku-rriê e-lek-tro-nik?
O que tenho que fazer para enviar um e-mail?

Jean-Michel: **D'abord, il faut avoir accès à ta messagerie et mettre ton pseudo et ton mot de passe.**
da-bór, il fâ-ta-voar a-kcé a ta messa-jrri ê me-tre toN pseu-dô ê toN mô dê pas.
Primeiro você tem que acessar seu e-mail e colocar seu nome de usuário e senha.

André: **Voilà, c'est fait. Et ensuite ?**
voa-lá, cé fé. ê aN-ssuit?
Certo. Já fiz. E em seguida?

Jean-Michel: **Ensuite, choisis l'adresse électronique du destinataire, écris ton message et clique sur envoyer pour poster ton message.**
aN-ssuit, choa-zí la-drés e-lek-tro-nik diu de-sti-na-téur, e-crí toN message ê clic siur aN-voa-iê pur pos-tê toN me-ssaj.
Depois, escolha o endereço do destinatário, escreva sua mensagem e clique em enviar para enviar a mensagem.

André: **C'est facile. Merci, Jean-Michel.**
cé fa-cile. mer-cí, jaN- mi-chel.
É fácil. Obrigado, Jean-Michel.

Palavras a Saber

gérer les ressources	ge-rrê lê re-ssurs	gerenciar os recursos
d'abord	da-bór	primeiro
il faut avoir accès	il fô-ta-voar a-kcé	você precisa acessar
ensuite	aN-ssuit	então/depois/em seguida
choisis	choa-zí	escolha
écris	e-crí	escreva
c'est facile	cé fa-cile	é fácil

Enviando correspondência à moda antiga

Embora a internet seja um modo bastante rápido para manter contato com familiares e amigos, bem como uma forma eficiente de realizar negócios, às vezes pode ser que você queira enviar um cartão-postal ou um pacote via correio tradicional. Pense na empolgação que você sente quando **le facteur** (lê fac-téur) (*o carteiro*) traz um cartão ou um pacote de alguém especial. Com o vocabulário e as dicas desta seção, ir a **la poste** (la pós-te) (*correio*) será fácil!

Veja um pouco do vocabulário básico referente ao correio, bem como os serviços oferecidos pelo correio francês:

- **l'expéditeur/l'expéditrice** (leks-pê-di-téur/leks-pê-di-tris) (*remetente*)
- **le/la destinataire** (lê/la des-ti-na-tér) (*o destinatário/a destinatária*)
- **l'enveloppe** (f) (laN-velop) (*envelope*)
- **le timbre** (lê taN-bre) (*selo/carimbo*)

» **le code postal** (lê kód po-stal) (*código postal, CEP*)
» **la lettre recommandée** (la le-tre re-co-maN-dê) (*carta registrada*)
» **la lettre exprès** (la le-tre eks-prés) (*carta expressa*)
» **l'envoi spécial** (m) (laN-voá spê-cial) (*entrega especial*)
» **le courrier** (lê ku-rriê) (*correspondência*)
» **le paquet/le colis** (lê pa-kê/lê ko-li) (*pacote*)
» **la boîte postale** (la boát pos-tál) (*caixa postal*)
» **l'affranchissement** (m) (la-fraN-chis-maN) (*postagem*)
» **la balance** (la ba-laNs) (*balança*)
» **peser** (pe-zê) (*pesar*)

SABEDORIA CULTURAL

Em março de 2010, o correio francês se tornou uma empresa privada. O correio é um dos maiores geradores de emprego do país. Ao visitar a França, é impossível não notar as grandes placas amarelas que indicam os correios, assim como as **boîtes aux lettres** (boát ô le-tre) (*caixas de correio*) amarelas. Embora o escritório central dos correios funcione 24 horas, normalmente o horário de funcionamento das agências é das 8h às 19h, de segunda a sexta-feira; e das 8h às 12h no sábado. Algumas agências (especialmente nas cidades menores) fecham por duas horas para o almoço, normalmente das 12h às 14h. As agências ou postos de correio oferecem diversos serviços além do envio de cartas. Você pode fazer remessas de dinheiro, comprar selos e cartões telefônicos, usar o telefone público, enviar um fax, abrir uma conta bancária, fazer um empréstimo ou investir seu dinheiro!

Marcando Compromissos e Lembrando-se do Horário Comercial

É considerado educado nos países europeus que falam francês marcar compromissos com algumas semanas de antecedência. Saiba, porém, que algumas pessoas desmarcar o compromisso no último minuto.

De modo geral, o horário comercial é das 8h (ou 9h) às 12h, e das 14h às 17h (ou 18h), de segunda à sexta. Alguns negócios abrem às 14h às segundas-feiras e das 9h às 12h ou 13h aos sábados. Mesmo que abra aos sábados, não tente marcar compromissos e reuniões nesse dia. Normalmente, o sábado é reservado para reuniões de vendas e conferências. Na Bélgica, pode ser difícil marcar compromissos em dias de **Bourse** (burs), que são às segundas-feiras na Antuérpia e às quartas-feiras em Bruxelas, pois nesses dias os executivos costumam agendar almoços com outros profissionais.

SABEDORIA CULTURAL

Os europeus normalmente têm um horário de almoço mais longo. **Le déjeuner** (lê de-jeu-nê) (*almoço*) tem duração de uma hora e meia a duas horas, e almoços de negócios são mais comuns do que jantares. Almoços mais longos e luxuosos são normalmente reservados para uma primeira reunião ou para celebrar o fechamento de um negócio. Entretanto, não seja o primeiro a começar a conversa de negócios durante uma refeição. Deixe que os anfitriões decidam se querem falar de negócios imediatamente ou se preferem esperar até o café, no final da refeição.

DICA

Não planeje negócios nas duas semanas antes e depois do Natal ou da Páscoa. Evite também os meses de julho e agosto, quando as lojas, os teatros, os restaurantes e as empresas fecham para férias anuais. Agosto é o mês de férias em 80% da França.

Tendo uma Conversa

Dan Thompson, um publicitário norte-americano, liga para agendar um compromisso e se encontrar com **Monsieur Seiffert** (messiê seifér), diretor executivo de uma cadeia de **supermarchés** (siupérmarchê) (*supermercados*) franceses em Nice. A secretária (**la secrétaire**) (la secretér) do Monsieur Seiffert atende.

La secrétaire: **Compagnie France Supermarché, bonjour.**
coNpanhí fraNce siupérmarchê, bonjur.
Alô, Compagnie France Supermarché.

Dan: **Bonjour. Dan Thompson à l'appareil. Passez-moi M. Seiffert, s'il vous plaît.**
boNjur. daN toNpsoN a laparréi. passê moá messiê seifér, sil vu plê.
Alô. Dan Thompson ao telefone. Por favor, transfira para o Sr. Seiffert.

La secrétaire: **Un instant. Ne raccrochez pas. Il est dans son bureau. Je vous le passe.**
aNaNstaN. nê ra-cro-chê pa. ilé daN soN biurrô. jê vu lê pás.
Um momento. Não desligue. Ele está em seu escritório. Vou transferi-lo.

M. Seiffert: **Allô, M. Thompson?**
alô, messiê toNpsoN?
Alô, Sr. Thompson?

Dan: **Allô, M. Seiffert, bonjour. Je vais à Nice le 14 juin. Je voudrais fixer un rendez-vous pour discuter votre stratégie de marketing.**
alô, messiê seifér, boNjur. jê vé a nis lê catórze jiuaN. jê vudré fikssê aN raNdê vu pur diskiutê vótre strategí dê marketíng.
Alô, Sr. Seiffert. Estarei em Nice no dia 14 de junho. Gostaria de agendar uma reunião para discutir sua estratégia de marketing.

M. Seiffert: **Ah, bon. Un instant. Je consulte mon calendrier. Ça va, je suis libre le 14 juin à 15h30.**
ah boN. aN aNstaN. jê coNsiult moN calaNdriê. ça va, jê siuí líbre lê catórze jiuaN a caNzér traNt.
Bom. Um minuto. Vou consultar minha agenda. Sim, estou livre no dia 14 de junho às 15h30.

Dan:	**Très bien. Le 14 juin à 15h30.** tré biãN. lê catórze jiuaN a cãNzér traNt. *Muito bem. 14 de junho às 15h30.*
M. Seiffert:	**Au revoir.** ô revoár. *Tchau.*

Palavras a Saber

... à l'appareil	...a la-pa-rréi	... falando (ao telefone)
Passez-moi ...	pa-ssê moá...	transfira-me...
un instant	aN-naN-staN	um minuto
Ne raccrochez pas/ ne quittez pas	ne ra-cro-chê pa ne ki-tê pa	não desligue
Il est/n'est pas dans son bureau	il é/né pa daN soN biu-rrô	Ele está/não está em seu escritório
Je vous le/la passe	jê vu lê/la pas	vou transferir
Je consulte mon calendrier	jê con-sul-te moN ca-laN-dri-ê	vou verificar minha agenda
Je suis libre ...	jê siuí lí-bre...	estou livre...
un rendez-vous	aN raN-dê-vu	uma reunião

Fazendo uma Ligação Telefônica

Ao visitar a França, o Canadá ou qualquer outro país francófono, fazer ligações telefônicas é muito mais fácil do que costumava ser. A maioria das pessoas hoje possui **un mobile/un portable** (aN mo-bíl/aN por-tá-ble) (*um celular*). Para eventualidades, existem alguns telefones públicos na França que usam **une télécarte** (iune tê-le-cárt) (*um cartão telefônico*). Por causa dos telefones celulares, porém, o número de telefones públicos diminuiu radicalmente.

SABEDORIA CULTURAL

Na França, a maioria das famílias tem uma linha telefônica e apenas um ou dois aparelhos telefônicos. O telefone normalmente fica na sala de estar, com uma extensão no escritório residencial ou no quarto principal. Muito raramente há telefones na cozinha. Ao ligar para a casa de alguém, lembre que ligar antes das

8h e depois das 20h é normalmente apenas para emergências, a menos que a pessoa esteja esperando sua ligação. Evite ligar durante o horário de almoço e jantar, pois isso é considerado falta de educação.

Use **allô** (a-lô) ao atender o telefone e deixe o **bonjour** (boN-jur) para cumprimentar a pessoa que atendeu. Os franceses dizem que o telefone faz **dring, dring** (dring, dring) e não *trim, trim*.

Tendo uma Conversa

ÁUDIO

Pierre está ligando para dizer à Monique a que horas o filme começa. A mãe de Monique, Mme. La Grange, atende ao telefone. (Faixa 11)

Mme. La Grange:	**Allô ?** a-lô? *Alô?*
Pierre:	**Bonjour madame. C'est Pierre.** boN-jur ma-dám. cé piérr. *Olá, senhora. É o Pierre.*
Mme. La Grange:	**Oui, Pierre. Ça va ?** uí, piérr. sa va? *Sim, Pierre. Como vai?*
Pierre:	**Ça va bien. Est-ce que Monique est là ?** sa va biaN. és-kê mo-ník é la? *Estou bem. A Monique está?*
Mme. La Grange:	**Oui, un moment, s'il te plaît. Ne raccroche pas.** uí, aN mo-maN, sil tê plê. nê racrosh pa. *Sim, só um minuto. Não desligue.*
Monique:	**Allô, Pierre ?** a-lê, piérr? *Alô, Pierre?*
Pierre:	**Monique, le film commence à 18h (heures).** mo-ník, lê film có-maNs a diz-iuit-éur. *Monique, o filme começa às 18h.*
Monique:	**C'est super ! À bientôt.** cé siu-pér! a biaN-to. *Beleza! Até mais.*
Pierre:	**Au revoir. À bientôt.** ô-rê-voar. a biaN-tô. *Tchau. Até mais.*

Palavras a Saber

Est-ce que ... est là ?	és-kê... é la?	... está?
un moment, s'il te plaît	aN mo-maN, sil tê plê	um minuto, por favor
ne raccroche pas/ne quitte pas	nê ra-crosh pa/ne kit pas	não desligue
à bientôt	a biaN-tô	até mais

Você percebeu o tom informal da conversa anterior? Isso porque era entre duas pessoas que se conhecem bem. Se Pierre e Monique fossem estranhos ou não se conhecessem bem, a conversa seria mais formal. Veja o Capítulo 2 para saber mais sobre as formas de tratamento formal e informal.

Muitas vezes, a pessoa com quem você está tentando falar não está ou está ocupada. Nesse caso, você pode deixar uma mensagem em **un répondeur** (aN rê-pon-déur) (*secretária eletrônica*) ou com uma pessoa.

Vivendo no Passado: Usando o Tempo Pretérito

Em francês, o tempo passado, **le passé composé** (lê pa-ssê coN-po-sê), é formado pela conjugação do verbo auxiliar no presente mais o particípio passado. Os dois verbos auxiliares são **avoir** (a-voár) (*ter*) e **être** (é-tre) (*ser/estar*). A maioria dos verbos usa **avoir**; uma pequena parte usa **être**.

Criando o tempo passado com "avoir"

Eis a conjugação de **avoir** (*ter*) no presente:

Conjugação	Pronúncia
j'ai	jé
tu as	tiu a
il/elle/on a	il/él/oN a
nous avons	nu-za-voN
vous avez	vu-za-vê
ils/elles ont	il-/él-zoN

Os particípios passados dos verbos no infinitivo são:

» O particípio passado dos verbos **-er** termina em **é**; retire o **r** da forma infinitiva e acrescente **un accent aigu** (a-Nák-ssaN-te-gui) (*acento agudo*) no **e**.

- **téléphoner** (telefonê) (*telefonar* ou *ligar*): **J'ai téléphoné à Monique**. (jé te-le-fo-nê a mo-ník) (*Eu liguei para Monique*).
- **laisser** (le-ssê) (*deixar*): **Nous avons laissé un message.** (nu-za-voN le-ssê aN me-ssáj). (*Nós deixamos uma mensagem.*)

» O particípio passado dos verbos **-ir** termina em **i**; retire o **r** do infinitivo.

- **choisir** (choasí) (*escolher*): **Il a choisi un mot de passe.** (ila choasí aN mô dê pas.) (*Ele escolheu uma senha.*)
- **finir** (finí) (*terminar*): **Elles ont fini leur conversation.** (élzon finí léur conversacioN.) (*Elas terminaram sua conversa.*)

» O particípio passado dos verbos **-re** termina em **u**; retire o **re** da forma infinitiva e acrescente um **u**.

- **attendre** (ataNdre) (*esperar*): **Tu as attendu le bus.** (tiu a ataNdiu lê bius.) (*Você esperou o ônibus.*)
- **répondre** (repoNdre) (*responder*): **Vous avez répondu à la question.** (vuzavê repoNdiu a la kestioN.) (*Você respondeu à pergunta.*)

O francês também tem vários particípios passados irregulares. Os verbos irregulares não têm um padrão definido, como os verbos regulares; portanto, você deve os memorizar. A Tabela 11-1 lista os particípios passados irregulares mais comuns.

TABELA 11-1 **Particípios Passados Irregulares Comuns**

Infinitivo	Particípio Passado	Exemplo
être (étre) (*ser/estar*)	**été** (etê)	**Nous avons été en retard.** (nu-za-voNze-tê aN re-tár.) (*Nós estávamos atrasados.*)
avoir (avoár) (*ter*)	**eu** (y)	**Il a eu un message.** (ila y aN me-ssáj.) (*Ele tinha uma mensagem.*)
faire (fér) (*fazer*)	**fait** (fé)	**Qu'est-ce que tu as fait ?** (kés-kê tiu a fé?) (*O que você fez?*)
voir (voar) (*ver*)	**vu** (viu)	**J'ai vu le directeur.** (jé viu lê di-rek-téur.) (*Eu vi o diretor.*)
pouvoir (puvoár) (*poder*)	**pu** (piu)	**Vous avez pu téléphoner à votre bureau.** (vu-za-vê piu te-le-fo-nê a vo-tre biu-rrô.) (*Você conseguiu telefonar para seu escritório.*)
vouloir (vu-lo-ar) (*querer*)	**voulu** (vu-liu)	**J'ai voulu un rendez-vous.** (jé vu-liu aN ã raN-dê-vu.) (*Eu quis uma reunião.*)
prendre (pren-dre) (*pegar*)	**pris** (pri)	**Ils ont pris l'avion.** (il-zoN pri lavioN.) (*Eles pegaram o avião.*)

Usando o passado com être

Alguns verbos são conjugados com o verbo auxiliar **être**, em vez de **avoir**.

- **aller** (a-lê) (*ir*)
- **arriver** (a-rri-vê) (*chegar*)
- **descendre** (de-ssaN-dre) (*descer*)
- **devenir** (de-ve-nír) (*tornar*)
- **entrer** (aN-trê) (*entrar*)
- **monter** (moN-tê) (*subir*)
- **mourir** (mu-rrir) (*morrer*)
- **naître** (né-tre) (*nascer*)
- **partir** (par-tír) (*partir*)
- **passer** (pa-ssê) (*passar*)
- **rentrer** (raN-trê) (*retornar, voltar*)
- **rester** (res-tê) (*ficar, permanecer*)
- **retourner** (re-tur-nê) (*retornar*)
- **revenir** (re-ve-nír) (*voltar*)
- **sortir** (sor-tír) (*sair*)
- **tomber** (toN-bê) (*cair*)
- **venir** (ve-nír) (*vir*)

FALANDO DE GRAMÁTICA

A principal diferença entre a formação do passado com o verbo **avoir** e com o verbo **être** é que, quando você usa o **être**, o particípio passado deve concordar em número e gênero com o sujeito. As regras para a concordância entre o particípio passado com o número e gênero são as seguintes:

- Se o sujeito for masculino singular, o particípio passado não muda.
- O particípio passado muda de grafia apenas nos seguintes casos:
  - Se o sujeito for feminino singular, acrescente um **-e** ao particípio passado.
  - Se o sujeito for masculino plural, acrescente um **-s** ao particípio passado.
  - Se o sujeito for feminino plural, acrescente **-es** ao particípio passado.

Veja alguns exemplos de passado usando os verbos com **être** (é-tre):

Nous sommes restés ici. (nu sóm res-tê i-cí.) (*Nós ficamos aqui.*)

Il est tombé. (il é toN-bê.) (*Ele caiu.*)

Ils sont descendus. (il soN de-ssaN-diu.) (*Eles desceram.*)

Elle est entrée au bureau. (él é-taN-trê ô biu-rrô.) (*Ela entrou no escritório.*)

Vous êtes sortis. (vu-zét sor-tí.) (*Vocês* [masculino plural] *saíram.*)

Apesar de o particípio passado ter que concordar em número e gênero com o sujeito, a pronúncia não muda se o particípio passado terminar em uma vogal. Considere estes exemplos, que usam **être** e o particípio passado de **aller**; observe como, em cada par, a pronúncia dos particípios passados permanece igual, apesar das alterações na grafia entre o masculino e feminino, o singular e o plural:

» Feminino singular: **Je suis allée à la poste.** (jê sui-za-lê a la post.) (*Ele foi ao correio.*)

  Masculino singular: **Je suis allé à la poste.** (jê sui-za-lê a la post.) (*Eu fui ao correio.*)

» Feminino plural: **Tu es allée à la poste.** (tiu é a-lê a la post.) (*Você foi ao correio.*)

  Masculino plural: **Nous sommes allés à la poste.** (nu sóm-za-lê a la post.) (*Nós fomos ao correio.*)

» Feminino plural: **Elles sont allées à la poste.** (él soN-ta-lê a la post.) (*Elas foram ao correio.*)

Entretanto, se o particípio passado terminar em consoante, é possível ouvir a diferença entre as terminações masculinas e femininas. Veja alguns exemplos:

Il est mort en 1863. (il é mór aN diz-iuít saN soa-ssaNt-troá.) (*Ele morreu em 1863.*)

Elle est morte en 1863. (él é mor-taN diz-iuít saN soa-ssaNt-troá.) (*Ela morreu em 1863.*)

Diversão & Jogos

Atividade 1: Nas lacunas abaixo, identifique cada item do escritório.

A. ____________________

B. ____________________

C. ____________________

D. ____________________

E. ____________________

F. ____________________

G. ____________________

H. ____________________

I. ____________________

J. ____________________

Atividade 2: Preencha as lacunas com a forma correta do particípio passado.

A. Je suis ________________en avance. (arriver) (*Eu cheguei cedo.*)

B. Elles ont __________________ au téléphone. (parler) (*Eles falaram ao telefone.*)

C. Il a _____________ un nouveau bureau. (vouloir) (*Ele quis um novo escritório.*)

D. Nous sommes________________ tard. (rentrer) (*Nós chegamos a casa tarde.*)

E. Qu'est-ce que vous avez ______________________ ? (faire) (*O que você fez?*)

F. Il a ___________________ le personnel. (choisir) (*Ele escolheu os funcionários.*)

G. J'ai ______________________ un ordinateur. (avoir) (*Eu tinha um computador.*)

NESTE CAPÍTULO

» Praticando esportes coletivos e individuais com os verbos **jouer** e **faire**

» Focando alguns passatempos populares

» Curtindo um bom livro com o verbo **lire**

Capítulo 12

Recreação e Atividades ao Ar Livre

Muito trabalho e nenhuma diversão tornam **Jacques un garçon ennuyeux** (jáque aN garçoN aNniuiê) (*Jack um garoto entediado*). Seja jogando ou praticando esportes, indo à praia, acampando ou buscando hobbies mais tranquilos, com certeza você curtirá bons momentos se souber um pouco do idioma. Neste capítulo, trazemos um amplo vocabulário de termos relacionados a atividades de lazer e esportes para que você possa conversar com os outros sobre as coisas que gosta de fazer. Explicamos ainda quando usar o verbo **faire de** (fér dê) e o **jouer à** (ju-ê a), que significa *jogar/tocar*.

Praticando Esportes

Todo país tem um passatempo nacional favorito. Nos Estados Unidos, por exemplo, **le base-ball** (lê bez-ból) (*beisebol*), **le basket(ball)** (lê bas-két [ból]) (*basquete*) e **le football américain** (lê fut-ból a-mê-rri-caN) (*futebol americano*) são populares, assim como **le hockey** (lê o-ké) (*hóquei*) no Canadá.

Alguns desses esportes — **le football américain** e **le base-ball**, por exemplo — continuam atípicos na Europa. Eis alguns passatempos importantes em alguns países e regiões francófonas:

- **Le cyclisme** (lê ci-clis-me) (*ciclismo*) é muito popular na França e Bélgica.
- **Le foot(ball)** (lê fut[ból]) (*futebol*) é o esporte favorito no Canadá, França, Bélgica e em muitos países africanos que falam francês. **Observação:** No Canadá, o futebol é chamado de **le soccer** (lê so-kér).
- **Le rugby** (lê rug-bí) (*rugby*) é popular no sul da França.
- **Le ski** (lê ski) (*esqui*) é popular na Suíça.
- **Le hockey (sur glace)** (lê o-ké [siur glas]) (*hóquei [no gelo]*) é popular no Canadá.

Entre os **sports-spectacles** (spor-spek-ta-kle) (*esportes espetáculo*) mais populares estão **le foot(ball)**, **les courses de chevaux** (lê curs de che-vô) (*corridas de cavalo*) e **les courses automobiles** (le curs o-tô-mo-bil) (*corridas de automóveis*). A corrida de cavalos mais conhecida é **le Grand Prix de Longchamp** (lê graN pri dê loN-chaN), em Paris. Quanto a **les courses automobiles**, existem duas muito famosas: **les 24 heures du Mans** (lê vaN-catréur diu maN) (*24 horas de Le Mans*) e **le Rallye de Monte Carlo** (lê ra-lí dê moN-te-car-lô) (*Rali de Monte Carlo*).

SABEDORIA CULTURAL

Realizado pela primeira vez em 1903, **Le Tour de France** (lê tur dê fraNce) é o maior **course du cycliste** (curs diu ciclíste), ou *corrida de bicicletas*, do mundo. Todo verão, ciclistas de todo o mundo pedalam 3.200km. A corrida começa em uma cidade diferente a cada ano, mas sempre termina em Paris, na **Champs-Elysées** (chaN-ze-li-zê). O percurso é muito complexo, passando pelos Alpes e pelas regiões das montanhas dos Pirineus, sob condições climáticas desfavoráveis. **Le maillot jaune** (lê maiô jône) (*a camiseta amarela*) é conferida ao vencedor.

Os franceses usam dois verbos diferentes ao falar sobre a prática de esportes: **faire de** (fér dê) para esportes individuais e **jouer au** (juê ô) para esportes em equipe. Ambos, em essência, significam *jogar*, embora a tradução específica varie de acordo com a atividade. Eles podem ser usados de modo intercambiável. As seções a seguir trazem mais detalhes.

Usando "faire" para esportes individuais

Os esportes individuais, como **la natation** (la na-ta-cioN) (*natação*), **le tennis** (lê te-nís) (*tênis*), **la randonnée** (la raN-do-nê) (*caminhada, trilha*), **le cyclisme** (lê ci-clis-me) (*ciclismo*), **la voile** (la voal) (*vela*) e **la planche à voile** (la plaNch a voal) (*windsurf*) também são populares.

Ao falar sobre esportes individuais, use o verbo **faire**, que é irregular e utiliza a preposição **de** (dê) e um artigo definido *o*, *a* — **le** (lê) ou **la** (la), dependendo do gênero do esporte. (Lembre-se de que **de** + **le** vira **du**, enquanto que **de** + **la** continua **de la**.) Com os esportes, o verbo **faire** pode ser traduzido de diversas maneiras, como *fazer*, *jogar*, *praticar*, e às vezes não é traduzido. Nesses casos, o esporte vira verbo, como *escalar* ou *esquiar*.

A Tabela 12-1 mostra sentenças usando **faire** para que você possa visualizar facilmente como as formas variam conforme o gênero do esporte. Para ver a conjugação geral de **faire**, veja o Capítulo 2.

TABELA 12-1 **O Verbo "Faire" Quando Usado com Esportes**

Francês	Pronúncia	Tradução
Je fais du tennis.	jê fé diu tenís	*Eu jogo tênis.*
Tu fais du vélo.	tiu fé diu ve-lô	*Você pratica ciclismo.*
Il/Elle/On fait du ski.	il/él/on fé diu ski	*Ele/Ela/A gente esquia.*
Nous faisons de la natacion.	nu fe-zoN dê la na-ta-cioN	*Nós nadamos/praticamos natação.*
Vous faites une randonnée.	vu fe-tiune raN-do-nê	*Você pratica caminhada/trilha.*
Ils/Elles font du cheval.	il/él foN diu cheval	*Eles/Elas andam a cavalo.*

Veja uma lista de alguns esportes individuais que usam o verbo **faire**:

- **faire une promenade** (fér iune prom-nád) (*dar uma caminhada*)
- **faire du surf** (fér diu surf) (*surfar*)
- **faire du vélo** (fér diu ve-lô) (*ciclismo, andar de bicicleta*)
- **faire du jogging** (fér diu djo-guin) (*correr, praticar corrida*)
- **faire de l'exercice** (fér dê lek-zer-cís) (*fazer exercícios*)
- **faire du patin à roulettes/à glace** (fér diu pa-taN a ru-lét/a glás) (*patinar no gelo*)
- **faire du roller** (fér diu ro-lér) (*patinar*)
- **faire du cheval/de l'équitation** (fér diu cheval/dê le-ki-ta-cioN) (*andar a cavalo*)

Para mais esportes de inverno e de verão, veja as seções "Praticando Esqui" e "Indo à Praia".

Usando "jouer" para esportes coletivos

Hoje em dia os franceses são muito mais ligados a esportes do que no passado. Os jovens normalmente participam de times e competem em esportes como **le basket**, **le foot(ball)** e **le rugby.** Ao falar de esportes coletivos, em geral, use o verbo **jouer**.

Jouer é um verbo regular terminado em **-er**. Ele usa a preposição **à** (a) (*a*, *em*) e os artigos definidos **le**, **la** ou **les** dependendo do gênero e número do esporte ou jogo. Você ainda usa **jouer** para tocar instrumentos musicais, mas com a preposição **de**; veja o Capítulo 10 para saber mais sobre isso. A Tabela 12-2 mostra sentenças usando **jouer** para que você possa visualizar as mudanças em razão do gênero do esporte. Para mais informações sobre a conjugação dos verbos regulares, veja o Capítulo 2.

TABELA 12-2 O Verbo "Jouer" Quando Usado com Esportes

Francês	Pronúncia	Tradução
Je joue au basket.	jê ju ô baskét	*Eu jogo basquete.*
Tu joues au golf.	tiu ju ô gólf	*Você joga golfe.*
Il/Elle/On joue au volley-ball.	il/él/on ju ô vo-le-ból.	*Ele/Ela/A gente joga vôlei.*
Nous jouons au foot(ball).	nu juoN ô fut(ból)	*Nós jogamos futebol.*
Vous jouez au hockey.	vu juê ô o-ké	*Vocês jogam hóquei.*
Ils/Elles jouent au football américain.	il/él ju ô fut-ból a-mê-rri-caN	*Eles/Elas jogam futebol americano.*

A lista a seguir traz esportes coletivos com o verbo **jouer**:

- **jouer au tennis** (ju-ê ô te-nís) (*jogar tênis*)
- **jouer au foot(ball)** (ju-ê ô fut[ból]) (*jogar futebol*)
- **jouer au football américain** (ju-ê ô fut-ból a-mê-rri-caN) (*jogar futebol americano*)
- **jouer au basket(ball)** (ju-ê ô bas-ket[ból]) (*jogar basquete*)
- **jouer au golf** (ju-ê ô gólf) (*jogar golfe*)
- **jouer au volley-ball** (ju-ê ê vo-le-ból) (*jogar voleibol*)
- **jouer au base-ball** (ju-ê ô bez-ból) (*jogar beisebol*)
- **jouer au hockey** (ju-ê ô o-ké) (*jogar hóquei*)

» **jouer au hockey sur gazon** (ju-ê ô o-ké siur ga-zoN) (*jogar hóquei de grama*)

» **jouer au rugby** (ju-ê ô rug-bí) (*jogar rugby*)

» **jouer au lacrosse** (ju-ê ô la-crós) (*jogar lacrosse*)

SABEDORIA CULTURAL

As universidades e escolas francesas não oferecem atividades esportivas, apenas acadêmicas. Muitos estudantes participam de clubes esportivos, que é uma boa maneira de conhecer pessoas e fazer novos amigos. Esses clubes são abertos também para estudantes estrangeiros. Cada esporte possui uma **Fédération** (fe-dê-rra-cioN), que fornece todas as informações com relação a clubes e associações afiliadas. A **Fédération** também patrocina eventos públicos nacionais e regionais.

Tendo uma Conversa

ÁUDIO

Paul está em um jogo de futebol e Marc senta ao lado dele. (Faixa 12)

Marc: **Zut ! J'ai manqué le coup d'envoi!**
ziut! jé maNquê lê ku daNvoá!
Droga! Perdi o chute inicial!

Paul: **Tu n'as pas manqué beaucoup. Ils sont à égalité.**
tiu na pa manquê bocú. ils soN ta egalitê.
Você não perdeu muito. O jogo está empatado.

Marc: **Oh, excellent. Joues-tu au foot ?**
oh, ekcelaN. ju tiu ô fut?
Ah, excelente. Você joga futebol?

Paul: **Non, je joue au basket.**
noN, jê ju ô baskét.
Não, eu jogo basquete.

Marc: **Je joue au basket aussi. Je cherche une équipe.**
jê ju ô baskét ossí. jê chérch iune equipe.
Eu jogo basquete também. Estou procurando uma equipe.

Paul: **Nous jouons au club local.**
nu juoN o club locál.
Nós jogamos em um clube local.

Marc: **Eh, regarde ! Il a marqué un but !**
ê regárd! il a márquê aN biut.
Ei, olha! Ele fez um gol.

Paul: **Super ! Nous avons gagner !**
siupér! nuzavon ganhê.
Ótimo! Nós vamos vencer.

Palavras a Saber

manquer	maN-quê	perder
le coup d'envoi	le cu daN-voá	chute inicial
un club de sport/ local	aN club dê spór/ lo-cál	clube esportivo/clube local
être à égalité	é-tre a e-ga-li-tê	placar empatado
une équipe	uine e-kíp	um time
gagner	ga-nhê	ganhar/vencer
marquer un point/but	mar-kê aN poaN/biut	marcar um ponto/gol

Praticando Esqui

SABEDORIA CULTURAL

Se você estiver na Suíça, França ou Canadá, terá inúmeras oportunidades para praticar **le ski alpin** (lê skí al-paN) (*esqui alpino*), **le ski de fond** (lê skí dê foN) (*esqui cross-country*) e **la planche à neige** (la plaNsh a néj) (*snowboard*). Na França, os Alpes são o melhor lugar para a prática do esqui de descida livre (alpino) e os Pireneus, para o esqui cross-country. Resorts na França, em geral, são modernos e eficientes; na Suíça, a ênfase é na tradição e personalidade. A Suíça tem quase 200 vilarejos e cidadezinhas equipadas para a prática de esqui alpino. As condições de esqui em Montreal são conhecidas como "as melhores do Leste". Ainda é possível praticar esqui cross-country no **Parc du Mont-Royal** (par diu moN-rroa-iál), em Montreal.

FALANDO DE GRAMÁTICA

Use o verbo **faire du** com **ski alpin** e **ski de fond**, e o verbo **faire de la** com **planche à neige**:

» **faire du ski (alpin)** (fér diu skí [al-paN]) (*praticar esqui [alpino]*)
» **faire du ski de fond** (fér diu skí dê foN) (*praticar esqui cross-country*)
» **faire de la planche à neige** (fér dê la plaNch a néj) (*praticar snowboard*)

O vocabulário a seguir é bastante útil para passar uma bela tarde de inverno se divertindo:

» **le forfait** (lê for-fé) (*bilhete para o teleférico*)
» **les conditions** (lê coN-di-cioN) (*condições* [de esqui])

- **la neige** (la néj) (*neve*)
- **poudreuse** (pu-dreuse) ([neve] *fofa/solta*)
- **l'équipement** (lê-kip-maN) (*equipamento*)
- **les leçons de ski** (lê le-çoN dê skí) (*aulas de esqui*)
- **les skis** (lê skí) (*esquis*)

Tendo uma Conversa

Antoine e sua namorada, Françoise, foram para as montanhas esquiar.

Françoise: **Il fait très froid aujourd'jui.**
il fé tré froá ôjurdiuí.
Está muito frio hoje.

Antoine: **Oui ! Et il y a beaucoup de neige.**
uí! ê ili a bokú dê néj.
Sim! E há muita neve.

Françoise: **Mais, bien sûr. Il a neigé hier soir.**
mé, biaN siur ila negê iér soár.
Mas, claro. Nevou ontem à noite.

Antoine: **La neige est poudreuse, aussi.**
la néj é pudrêuse ossí.
A neve está solta também.

Françoise: **Oui, les conditions sont excellentes.**
uí, lê coNdicioN soN tekselaNt.
Sim, as condições são excelentes.

Antoine: **Reste ici. J'achète les forfaits.**
rést icí. jachét lê forfé.
Fique aqui. Vou comprar os bilhetes para o teleférico.

No resort de esqui, Antoine compra os bilhetes para o teleférico.

Antoine: **Je voudrais deux forfaits pour une journée, s'il vous plaît.**
jê vudré dêu forfé pur iune jurnê, sil vu plê.
Dois passes para um dia, por favor.

Anne: **Voulez-vous louer de l'équipement, monsieur ?**
vulê vu luê dê lequipmaN, messiê?
Você deseja alugar algum equipamento, senhor?

Antoine: **Oui, je voudrais louer des skis, s'il vous plaît.**
uí, jê vudré luê dê skí, sil vu plê.
Sim, eu gostaria de alugar os esquis, por favor.

Anne: **Voulez-vous des leçons de ski ?**
vulê vu dê leçoN dê skí?
Você vai precisar de aulas?

Antoine:	**Non, merci.** noN, mercí. *Não, obrigado.*
Anne:	**Ça coûte 125 euros, s'il vous plaît.** çá cút saN vaN-saNk eu-rrô, sil vu plê. *São 125 euros, por favor.*

Palavras a Saber

Il fait très froid	il fé tré froá	Está muito frio
rester	res-tê	ficar
acheter	ach-tê	comprar
Je voudrais ...	je vu-dré...	eu gostaria...
louer	lu-ê	alugar

Indo à Praia

Allons à la plage ! (a-loN a la pláj!) (*Vamos à praia!*) Nada é mais relaxante do que passar um dia estendido na areia ou brincando na água. **La Côte d'Azur** *(la cót daziur)* (*Costa Azul*), também conhecida como Riviera Francesa, é situada na costa sul da França, junto ao Mediterrâneo. Suas numerosas praias ficam bem cheias durante os meses de julho e agosto. Nadar é bem seguro, porque a maioria das praias é supervisionada por **les surveillants de plage/de baignade** (lê siur-vei-aN dê pláj/ dê be-nhád) (*salva-vidas*).

Veja algumas atividades que você pode achar divertidas quando for à praia:

- **le ski nautique** (lê skí no-tík) (*esqui aquático*)
- **la plongée sous-marine** (la ploN-gê su-ma-rríne) (*mergulho*)
- **la plongée libre** (la ploN-gê lí-bre) (*mergulho de apneia*)
- **la voile** (la voál) (*velejar*)
- **la planche à voile** (la plaN-cha voál) (*windsurf*)
- **la natation** (la na-ta-cioN) (*natação*)

LEMBRE-SE

Para cada uma das atividades anteriores, use o verbo **faire** (fér) mais a preposição **de** (dê) e o artigo definido apropriado — **le** (lê) ou **la** (la). Veja a seção anterior "Usando 'faire' para falar de esportes individuais" para mais detalhes.

SABEDORIA CULTURAL

O banho de sol de *topless* é aceito na maioria das praias francesas, e há também praias de nudismo, principalmente em torno de **Saint-Tropez** (saN tropê) e **l'île du Levant** (líle diu levaN). Antes de se despir completamente, olhe em volta para saber o que é aceitável! Como diz o ditado: "Quando em Roma..."

Com toalhas, filtro solar, uma bebida refrescante e o vocabulário a seguir, você está pronto para passar um delicioso dia na praia:

- **la mer** (la mér) (*o mar*)
- **le bord de la mer/au bord de la mer** (lê bor dê la mér/ô bor dê la mer) (*beira do mar/à beira-mar*)
- **la plage** (la pláj) (*a praia*)
- **le sable** (lê sa-ble) (*areia*)
- **le banc de sable** (lê baN de sa-ble) (*banco de areia*)
- **la dune de sable** (la diun dê sa-ble) (*duna de areia*)
- **le château de sable** (lê cha-tô dê sa-ble) (*castelo de areia*)
- **la vague** (la vágue) (*onda*)
- **les coquillages** (lê co-ki-iáj) (*conchas do mar*)
- **l'algue** (lálgue) (*alga marinha*)
- **la serviette** (la ser-viét) (*toalha*)
- **les lunettes de soleil** (lê liu-nét dê so-léi) (*óculos de sol*)
- **la lotion/la crème solaire** (la lo-cioN/la crém so-lér) (*loção/filtro solar*)
- **le bronzage** (lê broN-záj) (*bronzeador*)
- **bronzer** (broN-zê) (*bronzear*)
- **se faire bronzer** (se fér broN-zê) (*bronzear-se*)
- **le coup de soleil** (le ku dê so-léi) (*queimadura solar*)
- **la visière** (la vi-siér) (*viseira*)

LEMBRE-SE

Se você vir um aviso informando **Baignade interdite** (banhád aNterdít), tenha cuidado. Significa: *Proibido nadar.*

Tendo uma Conversa

Mme. Lafarge e seus dois filhos, Gaston e Henri, estão passando um dia na praia.

Gaston et Henri:	**Maman ! Nous allons nager.** mamaN! nuzaloN nagê. *Mamãe! Vamos nadar.*
Mme. Lafarge:	**Attendez ! Vous oubliez la crème solaire.** ataNdê! vuzubliê la crém solér. *Esperem! Vocês esqueceram o protetor solar.*
Gaston:	**Oh, maman ! Dépêche-toi !** o, mamaN! depéch toá. *Ah, mamãe! Depressa!*
Henri:	**Gaston, regarde les très grandes vagues !** gastoN, regárd lê tré graNd vágue! *Gaston, veja que ondas grandes!*
Gaston:	**C'est super ! Maman, as-tu mon tuba et mes palmes ? Nous allons faire de la plongée libre.** cé siupér! mamaN a tiu moN tiubá ê mê pálme? nu-za-loN fér de la ploN-gê lí-bre. *Ótimo! Mamãe, você trouxe meu snorkel e pé de pato? Nos vamos mergulhar.*
Mme. Lafarge:	**Oui, ils sont dans le sac. Je vais bronzer. Amusez-vous bien !** uí, il soN daN lê sác. jê vé broNzê. amiuzê vu biaN! *Sim, estão na mochila. Vou me bronzear. Divirtam-se!*

Palavras a Saber

nager	na-gê	nadar
oublier	u-bli-iê	esquecer
se dépêcher	se de-pe-chê	apressar
le tuba	le tiu-bá	snorkel
les palmes	lê palm	nadadeiras/pé de pato
s'amuser	sa-miu-zê	divertir(-se)
Amusez-vous !	a-miu-zê-vu!	Divirtam-se!

Montando Acampamento

Acampar é uma ótima maneira de fugir de tudo. Tradicionalmente, na França, julho e agosto são os meses em que os franceses, especialmente os parisienses, digamos assim, fogem para as montanhas. As estradas ficam congestionadas de carros e campistas fugindo da cidade. Na Riviera Francesa, o trânsito é famoso por parar por horas quando os carros viajam para a costa.

O camping na costa é muito bem organizado. A maioria dos campings possui chuveiros e restaurantes, bem como locais separados para campistas de bicicletas e barracas. Muitos são situados perto da praia. Se você planeja acampar, fazer reservas com bastante antecedência é uma boa ideia, especialmente durante os meses de julho e agosto. Acampar fora dos locais adequados é ilegal.

As palavras e expressões a seguir pertencem ao mundo do camping e da pescaria, e podem ser úteis caso queira praticar essa atividade cheia de diversão — e talvez um pouco rústica.

- **la tente** (la taNt) (*tenda/barraca*)
- **monter la tente** (moN-tê la taNt) (*montar a barraca*)
- **les allumettes** (le-za-liu-mét) (*fósforos*)
- **faire un feu de camp** (fér aN fêu dê caN) (*fazer uma fogueira*)
- **le sac de couchage** (lê sác dê ku-cháj) (*saco de dormir*)
- **les douches** (lê duch) (*chuveiros*)
- **les toilettes** (le toa-lét) (*banheiros*)
- **les services** (lê ser-vis) (*os serviços*)
- **pêcher** (pe-chê) (*pescar, ir pescar*)
- **attrapper** (a tra-pê) (*pegar [pescar]*)
- **le poisson** (lê poa-ssoN) (*peixe*)
- **la canne à pêche** (la canna péch) (*vara de pescar*)

DICA

Você pode encontrar diversas **terrains de camping** (ter-rran de caN-píng) (*áreas de camping*) na França. Para descobrir onde acampar na França e para saber outros detalhes importantes sobre como reservar o local ideal, consulte estes sites:

- `www.campingfrance.com`
- `about-france.com/tourism/camping.htm`
- `gofrance.about.com/od/lodging/a/camping.htm`

DICA

Para informações sobre acampamento no Quebec, consulte estes sites:

» www.camping-canada.com
» www.campcanada.com

Tendo uma Conversa

ÁUDIO

Etienne e Christine estão indo acampar. Christine foi cochilando no carro. (Faixa 13)

Etienne: **Lève-toi ! Nous sommes arrivés.**
lév toá! nu somezarrivê.
Levanta! Chegamos.

Christine: **Oh ! C'est très joli, n'est-ce pas ?**
oh! cé tré jolí, nés pa?
Ah! É muito bonito, não é?

Etienne: **Oui. Montons la tente.**
uí. moNtoN la taNt.
Sim. Vamos montar a barraca.

Christine: **D'accord. Quels services y-a-t-il ?**
dacór. kél servís i a til?
Tudo bem. Quais serviços eles têm?

Etienne: **Il y a des toilettes et des douches.**
ili a dê toalét ê dê duch.
Há banheiros e chuveiros.

Christine: **Voilà les sacs de couchage.**
voalá lê sác dê kucháj.
Aqui estão os sacos de dormir.

Etienne: **Merci. Peux-tu trouver les allumettes ?**
mercí. pêu-tiu lezaliumét?
Obrigado. Você pode achar os fósforos?

Christine: **Oui, les voilà.**
uí, lê voalá.
Sim, aqui estão.

Etienne: **Bon. Je vais faire un feu de camp.**
boN. jê vé fér aN fêu dê caN.
Bom. Vou fazer uma fogueira.

Depois de instalados, os amigos conversam sobre como vão passar a tarde.

Etienne: **Christine, je vais pêcher.**
cristine, jê vé pechê.
Christine, vou pescar.

Christine: **Je n'aime pas pêcher. Je vais lire mon livre.**
jê néme pa pechê. jê vé lir moN lívre.
Eu não gosto de pescar. Vou ler meu livro.

Etienne: **J'espère attraper des poissons pour le dîner.**
jespér atrapê de poassoN pur lê dinê.
Espero pegar alguns peixes para o jantar.

Christine: **Tu as ta canne à pêche ?**
tiu a ta canna péch?
Você tem vara de pescar?

Etienne: **Oui, et des vers aussi.**
uí, ê dê vér ossí.
Sim, e algumas minhocas também.

Christine: **Dégoûtant ! Va t'en !**
dêgutaN! vatán!
Nojento! Saia daqui!

Palavras a Saber

se lever	sê le-vê	levantar
lève-toi !	lev-toá!	levante!
Nous sommes arrivés.	nu som-zarri-vê	Nós chegamos
je n'aime pas ...	jê néme pa...	eu não gosto...
lire	lir	ler
les vers	lê vér	minhocas
dégoûtant	dê-gu-taN	nojento

Curtindo Atividades Mais Tranquilas

Às vezes, você não está com vontade de se aventurar por aí e prefere ficar em casa. Há muitas coisas para se fazer em casa para se ocupar ou entreter. Você pode assistir a seu programa de TV favorito, ler um bom livro ou cuidar do seu jardim. Se preferir, pode jogar cartas ou jogos de tabuleiro com sua família.

Divertindo-se com jogos de tabuleiro

Poucas coisas são mais divertidas em dias chuvosos do que ficar em casa e jogar alguma coisa com seus amigos ou familiares. Existem inúmeros **jeux de société/jeux de plateau** (jêu dê so-ci-e-tê/ jêu dê pla-tô) (*jogos de tabuleiro*), muitos dos quais você já deve conhecer, como Banco Imobiliário, Scrabble, entre outros. Outras opções incluem **jeux de voyage** (jêu dê vo-iáj) (*jogos de viagem*) e **puzzles** (puzle) (*quebra-cabeças*), chamados apropriadamente de **jeux de patience** (jêu dê pa-ciaNs) (*jogos de paciência*). Outros jogos que você pode jogar em casa incluem **le jeu d'echecs** (lê jêu de-chék) (*xadrez*), **le jeu de dames** (lê jêu dê dámm) (*damas*) e **les jeux de cartes** (lê jêu de cart) (*jogos de cartas*).

FALANDO DE GRAMÁTICA

Você usa o verbo **jouer à** (ju-ê a) (*jogar*) mais os artigos definidos **le/la/les** (lê/la/le) (*o, a, os, as*) para dizer que está jogando cartas ou jogos de tabuleiro. Veja alguns exemplos: **jouer aux échecs** (ju-ê ô-ze-chék) (*jogar xadrez*), **jouer aux dames** (ju-ê ô dámm) (*jogar damas*), **jouer aux cartes** (ju-ê ô cart) (*jogar cartas*), **jouer au poker** (ju-ê ô po-kér) (*jogar pôquer*), e assim por diante.

Lendo com o verbo "lire"

Outra atividade favorita na categoria sossego é a leitura, que é uma forma maravilhosa de deixar sua imaginação voar enquanto você viaja no tempo e no espaço para os recantos mais longínquos do universo. Você pode ler com o verbo **lire** (lir) (*ler*), que é um verbo irregular. Veja a conjugação de lire:

Conjugação	Pronúncia
je lis	jê li
tu lis	tiu li
il/elle/on lit	il/él/oN li
nous lisons	nu li-zoN
vous lisez	vu li-zê
ils/elles lisent	il/él lize

Eis uma lista dos tipos de material de leitura pelos quais você pode se interessar:

- **un journal** (aN jur-nál) (*um jornal*)
- **un magazine** (aN ma-ga-zine) (*uma revista*)
- **une bande dessinée** (iune baNd de-ci-nê) (*quadrinhos*)
- **un conte/une nouvelle** (aN coNt/iune nu-vél) (*um conto/uma novela*)

- **un roman** (aN ro-máN) (*um romance*)
- **un roman d'amour/de science-fiction/d'aventures/policier** (aN romáN da-mur/dê ciaNs-fi-kcioN/da-vaN-tiur/po-li-ciê) (*uma história de amor/ficção científica/uma aventura/romance policial*)
- **un recueil de poèmes** (aN re-kéi dê po-éme) (*uma compilação de poemas*)

Cuidando do jardim

Jardinagem não apenas é muito relaxante para muitas pessoas, mas também é muito gratificante. Seja de uma horta ou jardim de flores ou de ervas, com o tempo você colhe "os frutos" do seu trabalho. Aqui está um vocabulário geral de jardinagem:

- **faire du jardinage** (fér diu jar-di-náj) (*jardinagem*)
- **planter** (plaN-tê) (*plantar*)
- **arroser** (a-rro-zê) (*regar*)
- **arracher les mauvaises herbes** (a-rra-chê lê mo-vé-zérb) (*arrancar as ervas daninhas*)
- **tondre la pelouse/le gazon** (toN-dre la pe-luz/lê ga-zoN) (*cortar a grama*)
- **une tondeuse à gazon** (iune toN-dêuz a ga-zoN) (*um cortador de grama*)
- **le sol** (lê sól) (*o solo*)
- **labourer la terre** (la-bu-rrê la tér) (*cavar, trabalhar/cultivar a terra*)
- **le tuyau d'arrosage** (lê tiu-ô da-rro-záj) (*mangueira de jardim*)
- **les outils de jardinage** (le-zu-til dê jar-di-náj) (*ferramentas de jardinagem*)
- **la plante** (la plaNt) (*planta*)
- **les graines** (le grene) (*sementes*)
- **les gants de jardinage** (lê gaN dê jar-di-náj) (*luvas de jardinagem*)
- **le transplantoir** (lê traNs-plaN-toár) (*espátula*)

Les jardins d'herbes (aromatiques) (lê jar-daN dérb [a-rro-ma-tík]) (*jardins de ervas*) são geralmente fáceis de cultivar e permitem que você incorpore sabores e aromas frescos à sua cozinha o ano todo. Veja os nomes de algumas ervas:

- **l'aneth** (la-nét) (*endro*)
- **le basilic** (lê ba-zi-lík) (*manjericão*)

- **le cerfeuil** (lê cer-féi) (*cerefólio*)
- **l'estragon** (les-tra-góN) (*estragão*)
- **la menthe** (la maNt) (*menta*)
- **le persil** (le per-cíl) (*salsa*)
- **le romarin** (lê ro-ma-rraN) (*alecrim*)
- **la sauge** (la sêj) (*sálvia*)
- **le thym** (le taN) (*tomilho*)

Quer plantar **un jardin d'agrément** (aN jar-daN da-grê-maN) (*um jardim de flores*)? Veja algumas belas plantas para incluir em **la plate-bande** (la plat--baNd) (*um canteiro de flores*):

- **les bégonias** (lê bê-go-niá) (*begônias*)
- **les hortensias** (le-zor-taN-ciá) (*hortênsias*)
- **les jonquilles** (lê joN-kíie) (*narcisos*)
- **les oeillets** (le-zô-ié) (*cravos*)
- **les marguerites** (lê mar-gue-rrít) (*margaridas*)
- **les roses** (lê rôz) (*rosas*)
- **les tulipes** (le tiu-líp) (*tulipas*)
- **les violettes** (lê vio-lét) (*violetas*)

DICA

Se estiver interessado em **un potager** (aN po-ta-gê) (*uma horta*), veja o Capítulo 8 para uma longa lista de vegetais que podem fazer parte de sua horta!

Diversão & Jogos

Identifique, em francês, a atividade mostrada em cada uma das ilustrações.

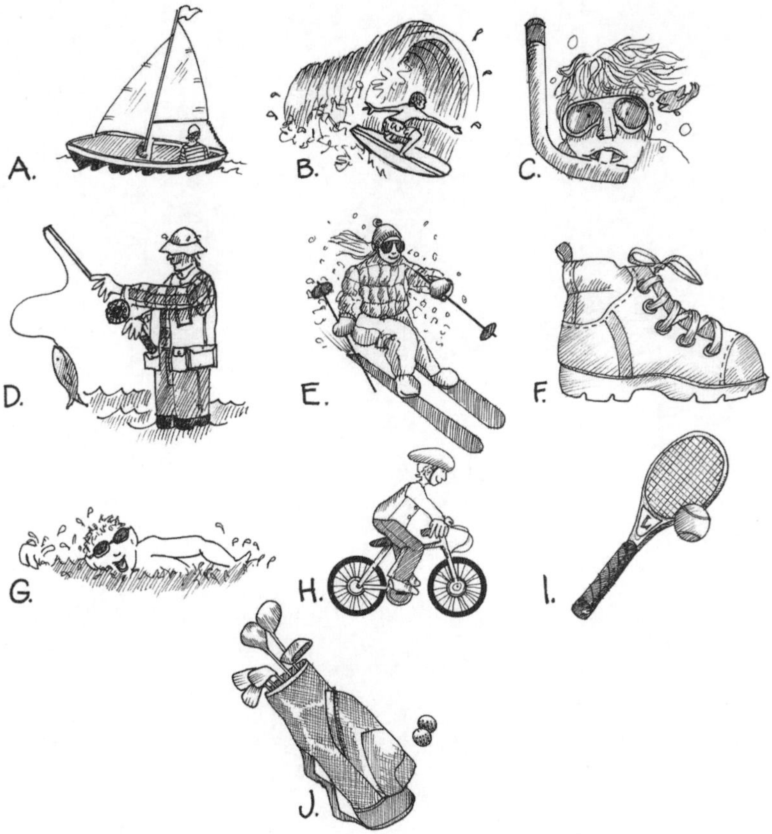

A. ___________________________

B. ___________________________

C. ___________________________

D. ___________________________

E. ___________________________

F. ___________________________

G. ___________________________

H. ___________________________

I. ___________________________

J. ___________________________

3 Francês para Viagem

NESTA PARTE...

Em algum momento, você vai acabar viajando para um país onde se fala francês, e é sobre isso que trata este capítulo. Cobrimos todos os aspectos de uma viagem, desde o planejamento até passar pela alfândega, lidar com emergências e procurar atendimento médico. Além disso, falamos sobre como trocar dinheiro, usar o transporte público e reservar um quarto de hotel.

NESTE CAPÍTULO

» Planejando sua viagem antecipadamente

» Usando preposições locativas

» Usando o tempo futuro

» Lidando com passaportes, vistos e outras necessidades de viagem

Capítulo 13

Planejando uma Viagem

Viajar é um modo de relaxar, fugir da rotina e buscar o novo. Planejar suas viagens com antecedência é o primeiro passo para uma experiência gratificante e prazerosa. Seja qual for seu objetivo — aventura, história, belezas naturais ou enriquecimento cultural —, a França e outros países francófonos têm tudo isso. Neste capítulo, ajudamos você a decidir aonde quer ir e mostramos como fazer planos de viagens adequados e se preparar para a viagem dos seus sonhos.

Aonde Você Quer Ir?

Ao planejar uma viagem para a França — ou qualquer país que fale francês —, uma das primeiras coisas a fazer é decidir aonde quer ir e o que gostaria de conhecer. Uma viagem para a França, por exemplo, oferece estes deleites: o mar e as praias, as oliveiras e os vinhedos, as linhas sinuosas das campinas verdes interligadas por esparsas cercas-vivas, os deslumbrantes trechos de rochedos naturais e a aridez e vermelhidão dos solos, antigo lar de reis, cortes e senhores feudais, igrejas romanescas de pequenas vilas, espetaculares catedrais góticas e ruínas da arquitetura romana e mosteiros medievais. Veja uma amostra dos maravilhosos lugares que você pode visitar:

- **Les Alpes** (le-zálp) (*os Alpes*), no Sudeste
- **Les Pyrénées** (le pi-rre-nê) (*os Pireneus*) no Sudoeste
- **La Côte d'Azur** (la kót da-ziur) (*a Riviera*), na costa do mar Mediterrâneo, **la Méditerranée** (la mê-di-te-rra-nê)
- **Le Jura** (le jiu-rra) montanhas no Leste
- **Les Vosges** (lê vôj) montanhas no Leste
- **Le Massif Central** (lê ma-cíf saN-trál), as pedregosas e áridas montanhas no Centro da França
- **La Bretagne** (la bre-tá-nhe) (*Bretanha*), no Noroeste

É possível viajar pelo país por água, por meio de um dos quatro grandes rios da França — **la Seine** (la séne) (o Sena também atravessa Paris), **la Loire** (la loár), **la Garonne** (la ga-rró-ne) e **le Rhône** (lê róne) — e muitos outros que cruzam o país todo.

Se procura uma viagem mais exótica, pode escolher visitar um *território ultramarino francês*, **Départements et Régions d'outre-mer** (DROM) (de-part-máN ê re-gióN du-tre-mér [drom]), como **la Martinique** (la mar-ti-ník) nas Antilhas Francesas, ou **les Collectivité d' outre-mer** (COM) (*Ilhas da Sociedade*) (co-lec-ti-vi-tê du-tre-mér [kom]), como o **Tahiti** (ta-i-tí), na Polinésia Francesa.

Québec (ke-bek) e **Montréal** (moN-rre-ál) são outras opções. Você pode passear pela cidade antiga, visitar os jardins botânicos e a Basílica de Notre-Dame. Que tal assistir a um jogo de hóquei no estádio olímpico ou visitar o maior festival de inverno do mundo? Se concertos de verão são mais seu estilo, Quebec é o lugar para visitar em julho.

Usando preposições com pontos geográficos

Para onde quer que você vá, vai precisar usar o verbo **aller** (a-lê) (*ir*) — veja o Capítulo 2 para a conjugação desse verbo — seguido por uma preposição. Qual preposição deve usar vai depender se o lugar é uma cidade, província, estado ou país.

Para indicar que você é de determinado lugar, use o verbo **être** (é-tre) (*ser/estar*) ou o verbo **venir** (ve-nír) (*vir*), seguido por uma preposição que significa *de*. Veja a conjugação do verbo **venir** no presente (veja o Capítulo 2 para ver a conjugação de **être**).

Conjugação	Pronúncia
je viens	jê viaN
tu viens	tiu viaN
il/elle/on vient	il/él/oN viaN
nous venons	nu ve-noN
vous venez	vu ve-nê
ils/elles viennent	il/el viéne

Dizendo de que cidade você é

Em francês, assim como em português, é possível dizer de onde você é dizendo *Eu sou de*. Use **être** quando quiser simplesmente dizer que você é de um lugar; use o verbo **venir** quando quiser dizer que você vem de determinado lugar.

Je suis de New York. (jê siuí dê Niu Yórk.) (*Eu sou de Nova York.*)

Nous sommes de Paris. (nu some dê pa-rrí.) (*Nós somos de Paris.*)

Je viens de Montréal. (jê viaN dê moN-rre-ál.) (*Eu venho de Montreal.*)

Il vient de Boston. (il viaN dê Boston.) (*Ele vem de Boston.*)

FALANDO DE GRAMÁTICA

Em francês e português a pergunta é a mesma: *De onde você é?* Em uma sentença interrogativa com preposição, ela é sempre colocada no início da sentença. Para dizer *de* em francês, use a preposição **de** (dê) (*de*). Veja os exemplos a seguir (observe que **de** se transforma em **d'** antes de vogal):

D'où êtes-vous ?/D'où es-tu ? (du ét-vu?/du é-tiu?) (*De onde você é?* [formal/informal])

D'où venez-vous ?/D'où viens-tu ? (du ve-nê-vu?/du viaN-tiu?) (*De onde você vem?* [formal/informal])

Parece fácil, não é mesmo? Mas observe que os locais mencionados nos exemplos anteriores (Nova York, Paris, Montreal e Boston) são cidades. É um pouco mais complicado quando começamos a falar de estados, províncias, países ou continentes, como explica a seção a seguir.

Dizendo de que estado, província, país ou continente você é

Em francês, estados, províncias, países e continentes podem ser masculinos ou femininos: **la France** (la fraNs) e **le Canada** (lê ca-na-dá), por exemplo. Os nomes dos estados, províncias, países e dos continentes que terminam em **e** normalmente são femininos. A Tabela 13-1 apresenta uma lista simples de países e seus gêneros.

TABELA 13-1 Gêneros dos Países

Feminino	Masculino
L'Algérie (lal-ge-rrí) (*Argélia*)	**Le Canada** (lê ca-na-dá) (*Canadá*)
L'Allemagne (lale-má-nhe) (*Alemanha*)	**Les États-Unis*** (lê-ze-ta-ziu-ní) (*Estados Unidos*)
L'Angleterre (laN-gle-tér) (*Inglaterra*)	**Le Portugal** (lê por-tiu-gál) (*Portugal*)
La Belgique (la bel-gík) (*Bélgica*)	**Le Japon** (lê ja-póN) (*Japão*)
L'Espagne (les-pá-nhe) (*Espanha*)	**Le Sénégal** (lê sê-ne-gál) (*Senegal*)
La France (la fraNs) (*França*)	**Le Maroc** (lê ma-rrók) (*Marrocos*)
La Grèce (la grés) (*Grécia*)	**Le Danemark** (lê dan-márk) (*Dinamarca*)
L'Inde (laNd) (*Índia*)	**Les Pays-Bas*** (lê pe-í-bá) (*Holanda*)
L'Italie (li-ta-lí) (*Itália*)	**Le Liban** (lê li-báN) (*Líbano*)
La Suisse (la suís) (*Suíça*)	**Le Mexique** (lê mek-ssík) (*México*)

**Les États-Unis e Les Pays-Bas (literalmente os Países Baixos) são ambos masculinos plurais.*

Observe que todos os países femininos terminam com a letra **e**. Uma exceção é **le Mexique** (lê mek-ssík) (*México*), que é masculino, apesar de terminar em **e**.

A lista a seguir mostra como indicar que se está indo ou vindo de diferentes tipos de lugares. Lembre que essas são regras gerais; há algumas exceções.

TABELA 13-2 **Preposições Usadas com Pontos Geográficos**

Cidade ou Ilha	
Preposição	**Exemplo**
à (a) (*ir para* ou *estar em*)	**Je vais à Rennes.** (jê vé a réne.) (*Eu vou para Rennes.*) **Il va à Tahiti.** (il va a ta-i-tí.) (*Ele vai para o Taiti.*)
de (d') (*de*) (*ser de, vir de*)	**Je vien de Rennes.** (jê viaN dê réne.) (*Sou de Rennes.*) **Il vient de Tahiti.** (il viaN dê ta-i-tí.) (*Ele é do Taiti.*)
Estados, Províncias, Países Femininos (ou Masculinos Começados com Vogal)	
Preposição	**Exemplo**
en (aN) (*ir para* ou *estar em*)	**Nous allons en Californie/en Normandie/en Espagne/en Iran.** (nu-za-loN aN ca-li-for-ní/aN nor-maN-dí/aN-ne-spá-nhe/aN i-rraN.) (*Estamos indo para a Califórnia/para a Normandia/para a Espanha/para o Irã.*)
de (d') (*de*) (*ser de* ou *vir de*)	**Nous sommes de Californie/de Normandie/d'Espagne/d'Iran.** (nu sóme dê ca-li-for-ní/dê nor-maN-dí/de-spá-nhe/di-rraN.) (*Somos da Califórnia/da Normandia/ da Espanha/do Irã.*)
Estados, Províncias, Países Masculinos	
Preposição	**Exemplo**
au (ô) (*ir para* ou *estar em*)	**Ils vont au Canada/au Portugal/au Maroc.** (il voN ô ca-na-dá/ô por-tiu-gál/ô ma-rrók.) (*Eles vão para o Canadá/Portugal/Marrocos.*)
du (diu) (*ser de* ou *vir de*)	**Ils viennent du Canada/du Portugal/du Maroc.** (il vien diu ca-na-dá/diu por-tiu-gál/diu ma-rrók.) (*Eles vêm do Canadá/de Portugal/ do Marrocos.*)
Países Masculinos no Plural	
Preposição	**Exemplo**
aux (ô) (*ir para* ou *estar em*)	**Elle va aux États-Unis/aux Pays-Bas.** (él va ô-ze-ta-ziu-ní/ô pe-í-bá.) *Ela vai aos Estados Unidos/à Holanda.*

LEMBRE-SE

Como o verbo **être** significa *ser/estar*, você pode o usar com o sentido de estar *em* uma cidade ou país, assim como ser *de* uma cidade ou país.

Tendo uma Conversa

Lynne está ao telefone com sua amiga Anne em Paris. Anne e seu marido Michel desejam que Lynne e seu marido David juntem-se a eles durante o feriado.

Anne:	**Écoute, Lynne. J'ai une proposition. Que faites-vous pendant les fêtes ?** ecút, líne. jé iune proposicioN. kê fét vu paNdaN lê fét? *Escute, Lynne. Tenho uma proposta. O que vocês farão durante o feriado?*
Lynne:	**Nous ? Pas grand-chose. Nous allons beaucoup dormir et nous détendre.** nu? pa graN chôse. nuzaloN bokú dormír ê nu detáNdre *Nós? Nada de mais. Vamos dormir muito e relaxar.*
Anne:	**Nous aussi. Mais voilà ma proposition: venez à Nice avec nous !** nuzossí. mé voalá ma proposicioN: venê a nice avec nu! *Nós também. Mas eis minha proposta: venha a Nice conosco!*
Lynne:	**À Nice ? Comment ça ?** a nice? comaN ça? *A Nice? Como assim?*
Anne:	**Nous avons loué une petite maison. Pour vous et pour nous.** nuzavoN luê iune petít mesoN pur vu ê pur nu. *Alugamos uma pequena casa. Para vocês e para nós.*
Lynne:	**Oh là, là, Anne. C'est fantastique ! Je vais l'annoncer à David. Nice ! Mon rêve ! Je vais te rappeler.** ô la la, áne, cé faNtastíque! jê vè la-noN-cê a da-víd. nice! moN rév! jê vé tu ra-plê. *Ah, puxa, Anne. É fantástico! Vou contar a David. Nice! Meu sonho! Volto a telefonar para você.*

Palavras a Saber

les fêtes [f]	lê fét	feriado
pas grand-chose	pa graN-chôse	nada demais
dormir	dor-mír	dormir
se détendre	sê de-táN-dre	relaxar (reflexivo)
nous allons louer	nu-za-loN lu-ê	vamos alugar

Fazendo planos com o tempo futuro

Ao planejar uma viagem, vislumbramos o futuro. O francês tem dois tempos futuros principais: o futuro imediato, ou futuro próximo, e o futuro simples. Como explicado no Capítulo 2, o futuro imediato é formado conjugando-se o verbo **aller** no presente seguido por um infinitivo. O futuro imediato significa *algo que você vai fazer em breve*. A outra forma de futuro em francês é o futuro simples, que é formado com o verbo conjugado no futuro, assim como em português.

Para formar o futuro simples com os verbos terminados em **-er**, **-ir** e **-re**, pegue o infinitivo (retire o **e** de verbos terminados em **-re**, pois a raiz do futuro termina em **r**) e acrescente as terminações **-ai**, **-as**, **-a**, **-ons**, **-ez** e **-ont**. Essas terminações vêm do verbo **avoir** (a-voár) (*ter*), mas nas conjugações de **nous** (nu) (*nós*) e **vous** (vu) (*vocês*) a raiz **av-** ante do verbo é retirada. Veja conjugações de três verbos — **arriver** (a-rri-vê) (*chegar*), **finir** (fi-nír) (*terminar*) e **attendre** (a-táN-dre) (*esperar*) — que representam as três principais categorias de verbos: **-er**, **-ir** e **-re**

Conjugação	Pronúncia
j'arriverai	ja-rriv-rré
tu arriveras	tiu a-rriv-rrá
il/elle/on arrivera	il/él/oN a-rriv-rrá
nous arriverons	nu-za-rriv-rróN
vous arriverez	vu-za-rriv-rrê
ils/elles arriveront	il-/él-za-rriv-rróN

Conjugação	Pronúncia
je finirai	je fi-ni-rré
tu finiras	tiu fi-ni-rrá
il/elle/on finira	il/él/oN fi-ni-rrá
nous finirons	nu fi-ni-rróN
vous finirez	vu fi-ni-rrê
ils/elles finiront	il/el fi-ni-rróN

Conjugação	Pronúncia
j'attendrai	ja-taN-dré
tu attendras	tiu a-taN-drá
il/elle/on attendra	il/él/oN a-taN-drá
nous attendrons	nu-za-taN-dróN
vous attendrez	vu-za-taN-drê
ils/elles attendront	il-/él-za-taN-dróN

Há muitos verbos com raízes irregulares, mas terminações regulares. Para conjugar esses verbos no futuro você segue o mesmo padrão observado anteriormente, mas muda a raiz conforme o verbo que está sendo conjugado. **Aller** é um desses verbos. A raiz de **aller** no futuro é **ir**. Veja a conjugação de **aller** no futuro simples:

Conjugação	Pronúncia
j'irai	ji-rré
tu iras	tiu i-rrá
il/elle/on ira	il/él/oN i-rrá
nous irons	nu-zi-rróN
vous irez	vu-zi-rrê
ils/elles iront	il-/él-zi-rróN

TABELA 13-3 Verbos com Raízes Irregulares com Terminações Regulares

Verbo	Raiz
aller (a-lê) (*ir*)	**ir** (ir)
avoir (a-voár) (*ter*)	**aur** (ôr)
courir (ku-rrír) (*correr*)	**courr** (kur)
devoir (de-voár) (*dever*)	**devr** (de-vr)
envoyer (aN-voa-iê) (*enviar*)	**enverr** (aN-ver)
être (é-tre) (*ser/estar*)	**ser** (ser)
faire (fér) (*fazer*)	**fer** (fer)
mourir (mu-rrír) (*morrer*)	**mourr** (mur)

Verbo	Raiz
pouvoir (pu-voár) (*poder*)	**pourr** (pur)
recevoir (re-ce-voár) (*receber*)	**recevr** (re-ce-vr)
savoir (sa-voár) (*saber*)	**saur** (sôr)
venir (ve-nír) (*vir*)	**viendr** (vian-dr)
voir (voár) (*ver*)	**verr** (ver)
vouloir (vu-loár) (*querer*)	**voudr** (vu-dr)

Veja algumas sentenças que usam o tempo futuro com esses verbos irregulares:

Je serai prêt/prête. (jê se-rré pré/prét.) (*Eu estarei pronto/a.*)

Nous recevrons les passeports. (nu re-ce-vróN lê pas-pór.) (*Nós receberemos os passaportes.*)

Preparando-se para Sua Viagem

Ao preparar sua viagem, provavelmente você ouvirá perguntas como **Où voulez-vous aller ?** (u vu-lê-vu-za-lê?) (*Aonde você quer ir?*) Para responder a essa pergunta, basta dizer **Je voudrais aller à ...** (jê vu-dré-zalê a...) (*Eu gostaria de ir para...*). Se você está fazendo planos com uma agência de viagens, pode ouvir também **Quand voulez-vous partir ?** (kaN vu-lê-vu partír?) (*Quando você quer partir?*) e **Quand voulez-vous revenir ?** (kaN vu-lê-vu re-v-nír?) (*Quando você quer voltar?*) Veja o Capítulo 4 para ler mais informações sobre como se referir a datas. Se você está reservando assentos, ouvirá a pergunta **Pour combien de personnes ?** (pur coN-biaN dê per-ssóne?) (*Para quantas pessoas?*) Para responder, diga apenas **Pour ... personnes** (pur... per-ssóne) (*Para... pessoas*).

Tendo uma Conversa

ÁUDIO

Enquanto seus amigos estão em Nova York fazendo planos de viagem, Anne está em uma agência de viagens em Paris reservando a viagem dela e do marido para Nice. (Faixa 14)

Anne: **Bonjour, monsieur.**
boN-jur, me-ssiê.
Bom dia, senhor.

Agente: **Bonjour, madame. Vous désirez ?**
boN-jur, ma-dámm. vu de-zi-rrê?
Bom dia, senhora. Posso a ajudar?

Anne: **Nous voudrions prendre l'avion pour Nice en décembre.**
nu vu-dri-oN praN-dre la-vioN pur nice aN de-ssaN-bre.
Nós gostaríamos de um voo para Nice em dezembro.

Agente: **C'est pour combien de personnes ?**
cé pur coN-biaN dê per-ssóne?
Para quantas pessoas?

Anne: **Pour deux personnes, monsieur.**
pur dê per-ssóne, me-ssiê.
Para duas pessoas, senhor.

Agente: **Et pour quelle date ? Vous voulez rester pour combien de jours ?**
ê pur kél dat? vu vu-lê re-stê pur coN-biaN dê jur?
E para que data? Quantos dias pretendem ficar?

Anne: **Dix jours: du 22 décembre au 2 janvier.**
di jur: diu vaNt-dê de-ssaN-bre ô dê jaN-viê.
Dez dias: de 22 de dezembro a 2 de janeiro.

Agente: **Vous avez de la chance. J'ai encore deux places. Votre nom ?**
vu-za-vê dê la chaNs. jé aN-cór dê plás. vo-tre noN?
Está com sorte. Ainda tenho dois assentos. Os nomes?

Anne: **Anne et Michel Brasse: B-R-A-S-S-E.**
áne ê mi-chél brás: bê ér a és és ê.
Anne e Michel Brasse: B-R-A-S-S-E.

Agente: **C'est le vol Air France 6002 qui part à 10 heures de Charles de Gaulle. Ça vous convient ?**
cé lê vól ér fraNs ci mil dê ki par a diz-éur dê charl dê gôl. ça vu coN-viaN?
É o voo da Air France 6002 que sai às 10 da manhã do Charles de Gaulle. Está bom para vocês?

Anne: **Oui, c'est parfait. À quelle heure est-ce qu'il arrive ?**
uí, cé par-fé. a kél éur és-kil a-rrív?
Sim, é perfeito. A que horas chega?

Agente: **Il arrive à Nice à 11h30.**
il a-rrív a nice a oNz éur traNt.
Ele chega a Nice às 11h30.

Anne: **Bon. Pouvez-vous réserver deux sièges pour nous ?**
boN. pu-vê-vu re-ser-vê dê siége pur nu?
Ótimo. Você pode reservar dois lugares para nós?

Agente: **Mais oui, bien sûr.**
mé uí, biaN sur.
Sim, claro.

Palavras a Saber

je reviens	jê re-viaN	eu voltarei
voyager	vo-ia-gê	viajar
le vol	lê vól	o voo
le siège	lê siége	assento
le lendemain	lê laN-de-maN	dia seguinte

Apresentando os pronomes de objeto indireto

O diálogo anterior usa a frase **Ça vous convient ?** (ça vu coN-viaN?), que significa *É conveniente para você?* ou *É adequado para você?* O **vous** nessa sentença é um pronome de objeto indireto. Ele substitui o objeto indireto (o substantivo) que segue a preposição **à** na sentença. Por exemplo, na sentença **Je parle à Pierre** (jê parl a piér) (*Estou falando com Pierre*), **Pierre** é o objeto indireto. Você pode substituir **à Pierre** pelo pronome objeto indireto **lui** (liuí) (*com ele*) para formar a sentença **Je lui parle** (jê liuí parl) (*Estou falando com ele*). A Tabela 13-4 mostra os pronomes oblíquos de objeto indireto em francês.

DICA

Observe que a tradução do pronome oblíquo de objeto indireto às vezes pode ser *a*, em vez de *para*.

TABELA 13-4 Pronomes Oblíquos de Objeto Indireto

Pronome	Exemplo
me (mê) (*para mim*)	**Ça me convient.** (ça mê coN-viaN.) (*É conveniente para mim*)
te (tê) (*para você*)	**Ça te convient.** (ça tê coN-viaN.) (*É conveniente para você.*)
lui (liuí) (*para ele, para ela*)	**Ça lui convient.** (ça liuí coN-viaN.) (*É conveniente para ele/para ela.*)
nous (nu) (*para nós*)	**Ça nous convient.** (ça nu coN-viaN.) (*É conveniente para nós.*)
vous (vu) (*para você/vocês*)	**Ça vous convient.** (ça vu coN-viaN.) (*É conveniente para você* (formal)/ *vocês* (informal)
leur (léur) (*para eles/elas*)	**Ça leur convient.** (ça léur coN-viaN.) (*É conveniente para eles/elas.*)

Aliás, apenas **lui** e **leur** são diferentes das formas dos pronomes oblíquos de objeto direto, que são **le**, **la** e **les**; os outros são iguais. Veja o Capítulo 16 para saber mais sobre pronomes oblíquos de objetos diretos.

Na sentença a seguir você pode ver como um pronome oblíquo de objeto indireto substitui um objeto indireto com **à**: **Ça convient à M.** (ou **à Mme**) **Paulet** (ça coN-viaN a me-ssiê [ou a ma-dámm] po-lê) (*É conveniente ao Sr. [ou à Sra.] Paulet*), que se transforma em **Ça lui convient** (ça liuí coN-viaN) (*É conveniente para ele [ou para ela]*).

Obtendo passaportes e vistos

Os requisitos para entrar em diferentes países variam. Se você é brasileiro, precisará de um **passeport** (pas-pór) (*passaporte*) válido e, dependendo de sua permanência, precisará de um visto. Se planeja ficar na Europa por menos de três meses, não é preciso visto, por exemplo. Para descobrir mais sobre os requisitos de entrada em qualquer lugar do mundo (Taiti? Martinica? Madagascar?), você pode buscar na internet em `travel.state.gov`. Veja alguns termos e expressões para encontrar a informação de que precisa:

- » **le consulat français** (lê coN-ssiu-lá fraN-cé) (*o consulado francês*)
- » **voyager** (voa-ia-gê) (*viajar*)
- » **un passeport valide** (aN pas-pór va-líd) (*um passaporte válido*)
- » **Est-ce qu'il faut un visa pour aller en/au/aux ... ?** (és-kil fô aN vi-sá pu-rra-lê aN/ô/ô...?) (*Você precisa de um visto para...?*)
- » **Je veux rester ... jours/semaines en/au/aux ...** (jê vê res-tê... jur/se-méne aN/ô/ô...) (*Eu quero ficar... dias/semanas em...*)

DICA

Cheque a validade de seu passaporte com antecedência, pois a renovação pode levar semanas. Nem sonhe em o renovar em um dia! Se ainda precisa tirar o passaporte, comece os procedimentos com bastante antecedência. Se estiver viajando para a Europa, depois de entrar, poderá viajar de país a país conforme seu coração mandar. Na maioria dos casos, nem será preciso mostrar o passaporte.

Arrumando as malas com seus pertences: Usando os pronomes possessivos adjetivos

Independentemente de quando e para onde é sua viagem, ao arrumar suas malas você precisará colocar suas roupas (veja o Capítulo 9) e seus sapatos mais confortáveis. Leve seus óculos de sol, chapéu, filtro solar, entre outros — e faça tudo isso usando os pronomes possessivos adjetivos.

Os pronomes possessivos adjetivos são aqueles que, como os adjetivos, acompanham os substantivos; equivalem a *meu*, *minha*, *teu*, *tua*, *seu*, *sua*, *dele*, *dela*, *nosso*, *nossa*, *vosso*, *vossa*, *deles*, *delas*. Em francês os pronomes possessivos adjetivos devem concordar em gênero e número com o objeto que é possuído, e não com a pessoa que o possui. A Tabela 13-5 mostra uma lista de pronomes possessivos:

TABELA 13-5 Pronomes Possessivos em Francês

Masculino Singular	Feminino Singular	Masculino/Feminino Plural
mon (moN) (*meu*)	**ma** (ma) (*minha*)	**mes** (mê) (*meus/minhas*)
ton (toN) (*teu/seu*)	**ta** (ta) (*tua/sua*)	**tes** (tê) (*teus/tuas/seus/suas*)
son (soN) (*dele/dela*)	**sa** (sa) (*dele/dela*)	**ses** (sê) (*deles, delas*)
notre (nó-tre) (*nosso*)	**nossa** (nó-tre) (*nossa*)	**nos** (nô) (*nossos, nossas*)
votre (vó-tre) (*vosso, seu*)	**votre** (vó-tre) (*vossa, sua*)	**vos** (vê) (*vossos, vossas, seus, suas*)
leur (léur) (*deles/delas*)	**leur** (léur) (*deles/delas*)	**leurs** (léur) (*deles/delas*)

Veja alguns exemplos de pronomes possessivos adjetivos:

> **Elle a un sac. C'est son sac.** (él a aN sac. cé son sac.) (*Ela tem uma bolsa. É a bolsa dela.*) — nesse exemplo, observe que o pronome possessivo adjetivo **son** não concorda com o sujeito feminino **elle**, mas com o substantivo masculino **sac**.
>
> **Il porte une chemise. C'est sa chemise.** (il port iune che-míse. cé sa che-míse). (*Ele está vestindo uma camisa. É a camisa dele.*) — veja que o pronome possessivo adjetivo **sa** concorda com **chemise**, que é singular feminino, não com o sujeito masculino **il**.

SABEDORIA CULTURAL

Lembre-se dos hábitos de vestimenta locais. Ao visitar monumentos históricos na França, como catedrais e igrejas, por exemplo, os moradores locais não costumam usar roupas muito reveladoras (shorts ou saias muito curtos, por exemplo, ou blusas muito decotadas), e você também não deve usar.

Tendo uma Conversa

Lynne e seu marido, David, nunca estiverem no sul da França e ligam para a amiga Anne, que mora na França, para perguntar sobre que tipo de roupa levar.

Lynne: **Anne, je fais les valises. Qu'est-ce que tu me conseilles comme vêtements ?**
áne, jê fé lê valíse. kés-kê tiu mê consséie cóme vetemaN?
Anne, estou fazendo as malas. O que você me aconselha sobre roupas?

Anne: **C'est facile. Des choses légères mais un pull pour le soir.**
cé facile. dê chôse legér mé aN piul pur lê soár.
É fácil. Coisas leves, mas um suéter para a noite.

Lynne: **Okay. Alors, je prends mes shorts et mes t-shirts pour la plage.**
oquê. alór, jê praN mê shórt ê mê ti-shârt pur la pláge.
Tudo bem. Então vou levar shorts e camisetas para a praia.

Anne: **Et peut-être ta robe rouge et ta jupe noire pour sortir. Pour David, apporte son costume e sa cravate.**
ê pêtétre ta rób ruge ê ta jiup noár pur sortír. pur da-vid, a-port soN costiume ê sa crat-vát.
E talvez seu vestido vermelho e sua saia para sair. Para David, traga seu terno e sua gravata.

Lynne: **Ah oui, et ses chaussures.**
a uí, ê cê chô-ssiur.
Ah, sim, e seus sapatos.

Anne: **Voilà. Mais ne prenez pas trop de choses.**
voalá. mé nê prenê pa trô dê chôse.
É isso. Mas não traga coisas demais.

Lynne: **Et nos sandales et nos baskets, ça suffit ?**
ê nô saNdále ê nô baskét, ça siufí?
Vou levar sandálias e tênis. É suficiente?

Anne: **Oui, N'oubliez pas vos lunettes de soleil !**
uí, nubliê pa vô liu-nét dê so-léi!
Sim. E não se esqueça dos seus óculos de sol!

Diversão & Jogos

Nas lacunas abaixo, escreva o termo em francês para cada um dos países identificados:

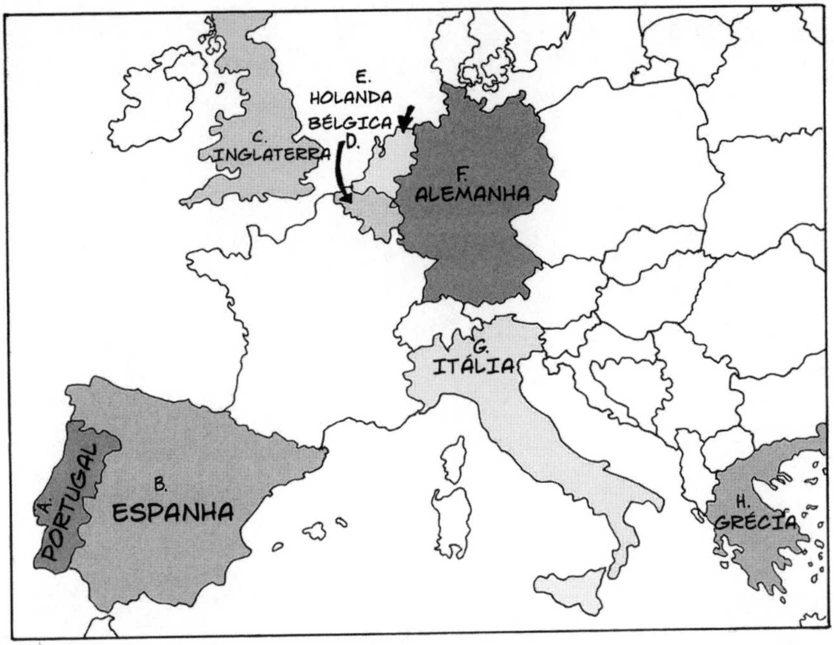

A. ______________________

B. ______________________

C. ______________________

D. ______________________

E. ______________________

F. ______________________

G. ______________________

H. ______________________

NESTE CAPÍTULO

» Entendendo a moeda francesa

» Trocando dinheiro e cheques

» Usando o caixa eletrônico e cartões de crédito

Capítulo 14

Lidando com Dinheiro em Terras Estrangeiras

Dinheiro, **l'argent** (lar-jaN), faz o mundo girar, segundo o ditado, e você precisa de dinheiro para rodar pelo mundo. Se tiver a oportunidade — e o prazer — de viajar para um país que fala francês, precisa conhecer a moeda e saber como fazer transações monetárias, trocar moeda, lidar com cheques de viagem, usar caixas eletrônicos e muito mais. Neste capítulo, trazemos todas as informações e expressões para declarar claramente suas necessidades no que tange a transações financeiras.

Conhecendo a Moeda

A Europa Unificada — o bloco de países que compõem a União Europeia — diminuiu as fronteiras entre os países integrantes praticamente eliminando a chateação dos postos de fronteira. Além do mais, muitos países dentro da União

Europeia têm uma moeda comum, o euro (€), instituída em 1º de janeiro de 1999. A partir de 1º de janeiro de 2011, 17 dos 27 países que compõem a União Europeia, a França inclusive, usam o euro. Veja a lista de países e regiões que falam francês mundo afora e que adotam o euro:

» **Na Europa:** França, Mônaco, Bélgica, Luxemburgo e Córsega.

» **Nas Américas:** Guiana Francesa, Saint Pierre e Miquelon.

» **No Caribe:** Martinica, Guadalupe, São Bartolomeu e St. Martin.

» **No Oceano Índico:** Mayotte e La Réunion.

Naturalmente, nem todos os países que falam francês fazem parte da União Europeia, e nem todos adotaram o euro. Se você viajar para qualquer desses países, precisará saber qual moeda é adotada. As seções a seguir trazem todas as informações de que você precisa.

Conhecendo os euros e os centavos

O euro, assim como qualquer outra unidade monetária, vem na forma de moedas e notas de diversos valores. Existem sete diferentes valores de notas de euro, e cada uma tem um tamanho e cor diferentes. Essas notas são a mesmas em todos os países na zona do euro, ou seja, os 17 países que o adotaram. As moedas, entretanto, têm uma face comum, mas os desenhos na outra são específicos em cada país. As seções a seguir trazem todos os detalhes. Para mais informações, visite `https://pt.wikipedia.org/wiki/Euro`.

Entendendo as notas

Há sete valores diferentes de notas de euro: €5, €10, €20, €50, €100, €200 e €500. Cada valor tem uma cor e um tamanho específicos (quanto maior a nota, maior o valor). As notas, iguais em todos os países na zona do euro, trazem símbolos europeus, como a arquitetura europeia, o mapa da Europa, o nome "Euro" em grego e latim e as doze estrelas da bandeira da Europa, entre outros. A parte da frente traz janelas e portais, e a parte de trás, pontes. A Figura 14-1 mostra a parte da frente e de trás de uma nota de euro.

FIGURA 14-1: Todas as notas de euro são iguais em todos os países (o tamanho não é real).

Conhecendo as moedas

As moedas de euro variam de 1 **centime** (saN-time) (*centavo*) até 50 **centimes** (saN-time) (*centavos*), e há moedas de €1 e €2. Existem oito moedas no total: €0,01, €0,02, €0,05, €0,10, €0,20, €0,50, €1 e €2.

As moedas têm uma face frontal comum, mas a parte de trás difere de país para país, e podem ser usadas em qualquer país que adote o euro. As moedas francesas incluem três símbolos (veja a Figura 12-2):

- **La Marianne** (la ma-rri-áne), representando a tríade da República Francesa de **Liberté, Egalité, Fraternité** (li-ber-tê, e-ga-li-tê, fra-ter-ni-tê) (*Liberdade, Igualdade, Fraternidade*), aparece nas moedas de €0,01; €0,02 e €0,05.
- **La Semeuse** (la se-mêuse) (*a Semeadeira*), um tema oriundo do franco francês, aparece nas moedas de €0,10; €0,20 e €0,50.
- **L'Arbre** (lár-bre) (*a Árvore*), cercada por um hexágono, aparece nas moedas de 1 e 2 euros. A árvore simboliza a vida, a continuidade e o crescimento, e o hexágono, a França, que é também chamado de **l' Hexagone** (lê-gza-gone) (*o Hexágono*) por causa de sua forma de seis lados.

La Marianne A Semeadeira Árvore

FIGURA 14-2: A partir da esquerda: **La Marianne**, **la Semeuse** e **l'Arbre**.

As moedas variam de tamanho, mas não aumentam de tamanho necessariamente na proporção do valor.

Além da Europa e do euro: Moedas em outros países francófonos

Como mencionado previamente, nem todos os países francófonos adotaram o euro. A Tabela 14-1 enumera as moedas de diversos países em que o francês é o idioma oficial ou um dos idiomas oficiais. O francês também é falado em muitos outros lugares, como diversas regiões da África, embora não seja o idioma oficial, e esta lista não inclui esses países:

TABELA 14-1 **Moedas em Outros Países Onde Se Fala Francês**

País/Região	Moeda (em Português)	Moeda (em Francês)
Suíça	*Franco suíço (CHF)*	**le franc suisse** (lê fraN suís)
Quebec, Canadá	*Dólar canadense (CAD)*	**le dollar canadien** (lê do-lár ca-na-diáN)
Haiti	*Gourde haitiano (HTG)*	**la gourde haïtienne** (la gurd a-í-ciene)
Madagascar	*Ringgit malaio (MGA)*	**L'ariary malgache** (la-rri-árri mal-gách)
Taiti	*Franco pacífico francês*	**Le franc pacifique** (lê fraN-pa-ci-fík) (XPF)
Nova Caledônia	*Franco pacífico francês (XPF)*	**Le franc pacifique** (lê fraN pa-ci-fík)
Vanuatu	*Vatu (VUV)*	**Le Vanuatu vatu** (lê va-nua-tú va-tú)
Wallis-et-Futuna	*Franco pacífico francês (XPF)*	**Le franc pacifique** (lê fraN pa-ci-fík)

Indo ao Banco

Ao viajar para outro país, provavelmente um dos primeiros lugares a que você precisar ir é a **la banque** (la baNk) (*o banco*), onde você pode trocar moeda, cheques de viagem ou notas maiores por menores. Os termos a seguir o ajudam a encontrar seu caminho para a pessoa e para o lugar certo do banco para pedir o que precisa:

» **la caisse** (la kés) (*o caixa*)

» **le caissier/la caissière** (lê ke-ciê/la ke-ciér) (*caixa* [a pessoa])

» **le client/la cliente** (lê cli-aN/la cli-aNt) (*cliente*)

» **le guichet de change** (lê gui-chê de chaNge) (*guichê de câmbio*)

» **en argent liquide** (aN nar-jaN li-kíd) (*em dinheiro*)

» **le reçu** (lê re-çiu) (*recibo*)

» **la signature** (la si-nha-tiur) (*assinatura*)

DICA

Os horários bancários, **heures d'ouverture et de fermeture** (éur du-ver-tiur ê dê fer-me-tiur), variam de **8h** (iuí-téur) (*8 horas*) e **10h** (di-zéur) (*10 horas*) a **14h** (ca-tórze éur) (*14 horas*) e **17h** (di-ssét éur) (*17 horas*); veja o Capítulo 4 para saber mais sobre horas em francês. Alguns bancos fecham no horário de almoço por até duas horas.

Pedindo — e obtendo — ajuda

Ao entrar em um banco, alguém pode lhe perguntar em que o pode ajudar. Você ouvirá uma das seguintes frases:

- **Vous désirez ?** (vu de-zi-rrê?) (*O que deseja?*)
- **Je peux vous aider ?** (jê pê vu-ze-dê?) (*Posso o ajudar?*)

Em vez de esperar que lhe ofereçam ajuda, você pode simplesmente pedir informações para um funcionário. Comece sua solicitação com **Je voudrais ...** (jê vu-dré...) (*Eu gostaria de...*) e depois acrescente os detalhes, por exemplo, **changer des dollars en euros** (chaN-gê dê do-lár aN eu-rrô) (*trocar dólares por euros*) ou **encaisser un chèque** (aN-ke-ssê aN chék) (*trocar um cheque [de viagem]*).

FALANDO DE GRAMÁTICA

Para dizer *Eu preciso de...* em francês, você deve dizer *Eu tenho a necessidade de...* Pegue a forma adequada do verbo **avoir** — adicione **besoin de** (be-zoaN de) (*preciso de*) e depois acrescente o que você precisa. Tudo isso junto fica assim: **J'ai besoin de ...** (jé be-zoaN de...) (*Eu preciso de...*) + um substantivo ou um verbo na forma infinitiva. Veja alguns exemplos:

J'ai besoin d'une pièce d'identité. (jé be-zoaN diune piés di-daN-ti-tê.) (*Eu preciso de um documento de identificação.*)

Christine a besoin d'argent. (kris-tin a be-zoaN dar-jaN.) (*Christine precisa de dinheiro.*)

Avez-vous besoin de changer des dollars ? (a-ve-vu be-zoaN dê chaN-gê dê do-lár?) (*Você precisa trocar dólares?*)

Trocando dinheiro

Como a maioria dos membros da União Europeia usa o euro como moeda conjunta, você só precisa lidar com uma taxa de câmbio. Maravilhoso, não é? E perfeito para quem gosta de viajar. Quando tiver **un devise (étrangère)** (aN de-viz [ê-traN-gér]) (*moeda estrangeira*), você pode ir a um dos três lugares a seguir para trocar moedas a uma taxa de câmbio razoável.

- **les banques** (lê baNk) (*bancos*). Especialmente em cidades pequenas, os bancos são frequentemente o melhor lugar para trocar moedas, porque cidades pequenas nem sempre têm casas de câmbio. Os bancos cobram uma taxa adicional (que pode variar de banco para banco) para trocar moedas estrangeiras.

» **un bureau de change** (aN biu-rrô dê chaNj) (*uma casa de câmbio*). Esses estabelecimentos estão em toda parte nas cidades grandes. Entretanto, confira as taxas de câmbio oferecidas e as comissões cobradas, pois elas variam muito. Um banco normalmente é uma boa alternativa quando não existem casas de câmbio.

» **la poste** (la post) (*o correio*). Na França, você pode trocar dinheiro em muitos postos de correio. Eles abrem às **8h** e fecham às **19h**. Se for a um correio que não faz esse tipo de transação, os funcionários podem lhe indicar o local mais próximo que oferece esse serviço.

Outros locais, como recepções de hotéis, podem trocar moedas estrangeiras, mas suas taxas costumam ser menos favoráveis. Da mesma forma, embora você talvez precise trocar um pouco de dinheiro em uma casa de câmbio no próprio aeroporto, normalmente é mais vantajoso esperar para trocar o dinheiro em um banco na cidade.

DICA

Normalmente, ao viajar, costumamos levar dólares ou até mesmo euros. Caso você esteja levando dólares, lembre-se de que o dólar norte-americano normalmente vale menos que o euro e um pouco mais do que o dólar canadense. Para saber os detalhes com maior exatidão, consulte a internet. Se quiser perguntar o câmbio para o atendente, diga **Quel est votre taux de change ?** (kél é vo-tre tô dê chaNj) (*Qual é sua taxa de câmbio?*). Veja mais algumas frases úteis:

Est-ce qu'on peut chager de l'argent ici ? (és-koN pê chaN-gê dê lar-jaN i-cí?) (*Pode-se trocar dinheiro aqui?*)

Je voudrais changer des dollars américains pour ... (jê vu-dré chaN-gê dê do-lár a-me-rri-caN pur...) (*Eu gostaria de trocar dólares americanos por...*)

Quels sont vos frais de change ? (kél soN vô fré dê chaNj?) (*Quanto vocês cobram de comissão/taxa de serviço?*)

Tendo uma Conversa

ÁUDIO

Martin, um turista canadense, entra em uma casa de câmbio em Nice para trocar dólares canadenses por euros. (Faixa 15)

L'employée: **Bonjour, monsieur, vous désirez ?**
boN-jur, me-ssiê, vu de-zi-rrê?
Olá, senhor. Em que o posso ajudar?

Martin: **Bonjour, madame. Je voudrais changer cent dollars canadiens.**
boN-jur, ma-dámm. je vu-dré chaNgê saN do-lár ca-na-diáN.
Olá, senhora. Eu gostaria de trocar cem dólares canadenses.

L'employée: **Très bien, monsieur. Un moment, s'il vous plaît ... Bon, ça fait 75 euros ... Voilà, et votre reçu.**
tré biaN, me-ssiê. aN mo-maN, sil vu plê... boN, sa fé soa-ssaN kaNz eu-rrô... voa-lá, ê vo-tre re-çiu.
Muito bem, senhor. Um momento, por favor... Bem, são 75 euros... Aqui está, e seu recibo.

Martin: **Merci, et au revoir.**
mer-cí, ê ôr-voár.
Obrigado e tchau.

L'employée: **Au revoir, monsieur.**
ôr-voár, me-ssiê.
Tchau, senhor.

Trocando cheques e conferindo seu dinheiro

Trocar **un chèque de voyage** (aN chék dê voa-iáj) (*cheque de viagem*) é outra tarefa que você pode fazer em **la banque**. Para trocar cheques, você pode dizer **Je voudrais encaisser ...** (jê vu-dré aN-ke-ssê...) (*Eu gostaria de trocar/sacar...*) O funcionário vai lhe pedir **une pièce d' identité** (iune piés di-daN-ti-tê) (*uma identificação*) e **votre signature** (vo-tre ci-nha-tiur) (*sua assinatura*).

SABEDORIA CULTURAL

Você evita muitos problemas comprando cheques de viagens na moeda de seu destino. Trocar os cheques de viagem é **gratuit** (gra-tiuí) (*gratuito*). Se não for, procure um banco. Se seu cheque de viagem não estiver na moeda local, você pode precisar pagar uma tarifa para o trocar para a moeda local. Outra vantagem é que muitas lojas aceitam cheques de viagem como se fossem moeda.

DICA

Embora seja bastante conveniente ter seus cheques de viagem na moeda local, cheques de viagem em dólares são úteis como reserva caso você mude seus planos, como estender sua viagem para outros países.

Trocando notas

Notas de valores altos são inconvenientes. Usar uma nota de valor alto para pagar por itens de baixo valor parece suspeito. Além do mais, alguns estabelecimentos não aceitam notas acima de determinado valor, e pode ser que lhe perguntem **Avez-vous de la (petite) monnaie ?** (a-vê-vu dê la [pe-tit] mo-né?) (*Você tem trocado [notas menores]?*) A mesma pergunta no Quebec seria **Avez--vous du p'tit change ?** (a-vê-vu diu pti chaNj?). Ter uma variedade de notas de valor baixo facilita um pouco acompanhar seus gastos e conferir o troco, o que é particularmente útil quando você está aprendendo a contar uma moeda nova, com a qual não está familiarizado. Assim, quando quiser trocar dinheiro por notas menores, use estas frases:

J'ai besoin de monnaie. (jé be-zoaN dê mo-né.) (*Eu preciso de trocado [moedas].*)

Je voudrais faire du change. (jê vu-dré fér diu chaNj.) (*Eu gostaria de trocado.*) — Quebec

Je voudrais faire de la monnaie. (jê vu-dré fér dê la mo-né.) (*Eu gostaria de trocado.*) — França

LEMBRE-SE

Dinheiro em francês é **argent** (ar-jaN). **Monnaie** (mo-né) significa *moeda.*

Tendo uma Conversa

Susan está no banco querendo trocar cheques de viagens. Ela fala para **la caissière** (la ka-ssiér) (*a caixa*).

Susan: **Bonjour, mademoiselle. Je voudrais encaisser mes chèques de voyage.**
boN-jur, mad-moa-zél. jê vu-dré aN-ke-ssê mê chék dê voa-iáj.
Olá, senhorita. Eu gostaria de trocar meus cheques de viagem.

La caissière: **Ils sont en euros ?**
il soN-taN eu-rrô?
Estão em euro?

Susan: **Oui, en euros.**
ué, aN eu-rrô
Sim, em euro.

La caissière: **Bon. J'ai besoin d'une pièce d'identité.**
boN. jé be-zoaN diune piés di-daN-ti-tê.
Muito bem. Eu preciso de um documento de identificação.

Susan: **J'ai mon passeport et une carte de crédit, c'est bon ?**
jé moN pas-pór ê iune cart dê cre-dí, cê boN?
Tenho meu passaporte e meu cartão de crédito. Isso basta?

La caissière: **Le passeport, c'est parfait ... merci. Et votre sigature, s'il vous plaît.**
lê pas-pór, cé par-fé... mer-cí. ê vo-tre si-nha-tiur, sil vu plé.
O passaporte, perfeito... obrigada. E sua assinatura, por favor.

Susan: **Ah oui, bien sûr ... voilà.**
a uí, biaN siur... voa-lá.
Ah, sim, certamente... aqui está.

Usando Cartões de Crédito e Caixas Eletrônicos

Às vezes, as lojas podem não aceitar seu cheque de viagem — uma situação que acontece com certa frequência na Europa. Nesse caso, é sempre bom ter um pouco de dinheiro extra ao ir às compras. Outra opção é usar **une carte de crédit** (iune cart dê cre-dí) (*um cartão de crédito*) ou **un distributeur** (de billets) (aN dis-tri-biu-téur [dê bi-iê]) (*um caixa eletrônico*).

Você encontra caixas eletrônicos em cidades grandes e pequenas, normalmente em um banco, shoppings, estações de trem, correios e todos os tipos de lugares, dia e noite... a menos, é claro, que estejam sem serviço. Mas nada é perfeito, não é mesmo?

LEMBRE-SE

Cartões de crédito são amplamente aceitos nos países de língua francesa, mas algumas lojas têm um valor de compra mínimo. Por exemplo, eles podem não aceitar cartões de crédito se você gastar menos de 20 euros.

DICA

Se você usar seu cartão de débito para sacar dinheiro, a taxa de câmbio com certeza será mais favorável, pois você estará fazendo uma transação de câmbio diretamente entre seu banco e o banco dono do caixa eletrônico. A tarifa é ligeiramente maior se você usar o cartão de crédito para sacar dinheiro em um caixa eletrônico, pois a maioria dos cartões de crédito cobra uma tarifa por valores em dinheiro.

As máquinas de caixa eletrônico funcionam basicamente do mesmo modo em todos os lugares. Normalmente, você pode escolher outro idioma, como o português, por exemplo, mas caso a máquina não possua uma opção que lhe atenda, veja uma lista de expressões que podem ser úteis.

- **Insérez votre carte svp.** (aN-sse-rrê vo-tre cart sil vu plê.) (*Insira seu cartão, por favor.*)
- **Tapez votre code svp.** (ta-pê vo-tre kód sil vu plê.) (*Digite sua senha, por favor.*)
- **Retrait d'espèces.** (re-tré de-spés.) (*Retirada de dinheiro.*)
- **Voulez-vous un reçu ?** (vu-lê-vu aN re-çiu?) (*Gostaria do recibo?*)
- **Carte en cours de vérification.** (cart aN kur dê ve-rri-fi-ca-cióN.) (*Verificando conta.*)
- **Patientez svp.** (pa-ciaN-tê sil vu plê.) (*Aguarde, por favor.*)
- **Reprenez votre carte svp.** (re-pre-nê vo-tre cart, sil vu plê.) (*Retire seu cartão, por favor.*)
- **Prenez votre argent svp.** (pre-nê vo-tre ar-jaN sil vu plê.) (*Retire seu dinheiro, por favor.*)
- **N'oubliez pas votre reçu.** (nu-bli-ê pa vo-tre re-çiu). (*Não esqueça seu recibo.*)

Dizendo que você pode, quer ou deve fazer algo

Verbos como **pouvoir** (pu-voar) (*ser capaz de*), **vouloir** (vu-loar) (*querer*) ou **devoir** (de-voar) (*dever*) requerem um verbo depois da forma infinitiva para expressar que você pode, quer, deve ou tem que fazer alguma coisa. Veja alguns exemplos:

» **Tu peux aller au distributeur.** (tiu pê a-lê ô dis-tri-biu-téur.) (*Você pode ir ao caixa eletrônico.*)

» **Vous pouvez insérer votre carte.** (vu pu-vê aN-se-rrê vo-tre cart.) (*Você pode inserir seu cartão.*)

» **Pouvez-vous signer ici ?** (pu-vê vu si-nhê i-cí?) (*Você pode assinar aqui?*)

» **Je veux changer de l'argent.** (jê vê chaN-gê dê lar-jaN.) (*Eu quero trocar dinheiro.*)

» **Il doit aller à la banque.** (il doá a-lê a la baNk.) (*Ele tem que ir ao banco.*)

» **Vous devez taper votre code.** (vu de-vê ta-pê vo-tre kód.) (*Você deve [tem que] digitar sua senha.*)

Para a forma condicional e o uso dos verbos **pouvoir** e **vouloir**, veja o Capítulo 8. Você pode encontrar as conjugações no presente de **pouvoir** e **devoir** no Capítulo 9.

Usando pronomes disjuntivos, ou tônicos

Depois de preposições como **pour** (pur) (*para*), **avec** (avek) (*com*), **sans** (saN) (*sem*), e assim por diante, o francês usa pronomes tônicos, ou disjuntivos, para se referir a pessoas. A Tabela 14-2 traz os pronomes disjuntivos.

TABELA 14-2 Pronomes Disjuntivos Franceses

Pronomes	Exemplo
moi (moá) (*mim*)	**pour moi** (pur moá) (*para mim*)
toi (toá) (*você*)	**avec toi** (a-vek toá) (*com você, consigo, contigo*)
lui/elle (lui/él) (*ele/ela*)	**san lui** (saN lui) (*sem ele*)/**pour elle** (pur él) (*por ela*)
nous (nu) (*nós*)	**avec nous** (a-vek nu) (*conosco*)
vous (vu) (*você* [singular formal ou plural])	**sans vous** (saN vu) (*sem você/sem vocês*)
eux/elles (êu/él) (*eles* [masc. plural/fem. plural])	**pour eux** (pur êu) (*por eles*)/**avec elles** (a-vek él) (*com elas*)

Veja algumas sentenças usando esses pronomes disjuntivos:

Pouvez-vous traduire pour moi ? (pu-vê-vu tra-diur pur moá?) (*Pode traduzir para mim?*)

Avez-vous votre carte de crédit avec vous ? (a-vc-vu vo-tre kart dê cre-dí a-vek vu?) (*Você está com o cartão de crédito com você?*)

Il a une pièce d'identité avec lui. (il a iune piés di-daN-ti-tê a-vek lui.) (*Ele está com um documento de identidade com ele.*)

FALANDO DE GRAMÁTICA

Ao conduzir qualquer tipo de transação, em vez de usar **je** (je) (*eu*) ou **nous** (nu) (*nós*), você pode usar o impessoal **on** (oN) em francês. Por exemplo, você pode perguntar **On peut payer ici ?** (oN pê pe-iê i-cí?) (*Podemos pagar aqui?* [Literalmente: *Pode-se pagar aqui?*]) **On peut** soa bem melhor aos ouvidos franceses do que o velho **je peux** (jê pê) (*eu posso*) ou **nous pouvons** (nu pu-vons) (*nós podemos*). **On** (oN) (indeterminado, no sentido impessoal) é a forma mais comum. Às vezes **on** também substitui a forma *eles*, de um jeito mais casual: **Ah, ils ouvrent !** (a, il-zu-vre!) se transforma em **Ah, on ouvre !** (a oN-nu-vre!); ambos significam *Ah, eles estão abertos!* Para mais informações sobre **on**, veja o Capítulo 2.

Tendo uma Conversa

ÁUDIO

Julie comprou alguns guias de viagem e diz a **le vendeur** (le vaN-dêur) (*o vendedor*) que ela quer pagar com cartão de crédito. Infelizmente, a loja não aceita cartões de crédito. (Faixa 16)

Julie: **Bonjour, monsieur, vous acceptez les cartes de crédit ?**
boN-jur, me-ssiê, vu-za-kse-ptê lê cart de cre-dí?
Olá, senhor. Vocês aceitam cartão de crédito?

Le vendeur: **Ah, non, désolé.**
ah, noN, de-zo-lê.
Ah, não, sinto muito.

Julie: **Zut ! Alors, où est-ce qu'il y a un distributeur près d'ici ?**
ziut! a-lór, u és-kil il a aN dis-tri-biutéur pré di-cí?
Droga! Então onde tem um caixa eletrônico perto daqui?

Le vendeur: **Il y en a un en face.**
il i aN-na aN fás.
Há um em frente.

Julie: **Je reviens tout de suite. Pouvez-vous garder mes guides ?**
jê re-viaN tut suít. pu-vê-vu gar-dê mê guid?
Volto já. Pode guardar meus guias?

Le vendeur: **Avec plaisir. Ne vous inquiétez pas.**
a-vek ple-zir. nê vu-zaN-ki-e-tê pa.
Com prazer. Não se preocupe.

Julie: **Merci, à tout de suite.**
mer-cí, a tut suít.
Obrigada, volto já.

Palavras a Saber

vous acceptez	vu-za-kse-ptê	você(s) aceita(m)
alors	a-lór	então
en face	aN fás	em frente
je reviens	jê re-viaN	Eu volto
à tout de suite	a tut suít	até logo/volto já
ne vous inquiétez pas	nu vu-zaN-kie-tê pa	não se preocupe

Diversão & Jogos

Identifique cada umas das moedas e indique que símbolo aparece na parte de trás.

A.

B.

C.

D.

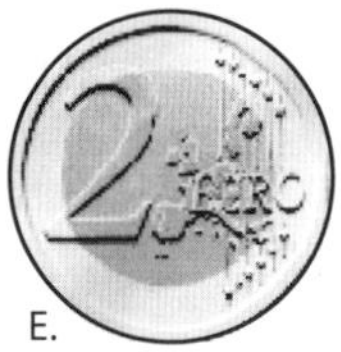

E.

Moeda	Símbolo
A. ______________	______________
B. ______________	______________
C. ______________	______________
D. ______________	______________
E. ______________	______________

NESTE CAPÍTULO

» Passando pelo aeroporto

» Usando o transporte público

» Pegando um táxi

» Alugando um carro e o abastecendo

Capítulo 15

Transportes: Avião, Trem, Táxi e Mais

Ao viajar, sua primeira preocupação pode ser chegar ao país de destino; mas, assim que você chega, quer logo passear pela cidade. Afinal, é para isso que você viaja, não é mesmo? Este capítulo o ajuda a achar seu caminho no aeroporto, estação de trem ou metrô, bem como a alugar um carro ou parar um táxi para chegar aonde quer.

Passando pelo Aeroporto

No dia de sua partida, tente chegar a **l'aéroport** (la-e-rro-pór) (*o aeroporto*) cedo, normalmente de duas a duas horas e meia antes da partida. Lembre-se de que, se chegar mais cedo, pode conseguir lugares melhores em **l'avión** (la vi-ôn) (*o avião*). Tenha **votre passeport** (vó-tre pas-pór) (*seu passaporte*) e outros documentos importantes à mão, e rapidinho você irá para o portão de embarque.

DICA

Antes do dia de seu voo, cheque com a companhia aérea quantas malas pode levar e qual é o peso máximo de cada uma. Cumprir todas as normas da companhia aérea evita surpresas desagradáveis, como ser cobrado por excesso de bagagem.

Encontrando seu caminho no aeroporto

Por causa do tamanho e do número de pessoas que circulam em um aeroporto todos os dias, eles podem ser um pouco confusos, especialmente se você não conhece sua estrutura nem o idioma. Esta seção o ajuda a identificar algumas áreas importantes do aeroporto, como:

- **départs** (de-pár) (*partidas*)
- **arrivées** (a-rri-vê) (*chegadas*)
- **enregistrement des bagages** (aN-rre-gi-stre-maN dê ba-gáge) (*controle de bagagem*)

Sua primeira missão em um aeroporto é encontrar **l'aérogare** (la-e-rro-gár) (*o terminal*) para **la ligne aérienne** (la li-nhe a-e-rri-éne) (*a companhia aérea*) pela qual vai viajar. Depois procure **le numéro du vol** (lê niu-me-rrô diu vól) (*o número do voo*). Depois que chegar a **le comptoir** (lê koN-toár) (*check-in/balcão da companhia aérea*), você precisa **enregistrer les bagages/les valises** (aN-ere-gi-strê lê ba-gáge/lê va-líse) (*despachar sua bagagem/suas malas*). Nesse momento, você recebe **une carte d'embarquement** (iune cart daN-bar--ke-maN) (*cartão de embarque*). Depois, pode-se dirigir a **la porte** (la pórt) (*o portão*) e esperar até ser chamado para o embarque.

Subindo e partindo: No avião

Se for viajar para a França do Rio de Janeiro, sua viagem deve durar cerca de 11 horas. Antes da aterrissagem, você terá que preencher um formulário de alfândega com detalhes de sua estada. Você ainda deve responder se tem algo a declarar. Se estiver viajando com sua família, apenas um formulário é necessário.

Quando estiver no avião, sente-se e relaxe. **Un steward/une hôtesse de l'air** (aN sti-uár/iune ô-tós dê lér) (*comissário/comissária de bordo*) estará a seu dispor, cuidando de seu conforto, oferecendo material de leitura, travesseiros, bebidas, e assim por diante.

Em diferentes momentos durante o voo, você pode ouvir o seguinte:

- **Attachez votre ceinture** (a-ta-chê vó-tre saN-tiur) (*Afivelem os cintos de segurança*).
- **Restez assis** (re-stê a-ssí) (*Permaneçam sentados*).
- **Ne fumez pas/Interdiction de fumer** (nê fiu-mê pa/aN-ter-dik-cioN dê fiu-mê) (*Não fume/Proibido fumar*).
- **Éteignez tout appareil électronique** (ê-taN-nhê tu-ta-pa-rréi e-le-ktro-ník) (*Desliguem seus aparelhos eletrônicos*).

O piloto também deve informar a hora de **décoller** (de-ko-lê) (*decolar*), **atterrir** (a-te-rrír) (*aterrissar/pousar*) ou **faire une escale** (fér iune es-cále) (*fazer uma escala*).

Passando pela alfândega

Quando você chega a qualquer país que fala francês, instantaneamente é cercado por uma torrente de idioma francês: o carregador, o motorista de táxi e os oficiais da alfândega que se dirigem a você em francês. Seu primeiro obstáculo é passar pela alfândega.

Procure placas indicando **la douane** (la du-áNe) (*alfândega*). Tenha seu passaporte e formulário de alfândega à mão, assim como quaisquer outros documentos necessários, como visto de estudante, visto de trabalho ou prorrogação de visto. Não é necessário visto para a maioria dos países da Europa se sua pretensão for passar menos de três meses. Um de cada vez, você (ou sua família, se estiverem viajando juntos) é chamado para uma breve entrevista. As perguntas mais comuns são:

» **Quelle est la raison de votre voyage ?** (kél é la re-zóN dê vó-tre voa-iáge?) (*Qual é o motivo de sua viagem?*)

» **Combien de temps restez-vous à/en/au/aux ... ?** (koN-biaN dê taN re-stê-vu a/aN/ô/ô...?) (*De quanto tempo é sua estadia...?*) (Para saber mais sobre preposições locativas, veja o Capítulo 13.)

O mais provável é que você apenas precise mostrar seu passaporte e o formulário da alfândega ao agente alfandegário; ocasionalmente, você pode ser selecionado para algumas perguntas a mais. Nesse caso, pode ouvir:

» **Avez-vous quelque chose à déclarer ?** (a-vê-vu kél-ke cho-za de-cla-rrê?) (*Você tem algo a declarar?*)

» **Pouvez-vous ouvrir votre sac ?** (pu-vê-vu u-vrir vó-tre sác?) (*Você pode abrir sua mala?*)

Depois de responder às perguntas, **le douanier/la douanière** (lê du-a-niê/la du-a-niér) (*oficial/agente de alfândega*) vai carimbar seu passaporte, e você estará liberado para seguir.

DICA

É melhor não brincar com um oficial da imigração ou alfândega. Ele também tem que controlar seu senso de humor. Ele está lá para resolver coisas sérias.

Tendo uma Conversa

Le douanier, o oficial de alfândega, é a primeira pessoa que Nicola encontra no aeroporto francês. Ela lhe entrega seu passaporte e formulário da alfândega, e o oficial inicia **le contrôle des passeports** (lê coN-trôle dê pas-pór) (*a checagem/o controle de passaporte*):

Le douanier: **Bonjour. Bienvenue en France. Allez-vous rester en France pendant votre séjour ?**
boNjur. biaNveniu aN fraNs. alê vu restê aN fraNs paNdaN vótre sejúr?
Olá. Bem-vinda à França. Você ficará na França durante sua estada?

Nicola: **Non, je vais aussi à Bruxelles et en Suisse.**
noN. jê vé ossí a briusséle ê aN siuísse.
Não, também vou a Bruxelas e à Suíça.

Le douanier: **Et la raison de votre voyage ?**
ê la resóN de votre voaiáge?
E o motivo de sua viagem?

Nicola: **C'est pour les affaires et le plaisir.**
cé pur lezafér ê lê plesír
É para negócios e lazer.

Le douanier: **Combien de temps restez-vous en tout ?**
coNbiaN dê taN restê vu aN tu?
Quanto tempo você ficará ao todo?

Nicola: **Deux semaines.**
dê seméne
Duas semanas.

Le douanier: **Avez-vous quelque chose à déclarer ?**
avê-vu kél-ke cho-za de-cla-rrê?
Você tem bens a declarar?

Nicola: **Non, je n'ai rien à déclarer.**
noN, jê né riaN a de-cla-rrê.
Não, nada a declarar.

Le douanier: **Pouvez-vous ouvrir votre sac ?**
pu-vê-vu u-vrír vó-tre sác?
Pode abrir sua mala?

Nicola: **Oui, monsieur ... voilà.**
uí, me-ssiê... voa-lá.
Sim, senhor... aqui está.

Le douanier: **Je vous souhaite un bon séjour !**
jê vu suét aN boN sejúr!
Desejo a você uma boa estada!

Nicola: **Merci, monsieur. Au revoir.**
mercí, messiê. ô revoár.
Obrigado, senhor. Tchau.

Palavras a Saber

pendant	paN-dáN	durante
séjour	se-júr	estadia
pour les affaires	pur le-za-fér	a trabalho
combien de temps	coN-biaN de taN	quanto tempo
en tout	aN tu	ao todo
une/la semaine	iune/la se-méne	uma/a semana
je vous souhaite	jê vu suét	eu desejo a você
rien à declarer	riaNa de-cla-rrê	nada a declarar

FALANDO DE GRAMÁTICA

Ao falar sobre ficar em uma cidade, use **à** (a) para expressar *em* em português, como **à Paris** (a pa-rrí) (*em Paris*) ou **à Bruxelles** (a briu-sséle) (*em Bruxelas*). Para países, geralmente usa-se **en** (aN), porque a maioria dos nomes dos países é feminino, como **la France** (la fráNs), **la Suisse** (la siuísse), **l'Italie** (litalí) etc. Para os poucos que não o são (tais como **le Canada** (lê canadá), **le Portugal** (lê portiugále), **les États-Unis** (lezetáziuní) etc., você usa **au(x)** (ô) para indicar *em*. Para saber mais sobre preposições usadas com pontos geográficos, veja o Capítulo 13.

Pegando Ônibus, Trem e Metrô

O transporte público nas grandes cidades da Europa e do Canadá é excelente. Esta seção traz informações gerais para que você possa buscar opções divertidas e econômicas de chegar a seu destino. Veja a seguir uma lista das opções disponíveis para se movimentar pelas cidades:

» **Montreal:** Ônibus, metrô, trem urbano (STCUM), Amtrak e VIA Rail (trem nacional).

» **Bruxelas:** Metrô, ônibus, bonde e SNCB (sistema nacional de trem).

» **Genebra:** Bonde, ônibus, trólebus e CFF (sistema nacional de trem).

» **Paris:** Metrô e RER (trens expressos entre Paris e os distritos no subúrbio), ônibus, SNFC (sistema nacional de trem) e barcos turísticos.

LEMBRE-SE

Ao entrar em um ônibus, ou antes de pegar o trem ou o metrô, valide sua passagem na máquina apropriada. Caso contrário, terá que pagar uma multa quando **le contrôleur** (lê coN-tro-léur) (*o condutor*) for checar sua passagem. E eles checam a de todo mundo!

Pegando o Ônibus

Se tiver tempo, **le bus** (lê bius) (*ônibus*) é provavelmente o modo mais maravilhoso não só de ter uma impressão dos diferentes **quartiers** (cartiê) (*bairros*) de uma cidade, mas também de ter um pouco de convivência como os moradores locais. Os ônibus são limpos e agradáveis, e normalmente circulam em intervalos de 15 a 30 minutos. A maioria dos pontos de ônibus nas principais cidades é equipada com um dispositivo eletrônico que mostra quando o próximo ônibus deve passar. **Les lignes de bus** (lê li-nhe dê bius) (*as linhas de ônibus*) também são mostrados nos pontos de ônibus e mapas de bairros. As principais cidades têm **des excursions en bus** (de-zêks-kiur-cioN aN bius) (*excursões de ônibus*), que são uma maneira excelente e barata de as conhecer.

Normalmente, **un billet** (aN bi-iê) (*uma passagem*) pode ser comprada com **le conducteur de bus** (lê coN-diu-ktéur dê bius) (*o motorista do ônibus*), mas lembre-se de que notas grandes não são bem-vindas; é melhor ter o dinheiro já trocado (o Capítulo 14 trata de dinheiro). Geralmente, comprar passagens em **un carnet** (aN car-nê) (*talão com dez*) é mais barato. Você pode comprar as passagens em **le guichet** (lê gui-chê) (*bilheteria/guichê*). Em muitas cidades, o sistema de metrô é conectado ao de ônibus e, portanto, você pode usar as mesmas passagens.

Tendo uma Conversa

ÁUDIO

O Sr. e a Sra. Meyer estão em um ponto de ônibus. Eles estão lendo o horário dos ônibus, mas realmente não estão certos se leram corretamente. O ônibus número 82 está chegando. O Sr. Meyer se vira para **la jeune femme** (la jêne fámm) (*uma jovem*) perto dele e pede ajuda. (Faixa 17)

Sr. Meyer: **Excusez-moi, mademoiselle. C'est bien le bus pour l'hôtel de ville ?**
ekskiuzê moá, mademoaséle. cé biaN lê bius pur lotél dê vile?
Desculpe-me, senhorita. Esse é o ônibus certo para a prefeitura?

La jeune femme: **Non, il faut prendre le bus numéro 67.**
noN, il fô praNdre lê bius niumerrô soassan sét.
Não, você tem que pegar o ônibus de número 67.

Sr. Meyer: **À quelle heure est-ce qu'il arrive ?**
a kélér és kilarrív?
A que horas ele chega?

La jeune femme: **Il passe tous les quarts d'heure, mais il est souvent en retard.**
il pás tu lê car déur, mé il é suvaN aN retár.
Ele passa a cada 15 minutos, mas geralmente está atrasado.

Sr. Meyer: **Et c'est à combien d'arrêts d'ici ?**
ê céta coNbiaN darrét dicí?
E fica a quantas paradas daqui?

Jovem: **Ce n'est pas très loin, c'est le prochain arrêt. Ah, le voilà ! Il est à l'heure !**
cê né pa tré loaN, cé lê prochaN arrét. ah, lê voalá! il éta léur!
Não é muito longe, é a próxima parada. Ah, lá está ele! Está na hora certa!

Sr. Meyer: **Merci beaucoup. Au revoir.**
mercí bocú. ô revoár.
Muito obrigado. Tchau.

Palavras a Saber

l'hôtel de ville	lo-tél dê vil	prefeitura
il faut prendre	il fô praN-dre	você precisa pegar
il passe	il pás	ele passa
tous les quarts d'heure	tu lê car déur	a cada 15 minutos
souvent	su-vaN	com frequência
combien d'arrêts	coN-biaN da-rrét	quantas paradas
d'ici	di-ci	daqui
le prochain arrêt	lê pro-che-na-rrét	a próxima parada

FALANDO DE GRAMÁTICA

O adjetivo ou pronome **tout** (tu) (*todo*, *todos*) tem quatro formas (**tout**, **toute**, **tous**, **toutes**), pois precisa concordar em número e gênero com o substantivo que modifica ou, como pronome, com o substantivo que substitui. **Tous** ou **toutes** significam *todos/as* quando estão conectados com definição de tempo no plural, como nestes exemplos:

tous les quarts d'heure (tu lê car déur) (*a cada 15 minutos*)

tous les jours (tu lê jur) (*todos os dias*)

toutes les vingt minutes (tut lê vaN mi-niút) (*a cada 20 minutos*)

Quando **tout** está conectado com definições de tempo no singular, entretanto, tem significados diferentes — todo/a, como mostram estes exemplos:

toute la matinée (tut la ma-ti-nê) (*toda a manhã, a manhã toda*)

toute la journée (tut la jur-nê) (*o dia todo, todo o dia*)

toute la vie (tut la vi) (*a vida toda, toda a vida*)

Pegando o metrô

O **métro** (me-trô) (*metrô*) é uma maneira econômica e rápida de circular pela cidade. Paris, Bruxelas, Lille e Lyon, assim como Montreal, têm sistemas de metrô muito eficientes. Enormes mapas em todas as estações tornam o sistema muito fácil de usar, e os horários de operação (normalmente das 5h30 à 1h) fazem dele um meio muito eficiente. Nessas cidades, a tarifa é padrão, não importa o tamanho da viagem. Veja algumas palavras úteis ao se usar o metrô:

- **la correspondance** (la co-rres-poN-daNs) (*conexão*)
- **le guichet** (lê gui-chê) (*guichê/bilheteria*)
- **la ligne** (la li-nhe) (*linha* [de metrô])
- **la place/le siège** (la plás/lê siége) (*assento*)
- **le plan** (lê plaN) (*mapa*)
- **le quai** (lê ké) (*plataforma*)
- **la sortie** (la sor-tí) (*saída*)
- **la station de métro** (la sta-cioN de me-trô) (*estação de metrô*)
- **la voiture** (la voa-tiur) (*vagão*)

Procurando pacotes de passagens

Existem diversos pacotes para turistas, que podem incluir passes de um ou de múltiplos dias, assim como passes semanais (você lê sobre essas opções na lista a seguir). Se estiver visitando Paris, por exemplo, explore uma das muitas opções disponíveis:

- O **Paris Visite** (pa-rrí vi-zi-t), que pode ser usado para viagens ilimitadas de metrô, ônibus e **RER (Réseau Express Régional)** (ér ê ér [re-sô ek-sprés re-gi-o-nál]), ou o **Montmartre Funiculaire** (moN-már-tre fiu-ni-kiu-lér), que evita que você tenha que subir todas aquelas escadas ao visitar Montmartre, no 18º distrito. Esse passe lhe permite escolher as zonas para as quais quer viajar, assim como o número de dias. Para mais informações, visite `www.parispass.com`.

- O **Navigo Découverte** (na-vi-gô de-ku-vért), que é válido de segunda a domingo, pode se comprado incluindo passagens ilimitadas de metrô, RER, ônibus, transporte para os dois aeroportos, **Charles de Gaulle** (chárl dê gôl) e **Orly** (or-lí), bem como para **le Château de Versailles** (lê cha-tô dê ver-ssái) (*o palácio de Versailles*) e a Disney Paris. Para mais informação sobre **Navigo Découverte**, visite `www.transilien.com` ou `http://parisbytrain.com/paris-train-metro-week-pass-navigodecouverte`.
- **Un carnet** (aN car-nê) (*talão de dez passagens*), que pode ser usado por mais pessoas.

Você pode comprar qualquer um desses passes em bilheterias ou máquinas de venda nas estações de metrô, RER ou trem. Alguns passes estão à venda também no escritório de turismo.

Comprando sua passagem

A maioria dos funcionários do metrô fala inglês, o que o ajuda na hora de comprar passagens ou fazer perguntas. Mas, caso precise, eis algumas frases úteis:

Un billet, s'il vous plaît. (aN bi-iê, sil vu plê.) (*Um bilhete, por favor.*)

Un carnet, s'il vous plaît. (aN car-nê, sil vu plê.) (*Um talão [dez bilhetes], por favor.*)

Comment aller à … ? (co-maN-ta-lê a...?) (*Como vou para...?*)

Quelle est la ligne pour … ? (kél é la li-nhe pur... ?) (*Qual é a linha para...?*)

Est-ce le bon sens pour aller à … ? (és lê boN saNs purra-lê a...?) (*Este é o sentido certo para...?*)

Est-ce qu'il faut prendre une correspondance ? (és-kil fô praN-dre iune co-rres-poN-daNs?) (*Eu preciso fazer conexão?*)

Où est la sortie, s'il vous plaît ? (u é la sor-tí, sil vu plê?) (*Onde é a saída, por favor?*)

Tendo uma Conversa

O Sr. e a Sra. Meyer se separaram de manhã para ver museus diferentes. Agora é hora de se encontrarem para o almoço. O Sr. Meyer deseja experimentar o metrô, mas acha que precisa de um mapa e, por isso, para em um quiosque.

Sr. Meyer: **Bonjour. Est-ce que vous avez un plan de métro ?**
boNjur. és-kê vuzavê aN plaN dê metrô
Olá. Você tem um mapa do metrô?

L'employée: **Le voici ... Est-ce que je peux vous aider ?**
lê voací... és-kê jê pê vuzedê?
Aqui está... Posso ajudá-lo?

Sr. Meyer: **Oui, pour la Grande Place, c'est quelle ligne ?**
uí, pur la graNd plás, cé kéle linhe?
Sim, para a Grande Place, qual é a linha?

L'employée: **C'est direct avec la ligne 3.**
cé dirréct avéc la linhe troá.
Você pode ir diretamente com a linha 3.

Sr. Meyer: **Combien de temps est-ce qu'il faut ?**
coNbiaN dê taN és kil fô?
Quanto tempo leva?

L'employée: **Disons ... 20 minutes.**
disoN... vaN miniút.
Digamos... 20 minutos.

Sr. Meyer: **Merci beaucoup, madame.**
mercí bocú, madámm.
Muito obrigado, senhora.

L'employée: **Je vous en prie.**
jê vuzaN pri.
De nada.

FALANDO DE GRAMÁTICA

Je vous en prie (jê vu-zan pri) é um modo mais formal de dizer *De nada/Não há de quê*. A expressão mais casual é **Pas de quoi** (pa dê koá), uma frase que fica mais formal sem a abreviação: **Il n'y a pas de quoi** (il niá pa dê koá). Você pode, ainda, dizer **De rien** (de riaN) (*De nada*).

Andando de trem

Se estiver viajando pela Europa, não há melhor opção que o trem. Os trens na Europa são modernos, limpos, rápidos e eficientes. Para viagens de longa distância pela Europa, os trens são ocupados com vagão-restaurante ou cafeterias, assim como **des couchettes** (dê ku-ché-te) (*beliches*), se escolher essa opção. Diversos passes de trens permitem viajar entre os países de sua escolha, mas lembre-se de comprá-los com antecedência. Há descontos para estudantes e idosos, então não se esqueça de pedir. Para saber mais informações sobre esses passes, visite `www.raileurope.com`.

Além disso, para viagens de longa distância entre França, Bélgica e Holanda, experimente o **Train à Grande Vitesse (TGV)** (traN a graNd vités [tê gê vê]), um trem de alta velocidade que só pode ser usado com reserva de assento. É mais rápido e eficiente, pode atravessar a França em um instante e é uma experiência fantástica. O **TGV Thalys** (tê gê vê ta-lís) vai de Paris para Bruxelas e Amsterdã e volta.

Conveniente, também, **l'Eurostar/Le Shuttle** (lêu-rrostár/lê shu-tél) é uma ligação férrea via túnel entre a estação de trem Waterloo, em Londres, e Paris e Bruxelas sem necessidade de reservas. O **SNFC (Société Nationale des Chemins de Fer Français)** (és én cê éf [so-ci-e-tê na-cio-nál dê che-maN dê fér fraN--cé]) é o **Sistema Nacional de Linhas Férreas**. Existem seis principais **gares** (gár) (*estações de trem*) só em Paris.

Veja algumas palavras e expressões úteis ao viajar de trem:

» **le guichet** (lê gui-chê) (*guichê*)
» **le quai** (lê ké) (*plataforma*)
» **les renseignements** (lê raN-sse-nhe-máN) (*balcão de informações*)
» **la consigne** (la coN-ssi-nhe) (*depósito de bagagem*)
» **la salle d'attente** (la sal da-taNt) (*sala de espera*)
» **le bureau des objets trouvés** (lê biu-rrô de-zob-jé tru-vê) (*achados e perdidos*)
» **un [billet] aller-simple** (aN [bi-iê] a-lê-ssaN-ple) (*passagem de ida*)
» **un [billet] aller-retour** (aN [bi-ie] a-lê-rre-tur) (*passagem de ida e volta*)
» **le compartiment** (lê coN-par-ti-maN) (*compartimento*)
» **composter** (coN-po-stê) (*validar [uma passagem]*)
» **la gare** (la gár) (*estação de trem*)
» **les heures de pointe** (le-zéur de poaNt) (*horário de pico*)
» **la période creuse** (la pe-rri-ód crêuz) (*fora do horário de pico*)
» **l'horaire** (lo-rér) (*horário*)
» **l'indicateur (automatique)** (la-di-ka-téur [o-tô-ma-tík]) (*painel de horários*)
» **un tarif réduit** (aN ta-rrif re-diut) (*tarifa reduzida*)
» **la voie** (la voá) (*trilho/via*)
» **à bord** (a bór) (*a bordo*)

- **à destination de** (a de-sti-na-cióN dê) (*com destino a*)
- **direct(e)** (di-rréct) (*direto, sem paradas*)

Obtendo ajuda na estação de trem

As estações de trem ao redor do mundo são sempre lotadas, barulhentas e confusas, mas é possível achar pessoas para ajudá-lo, como um policial ou funcionários da estação.

Use estas perguntas para encontrar o que procura:

- **Pardon, où sont ... ?** (par-dN, u soN...?) (*Com licença, onde são...?*)
- **Excusez-moi, où est ... ?** (eks-kiu-zê-moá, u é... ?) (*Com licença, onde é...?*)

Observe estes exemplos:

> **Pardon, où sont les guichets ?** (par-doN, u soN lê gui-chê?) (*Com licença, onde fica a bilheteria?*)
>
> **Excusez-moi, où est la salle d'attente ?** (eks-skiu-zê-moá, u á la sal da-taNt?) (*Com licença, onde é a sala de espera?*)

FALANDO DE GRAMÁTICA

Ao fazer perguntas envolvendo as palavras *que* ou *qual*, use **quel(s)/quelle(s)** (kél), dependendo de o substantivo ser masculino, feminino, singular ou plural. **Quel** e suas outras formas devem ser acompanhados de um substantivo com o qual devem concordar ou devem ser separados de um substantivo pelo verbo **être** (étre) (*ser/estar*). Veja alguns exemplos:

- **Il arrive par quel train ?** (il a-rrív par kél traN?) (*Em qual trem ele chega?*)
- **De quelle ville es-tu ?** (dê kél vil é-tiu?) (*De que cidade você é?*)
- **Quelles places avez-vous ?** (kél plás a-vê-vu?) (*Quais são seus assentos?*)
- **Quel est le nom de la gare?** (kél é le noN dê la gár?) (*Qual é o nome da estação de trem?*)
- **Quelles sont les heures de pointe?** (kél soN le-zéur dê poaNt?) (*Quais são os horários de pico?*)

Comprando passagens e verificando os horários

Ao viajar, com certeza você precisará tirar dúvidas sobre horários de avião e trem. Veja algumas perguntas e respostas bastante úteis.

- **Quand voulez-vous partir ?** (kaN vu-lê-vu par-tír?) (*Quando você quer partir?*)
- **Où voulez-vous aller ?** (u vu-lê-vu-za-lê?) (*Aonde você quer ir?*)
- **Voulez-vous un aller-retour ou un aller-simple ?** (vu-lê-vu-zaN a-lê-rre-túr u aN a-lê-ssaN-ple?) (*Você quer uma passagem de ida ou de ida e volta?*)
- **Pour combien de personnes ?** (pur coN-biaN dê per-ssón?) (*Para quantas pessoas?*)

Da mesma forma, você pode ter dúvidas:

- **A quelle heure y a-t-il un train pour ... ?** (a kél éur i a-til aN traN pur...?) (*A que horas tem trem para...?*)
- **Est-ce que le train est à l'heure ?** (és-kê lê traN é-ta léur?) (*O trem está no horário?*)

A essa última pergunta, você pode obter uma das seguintes respostas:

- **Le train est à l'heure.** (lê traN é-ta léur.) (*O trem está no horário.*)
- **Le train est en avance.** (lê traN é-taN-na-vaNs.) (*O trem está adiantado.*)
- **Le train est en retard.** (lê traN é-taN re-tar.) (*O trem está atrasado.*)

Tendo uma Conversa

ÁUDIO

Susan deseja encontrar sua velha amiga Julie em Versailles. Para isso, tira um dia de folga em seu grupo e está tentando a sorte sozinha. (Faixa 18)

L'employé: **Bonjour, madame. Vous désirez ?**
bonjur, ma-dámm. vu de zi-rrê?
Bom dia, senhora. Posso ajudá-la?

Susan: **Je voudrais un billet pour Versailles, s'il vous plaît.**
jê vu-dré aN bi-iê pur ver-ssái, sil vu plê.
Eu gostaria de uma passagem para Versailles, por favor.

L' employé: **Aller-simple ou aller-retour ?**
alê saNple u alê retúr?
Ida ou ida e volta?

Susan: **Aller-retour, s'il vous plaît. Deuxième classe.**
alê retúr, sil vu plê. dêuziéme clás.
Ida e volta, por favor. Segunda classe.

L'employé: **C'est pour combien de personnes ?**
cé pur coN-biaN de per-ssón?
Para quantas pessoas?

Susan: **Pour une personne, monsieur.**
pur iune per-ssón, me-ssiê.
Para uma pessoa, senhor.

L'employé: **Vous avez de la chance. J'ai encore une place. Ça fait douze euros.**
vu-za-vê dê la chaNs. jé aN-cor iune plás. sa fé duz eu-rrô.
Você está com sorte. Ainda tenho um assento. São 12 euros.

Susan: **Est-ce que je dois changer de train ?**
és-kê jê doá chaNgê dê traN?
Tenho que mudar de trem?

L'employé: **Oui, vous avez une correspondance à Issy.**
uí, vuzavê iune correspoNdaNce a issí.
Sim, você tem uma conexão em Issy.

Susan: **Et de quel quai part le train ?**
ê dê kél qué pár lê traN?
E de qual plataforma sai o trem?

L'employé: **Quai 12A.**
qué dúze A.
Plataforma 12A.

Susan: **Merci. Au revoir.**
mercí. ô revoár.
Obrigada. Tchau.

Andando de Carro

Se a rapidez e a conveniência do serviço são mais importantes do que o preço, então o táxi é uma ótima opção para você. Ou, se for mais aventureiro e gostar de dirigir, pode alugar um carro. Dessa maneira, pode parar sempre que quiser, visitar os **marchés** (mar-chê) (*mercados/feiras ao ar livre*) e mudar de planos de acordo com seu humor. As seções a seguir trazem tudo o que você precisa saber.

Chamando um táxi

Os táxis estão sempre a postos em todos os aeroportos e estações de trem, bem como por toda a cidade nas grandes cidades. Embora existam táxis de todas as cores, dependendo do país que você está visitando, eles são facilmente reconhecíveis, por causa da palavra internacionalmente conhecida: táxi. Lembre-se, porém, de que os táxis têm limite de passageiros e bagagem.

Embora muitos taxistas nas grandes cidades tenham um conhecimento básico de inglês, o que pode ser útil, leve o endereço de seu destino impresso para evitar quaisquer mal-entendidos. Esteja preparado para pagar em dinheiro, pois alguns táxis não aceitam cartão de crédito e débito.

Os termos e expressões a seguir são usados ao se pegar um táxi:

» **le chauffeur de taxi** (lê cho-féur dê ta-ksí) (*taxista*)

» **le tarif** (lê ta-rrif) (*tarifa*)

» **la station de taxi** (la sta-cioN dê ta-ksí) (*ponto de táxi*)

» **Où voulez-vous aller ?** (u vu-lê-vu-za-lê?) (*Aonde você quer ir?*)

» **Je voudrais aller à ...** (je vu-dré a-lê a...) (*Eu gostaria de ir para...*)

SABEDORIA CULTURAL

Dar gorjeta é opcional na Bélgica, embora seja costumeiro arredondar o valor para o próximo número inteiro; mas, em outros países europeus, deixe uma gorjeta de cerca de 10%.

Tendo uma Conversa

Karen e Derek querem pegar um táxi do aeroporto para o hotel. Eles tiveram sorte e conseguiram um rapidinho.

Le chauffeur de taxi: **Où voulez-vous aller ?**
u vu-lê-vu-za-lê?
Aonde vocês querem ir?

Karen: **Bruxelles, Hôtel Gillon, s'il vou plaît.**
briusséle, otél gií-oN, sil vu plê.
Bruxelas, hotel Gillon, por favor.

Le chauffeur de taxi: **Avec plaisir. C'est dans quelle rue ?**
avec plesír. cé daN kél riu?
Com prazer. Fica em qual rua?

Derek: **Voyons ... c'est 22 rue Albert. C'est combien ?**
voaioN... cé vaN dê riu albér. cé coNbiaN?
Vejamos... é rua Albert, 22. Quanto é?

Le chauffeur de taxi: **35 euros. C'est le tarif normal. Je mets les valises dans le coffre ?**
traNt-saNK eu-rrô. cé lê tarríf normále. jê mé lê valíse daN lê cófre?
35 euros. É o preço normal. Coloco as malas no porta-malas?

Karen: **Très bien, mais je garde mon sac à dos avec moi.**
tré biaN, mé jê gárd moN sáca dô avec moá.
Muito bem, mas fico com minha mochila.

Palavras a Saber

la rue	la riu	a rua
C'est combien ?	cê coN-biaN?	Quanto é/custa?
je mets	jê mé	eu coloco
le coffre	lê co-fre	o porta-malas
garder	gar-dê	manter, ficar
le sac à dos	lê sáca dô	mochila

Dirigindo em um país estrangeiro

Louer une voiture (lu-ê iune voa-tiur) (*alugar um carro*) na Europa pode ser um pouco caro. Entretanto, se estiver viajando em um grupo de duas ou três pessoas, essa opção pode ser mais barata do que comprar passagens de trem individuais. Se decidir alugar um carro e dirigir, é sempre melhor fazer uma pesquisa e conversar com o funcionário da locadora sobre seus planos de viagem. Lembre-se dos seguintes pontos:

- A idade mínima para alugar carros na Europa é entre 21 e 25, e a máxima normalmente é 70. Se você for mais jovem ou mais velho, pode ter que pagar um seguro adicional contra danos. Contratar um seguro para garantir sua tranquilidade pode ser uma boa ideia, mas é totalmente opcional. Verifique com sua empresa de cartão de crédito se ela oferece seguro de aluguel de carros.
- Ao alugar um carro, informe à locadora seus planos de viagem, porque algumas podem ter restrições quanto a cruzar fronteiras ou limites estabelecidos, e você pode ter que pagar seguros adicionais para isso. Se alugar um carro em um país e quiser entregá-lo em outro, pode ser necessário pagar tarifa de devolução.
- Na maioria dos países, tudo de que precisa é de uma carteira de habilitação válida. Em outros, pode ser exigida a permissão internacional para dirigir (PID), que é basicamente uma tradução de sua carteira de habilitação em diversos idiomas. É uma boa ideia levar uma permissão internacional para dirigir, especialmente se você não tem certeza dos locais para os quais pretende viajar ou em caso de ser parado por um policial. Você pode adquirir sua permissão internacional de dirigir no Detran de seu estado. Para mais informações, acesse o site do Detran.

» Muitas **autoroutes** (ô-to-rút) (*autoestradas*) francesas possuem **des péages** (dê pê-áge) (*pedágios*), e eles não são baratos. Sempre tenha moedas à mão. Normalmente, você retira um tíquete no ponto de entrada e paga no de saída. Na França, as cabines de pedágio costumam aceitar cartão de crédito: basta inserir seu tíquete na máquina da cabine, depois, o cartão de crédito, esperar, pegar seu recibo e não se esquecer de pegar seu cartão.

Eis algumas palavras e expressões relacionadas a dirigir e a **la circulation** (la cir-kiu-la-cioN) (*tráfego*):

- » **le rond-point** (lê roN-poaN) (*rotatória*)
- » **le stationnement/le stationnement interdit** (lê sta-cioNn-maN/ lê sta-cioNn-maN aN-ter-dí) (*estacionamento/proibido estacionar*)
- » **le piéton/la piétonne** (lê pie-tôN/la pie-tône) (*pedestre*)
- » **le trottoir** (lê tro-toár) (*calçada*)
- » **la sortie** (la sor-tí) (*saída*)
- » **le carrefour** (lê kar-fúr) (*cruzamento*)
- » **l'embouteillage** (laN-bu-te-iáge) (*engarrafamento*)
- » **le sens unique** (lê saNs iu-ník) (*mão única*)
- » **le pont** (lê poN) (*ponte*)
- » **ralentir** (ra-laN-tir) (*diminuir [velocidade]*)
- » **rouler vite** (ru-lê vit) (*dirigir rápido*)
- » **demi-tour** (de-mí tur) (*retorno em U*)

Enchendo o tanque

Como você deve saber, **faire le plein** (fér lê plaN) (*encher o tanque*) na Europa, ou na França, especificamente, custa mais caro do que no Brasil. Ao chegar ao **station-service** (sta-cioN-ser-vís) (*posto de combustível*), você verá o preço da **essence** (e-ssaNs) (*gasolina*) por litro. Embora os preços sejam flutuantes, normalmente ela é mais barata em postos dentro de hipermercados e supermercados do que nas rodovias.

Na França, as opções incluem **sans-plomb** (saN-ploN) (*sem chumbo*), **ordinaire** (or-di-nér) (*normal, sem chumbo*), **super** (siu-pér) (*aditivada sem chumbo*) e **gazole/diesel** (ga-zól/di-zél) (*diesel*).

DICA

Se você viajar pela Europa, não vai enfrentar problemas com o sistema métrico, como ocorre nos Estados Unidos: as medidas são metro, grama e litro. Para mais informações sobre pesos e medidas, veja o Capítulo 8.

Os postos de combustível das principais rodovias costumam ter **des pompistes** (dê poN-pist) (*frentistas*), mas alguns não. Geralmente, você abastece seu carro e depois paga. Embora possa pagar no caixa com cartão de crédito, ele pode não funcionar nas máquinas automáticas. Alguns países europeus, incluindo a França, usam cartões com chips e senhas, e somente esse tipo é aceito pelas máquinas de autosserviço nos postos de combustível.

As frases a seguir o ajudam na hora de abastecer seu carro:

Où est-ce qu'il y a une station-service ? (u és-kil i a iune sta-cioN-ser--vís?) (*Onde tem posto de combustível?*)

Est-ce qu'il y a une station-service près d'ici ? (és-kil i a iune sta-cioN ser-vís pre di-cí?) (*Tem posto de combustível aqui perto?*)

Le plein, s'il vous plaît. (le plaN, sil vu plê.) (*Complete, por favor.*)

FALANDO DE GRAMÁTICA

Ao falar de quantidades específicas, os franceses usam um artigo chamado **partitif** (par-ti-tíf) (*partitivo*), que descreve uma parte da quantidade. Ele é construído pela combinação da preposição **de** (*de*) e o artigo definido **le**, **la**, **les**:

- **de** + **le** = **du** (diu)
- **de** + **la** = **de la** (dê la)
- **de** + **les** = **des** (dê)
- **de** + **l'** = **de l'** (de l)

Essas construções são traduzidas como *parte de*, *um pouco de*, como nesse exemplo: **Je voudrais du carburant** (jê vu-dré diu car-biu-rraN) (*Eu gostaria de um pouco de combustível.*) Veja o Capítulo 2 para saber mais sobre o partitivo.

DICA

Eis uma dica: Abasteça o carro durante o dia nos postos com frentistas e tenha sempre dinheiro para o caso de seu cartão de crédito não ser aceito nas máquinas automáticas. Lembre-se de que os postos de combustíveis na cidade fecham aos domingos. Isso não acontece nas rodovias.

Conseguindo ajuda em caso de problemas com o carro

Esperamos que sua viagem seja tranquila e sem problemas, mas caso tenha qualquer tipo de problema com o carro ou apareça **un advertisseur lumineux** (aN ad-ver-ti-séur liu-mi-nêu) (*uma luz indicadora*), pode ser preciso conversar com **un mécanicien** (aN me-ca-ni-ciáN) (*um mecânico*). Veja algumas palavras e expressões que o ajudam a identificar qual é o problema:

- **la batterie** (la ba-tri) (*bateria*)
- **le capot** (lê ca-pô) (*capô*)
- **l'essuie-glace** (le-ssuí-glás) (*limpador de para-brisa*)
- **les freins** (lê fraN) (*freios*)
- **le pare-brise** (lê par-bríse) (*para-brisas*)
- **les phares** (lê far) (*faróis dianteiros*)
- **le pneu/le pneu crevé** (lê pnêu/lê pnêu cre-vê) (*pneu/pneu furado*)
- **tomber (être) en panne** (toN-bê [é-tre] aN pánn) (*pane [carro]*)
- **vérifier (les niveaux)** (ve-rri-fiê [lê ni-vô]) (*cheque [os níveis]*)
- **la vidange** (la vi-daNj) (*troca de óleo*)

Decifrando as placas de trânsito

Não dá para viajar com segurança sem ser capaz de entender **les panneaux routiers** (lê pa-nô ru-tiê) (*placas de rodovia*). Embora muitos sinais sejam facilmente reconhecíveis — como a placa de pare e de dê a preferência —, outros têm significados menos óbvios. Você precisa revisar essas informações antes de dirigir. As informações a seguir são um bom começo.

Para evitar **une contravention** (une coN-tra-vaN-cioN) (*uma multa*), lembre-se de que **les limitations de vitesse** (lê li-mi-ta-cioN dê vi-tés) (*limites de velocidade*) na França (indicados por uma placa redonda com borda vermelha) são de aproximadamente 130km/h nas rodovias, 90km/h nas vias expressas e 50km/h na cidade. Os limites de velocidade são rigorosos, e você pode pagar uma multa no ato. Os veículos que trafegam pelo lado direito sempre têm **la priorité à droite** (la pri-o-rri-tê a droát) (*prioridade*).

Veja algumas placas importantes que você precisa conhecer:

- **arrêt** (a-rré) (*pare*)
- **cédez le passage** (ce-dê lê pa-sságe) (*dê a preferência*)
- **chaussée rétrécie** (cho-ssê re-tre-cí) (*estreitamento de pista*)
- **chaussée glissante** (cho-ssê gli-ssaNt) (*pista escorregadia*)
- **interdiction de faire demi-tour** (aN-ter-di-kcioN dê fér de-mí-tur) (*proibido retornar*)

» **passage interdit** (pa-sságe aN-ter-dí) (*proibida a passagem*)
» **passage piéton** (pa-sságe pie-tôN) (*passagem de pedestres*)
» **risque de chutes de pierre** (risque dê chiút dê piér) (*risco de deslizamento*)
» **sens unique** (saNs iu-ník) (*sentido único*)
» **travaux** (tra-vô) (*obras na pista*)
» **virage à droite/virage à gauche** (vi-rráge a droát/vi-rráge a gôch) (*vire à direita/ esquerda*)

LEMBRE-SE

Placas de rodovias são distinguíveis por forma, cor e ilustração. Eis algumas com as quais você deve se familiarizar:

» Triângulos com borda vermelha indicam um aviso ou perigo. Exemplo: **Chaussée glissante**.
» Placas redondas com uma grossa borda vermelha indicam restrições ou proibições. Exemplo: **Interdiction de faire demi-tour**.
» Placas redondas com fundo azul indicam o que você precisa fazer. Exemplo: **Obligation de tourner à gauche**.
» Placas quadradas e retangulares dão orientações. Exemplo: **Autoroute** (ô-to-rrút) (*rodovia/ autoestrada*), que sempre começa com uma letra A maiúscula (de *Autoroute*) seguida pelo número da rodovia.

Diversão & Jogos

Parte de dirigir com segurança é entender e obedecer às placas de sinalização de trânsito. Para ver como você se sairia em uma rodovia francesa, combine as placas de trânsito com sua tradução.

1.____Obras na pista
2.____Passagem de pedestre
3.____Pista escorregadia
4.____Sentido obrigatório (à direita)
5.____Rodovia
6.____Dê a preferência
7. ____Proibido retornar
8. ____Risco de deslizamento

A. Obligation de tourner à droite
B. Autoroute
C. Interdiction de faire demi-tour
D. Chaussée glissante
E. Cédez le passage
F. Passage piéton
G. Risque de chutes de pierres
H. Travaux

NESTE CAPÍTULO

» Escolhendo acomodações e conforto

» Fazendo check-in e check-out

Capítulo 16

Encontrando um Lugar para Ficar

Nem todo mundo é tão sortudo de ter bons amigos morando no exterior com quem possa se hospedar quando viaja. O mais provável é que você precise reservar um hotel como parte de seu planejamento de viagem, além de fazer um itinerário dos locais que quer visitar. Mesmo se estiver viajando a negócios e sua escolha de hotéis for limitada àqueles selecionados por sua empresa, sempre é bom saber fazer algumas perguntas sobre as acomodações.

Neste capítulo, trazemos toda a informação necessária para encontrar sua acomodação e fazer reservas, e sobre como fazer check-in e check-out no hotel.

Encontrando um Hotel

Hotéis são sua casa longe de casa — mesmo que você apenas pense neles como um lugar para descansar um pouco depois de um dia corrido —, por isso é importante saber como conseguir um que atenda às suas expectativas. Ao pensar naquilo que deseja em um hotel, o preço é um ponto importante, mas sozinho não é parâmetro para uma decisão sensata. Cada tipo de acomodação — seja **un hôtel une étoile** (aN-no-tél iune ê-toál) (*um hotel de uma estrela*) ou **un hôtel cinq étoiles** (aN-no-tél saNk ê-toál) (*um hotel cinco estrelas*) — oferece benefícios que podem ser exatamente o que você procura.

Les hôtels (le-zo-tél) (*os hotéis*) variam desde acomodações básicas com uma estrela até estabelecimentos luxuosos de cinco estrelas. Os preços dos quartos variam conforme o tipo de conforto oferecido, tamanho, classificação e localização. A maioria dos hotéis oferece café da manhã (normalmente café da manhã continental, que inclui croissant ou pãozinho, manteiga, geleia, café, chá), mas nem todos têm restaurante. Os nomes para os diferentes tipos de hotéis variam nos países francófonos.

Hôtel garni (o-tél gar-ní) significa *pousada*, e **maison de logement** (me-zóN dê loge-maN), no francês canadense, significa um pequeno hotel ou pensão, que em outros países é às vezes chamado de **une pension (de famille)** (iune paN-ssióN [dê fa-mií]) (*pensão familiar*) ou **une auberge** (iune ô-bérge) (*albergue*).

Na França, existem também aqueles esplendorosos **châteaux** (chatô) (*castelos*) transformados em hotéis. É claro que são mais caros, mas o ambiente e o serviço de alta qualidade serão difíceis de superar se você estiver procurando algo especial.

Nos últimos anos, alternativas para os hotéis tradicionais ficaram cada vez mais populares, como **les gîtes ruraux** (lê gít riurrô) na França, que são casas ou apartamentos de férias mobiliados, casas de fazenda na Bélgica, chalés na Suíça ou até antigos mosteiros.

Finalmente, para os jovens e os jovens de coração, existem cerca de 200 **auberges de jeunesse** (ô-bér-ge dê jeu-nés) (*hostels* e *albergues da juventude*), bem espalhados pelo país, com instalações variadas. Sua associação nacional de albergues da juventude pode lhe fornecer detalhes, ou busque-os na internet. O endereço para os albergues da juventude canadenses, por exemplo, é `www.hostellingmontreal.com`, e para hostels e albergues em outras partes do mundo, consulte `www.hostels.com`.

Naturalmente, ao planejar uma viagem para a Europa, você sempre poderá obter mais informações navegando na internet. Os sites a seguir, muitos dos quais oferecem uma visita virtual para que possa "conhecer" antes de ir, podem ajudá-lo:

» `www.hotels.com` ajuda a encontrar um hotel em qualquer parte do mundo.

» `www.hotels.fr` é totalmente dedicado a hotéis em toda a França.

- `www.hotels.be` ajuda a encontrar hotéis em algumas partes da Europa, como Bélgica e Holanda.
- `www.relaischateaux.fr` traz informações sobre hotéis de luxo em todo o mundo.

DICA

Quanto mais perto seu hotel for do centro da cidade, mais caro tende a ser. Lembre-se de acrescentar um euro de taxa municipal por dia por pessoa aos seus custos, que normalmente não está incluído no preço do hotel.

Escolhendo os serviços

Depois de pesquisar e descobrir exatamente o tipo de hotel em que quer ficar, pense sobre os tipos de serviços e mimos que lhe interessam. Veja uma lista de expressões que dão uma ideia melhor de sua acomodação:

- **la climatisation** (la cli-ma-ti-za-cióN) (*ar-condicionado*)
- **la piscine** (la pi-cine) (*piscina*)
- **la salle de gym** (la sal dê gim) (*academia*)
- **le site historique** (lê sit i-sto-rík) (*local histórico*)
- **la blanchisserie** (la blaN-chi-srrí) (*serviço de lavanderia*)
- **la navette d'aéroport** (la na-vét da-ê-rro-pór) (*transporte para o aeroporto*)
- **une connexion Wi-Fi** (iune coN-ne-kssióN wi-fi) (*conexão Wi-Fi*)

SABEDORIA CULTURAL

Em muitos países, **un lavabo** (aN la-va-bô) (*um lavabo*) e **une baignoire** (iune be-nhoár) (*uma banheira*) e/ou **une douche** (une duch) (*um chuveiro*) são separados do vaso e do bidê, um arranjo fantástico, é claro. Entretanto, alguns chuveiros devem ser segurados nas mãos dentro da banheira, sem nenhuma cortina ou vidro em volta, e esse método requer um pouco de prática até você se acostumar, mas funciona bem.

Muitos hotéis e outros tipos de acomodações têm acesso à internet, com preço bastante razoável e conexão confiável. Muitas vezes os computadores ficam no lobby do hotel e podem ser usados gratuitamente ou por uma pequena taxa. Se seu hotel não tem esse serviço, não se preocupe: há diversos **cybercafés** (ci-bér ca-fê) (*cybercafés*) e cafés com serviço de internet nas grandes cidades. A maioria dos hotéis oferece plugues para acesso via cabo Ethernet.

DICA

A voltagem da Europa é 220 volts. Se você está levando qualquer tipo de equipamento eletrônico ou elétrico (secador de cabelo, barbeador elétrico, laptop, e assim por diante), é melhor levar um adaptador de tomada. Eles podem ser adquiridos nas lojas de produtos elétricos e eletrônicos. Caso esqueça seu adaptador, você pode comprar um em lojas de eletrônicos ou em qualquer hipermercado no país que estiver visitando.

Fazendo reservas

Normalmente você reserva um quarto online ou por meio de uma agência de viagens, mas se ligar para o hotel precisará saber o que dizer. Esta seção inclui algumas perguntas e frases para começar.

Ao ligar para o hotel, você provavelmente será direcionado para **le/la standardiste** (lê/la staN-dar-díst) (*telefonista*). Você precisa dizer a ele ou ela qual é o motivo de sua ligação. Use uma das seguintes frases:

> **Je voudrais retenir/réserver une chambre, s'il vous plaît.** (jê vudré re-te-nír/re-zer-vê iune chaN-bre, sil vu plê.) (*Gostaria de reservar um quarto, por favor.*)
>
> **Avez-vous une chambre libre ?** (a-vê-vu iune chaN-bre li-bre?) (*Você tem um quarto disponível?*)

Você ainda precisa dizer quanto tempo pretende ficar. Para dizer à telefonista ou recepcionista do hotel que vai se hospedar de determinada data até determinada data, use **du** (diu) (*de*) e **au** (ô) (*até/a*). Por exemplo, se vai se hospedar *de 4 de junho até 9 de junho*, diga **du quatre juin au neuf juin** (diu ca-tre jiuaN ô nêuf jiuaN). Ou você pode dizer **du 4 au 9 juin** (diu ca-tre ô nêuf jiuaN), que significa *de 4 a 9 de junho*. Se você vai se hospedar no dia 1º do mês ou até o dia 1º do mês, diga **du premier** (diu pre-miê) (*do dia primeiro*) e **au premier** (ô pre-miê) (*ao dia primeiro*). Por exemplo, **du premier au sept juillet** (diu pre-miê ô set jiu-iê) (*do dia 1º a 7 de julho*). O Capítulo 4 fala mais sobre datas específicas.

Especificando o tipo de quarto que você quer

Ao ligar para reservar um quarto, é preciso dizer em que tipo de quarto você está interessado. Quer um quarto simples ou duplo, por exemplo? Quer uma cama ou duas? Quer um quarto de frente para o jardim, a praia ou para o pátio? Para expressar qual tipo de quarto você prefere, use um dos seguintes termos depois da frase **une chambre ...** (iune cham-bre...)

- **simple** (saN-ple) (*simples/single*)
- **double** (du-ble) (*duplo/double*)
- **pour deux/trois/quatre personnes** (pur dêu/troá/ca-tre perssón) (*para duas/três/quatro pessoas*)

» **à un lit/à deux lits** (a aN li/a dêu li) (*com uma cama/com duas camas*)

» **à deux lits jumeaux** (a dêu li jiu-mô) (*com duas camas de solteiro*)

Você quer seu quarto de frente ou em algum lugar bonito e romântico? Então use a expressão **donner sur** (do-nê siur) (*de frente para*). O verbo **donner** (do-nê), cuja tradução literal é *dar*, é um verbo regular terminado em **-er**, o que significa que sua conjugação é igual à do verbo **parler** (par-lê) (*falar*). Para ver as conjugações dos verbos regulares, veja o Capítulo 2. A construção é muito parecida com a que usamos em português, **Je voudrais une chambre qui donne sur ...** (jê vu-dré iune chaN-bre ki don siur...) (*Eu gostaria de um quarto que dê para...*), e depois especifique qualquer das seguintes situações:

» **le jardin** (lê jar-daN) (*o jardim*)

» **la piscine** (la pi-cine) (*a piscina*)

» **la montagne** (la moN-ta-nhe) (*a montanha*)

» **la cour** (la cur) (*o pátio*)

» **la plage** (la pláge) (*a praia*)

» **la mer** (la mer) (*o mar*)

» **le lac** (lê lác) (*o lago*)

Perguntando o preço

Uma importante consideração antes de reservar um quarto é o preço. Quando você perguntar sobre os preços dos quartos, sempre se lembre de perguntar se é necessário um depósito e se o estabelecimento aceita cartões de crédito. As perguntas e respostas a seguir podem ajudá-lo:

Quel est le prix de la chambre ? (kél é lê pri dê la chaN-bre?) (*Qual é o preço do quarto?*)

Le prix est 250 euros par jour. (lê pri é dêu-ssaN saN-kaNt eu-rrô par jur.) (*O preço é de 250 euros por dia.*)

Est-ce qu'il faut un acompte/des arrhes ? (és-kil fô aN-na-koNt/de-zár?) (*É preciso de um adiantamento/depósito?*)

Il faut un acompte/des arrhes de 20 pour cent. (il fô aN-na-koNt/de-zár de vaN pur saN.) (*É preciso um adiantamento/depósito de 20%.*)

Acceptez-vous des cartes de crédit ? (a-kse-ptê-vu dê cart de cre-dí?) (*Vocês aceitam cartão de crédito?*)

Oui, bien sûr. (uí, biaN siur.) (*Sim, é claro.*)

Tendo uma Conversa

ÁUDIO

Sr. e Sra. Dalton estão cansados de dirigir e decidem encerrar o dia em Annecy, uma bela cidadezinha francesa perto da fronteira com a Suíça. Eles param em uma bela estalagem rústica. (Faixa 19)

Sr. Dalton: **Bonjour ! Nous voudrions une chambre avec des lits jumeaux.**
boNjur! nu vudrión iune chaNbre avec dê li jiumô.
Olá! Queremos um quarto com duas camas.

Recepcionista: **Côté cour ou côté rue ?**
cotê cur u cotê riu?
Para o pátio ou para a rua?

Sra. Dalton: **Côté cour. Et avec salle de bains et une baignoire, s'il vous plaît. Quel est le prix ?**
cotê cur, ê avec sal dê baN ê iune be-nhoár, sil vu plê. kélé lê prí?
Para o pátio. E com banheiro e banheira, por favor. Qual é o preço?

Recepcionista: **Je vérifie ... au rez-de-chaussée ça coûte 150 euros.**
jê verrifí... ô rêd chossê ça cut saN sankant eu-rrô.
Estou verificando... no térreo, custa 150 euros.

Sra. Dalton: **Et au premier étage ?**
ê ô premiê etáge?
E no primeiro andar?

Recepcionista: **Je regrette. Le premier étage est complet.**
jê regrét. lê premiê etáge é complê.
Sinto muito. O primeiro está lotado.

Sr. Dalton: **Pas de problème. Le rez-de-chaussée nous convient bien.**
pa dê probléme. lê rêd chossê nu coNviaN bian.
Tudo bem. O térreo está bom para nós.

Palavras a Saber

côté cour	co-tê cur	de frente para o pátio
côté rue	co-tê riu	de frente para a rua
je vérifie	jê ve-rri-fí	estou verificando
le rez-de-chaussée	lê rêd-cho-ssê	térreo
ça coûte	sa kut	custa
au premier étage	ô pre-miê etáge	primeiro andar
il nous convient	il nu coN-viaN	nos agrada/está bom para nós

Fazendo o Check-in

Depois de uma longa viagem, chegar a um hotel é provavelmente seu primeiro momento áureo... e, talvez, sua primeira interação com os franceses. Talvez você esteja se perguntando como se dirigir ao pessoal do hotel, especialmente ao perguntar sobre um quarto. Os títulos **Monsieur** (messiê) *(senhor)*, **Madame** (madámm) *(senhora)* e **Mademoiselle** (mademoaséle) *(senhorita)* são usados em francês muito mais do que em português e não são tão formais. Na verdade, é educado adicioná-los depois de **bonjour** (boNjur) *(olá, bom dia)*, em especial ao se dirigir a alguém que você não conhece.

Usando os pronomes de objeto direto

Em uma conversa, não é muito natural ficar repetindo as palavras: "Eu gostaria de um quarto. Posso ver o quarto? Vamos ver o quarto." Então deixe o objeto direto de lado e substitua-o pelos pronomes oblíquos:

- **me** (mê) *(me)*
- **te** (tê) *(lhe, o, a, te, ti* [singular informal])
- **le** (lê) *(lhe, o)*
- **la** (la) *(lhe, a)*
- **nous** (nu) *(nos)*
- **vous** (vu) *(vos, lhes, a vocês* [singular formal ou plural])
- **les** (lê) *(lhes, os, as)*

Lembre-se de que o pronome que deve escolher depende do gênero e número do substantivo que substitui. A posição do pronome também é importante. Você deve o colocar antes do verbo conjugado.

DICA

Os pronomes oblíquos **me**, **te**, **nous** e **vous** são fáceis de lembrar, pois têm apenas uma forma tanto para o masculino quanto para o feminino. Por exemplo,

Est-ce que tu me vois ? (és kê tiu mê voá?) *(Você me vê?)*

Oui, je te vois. (uí, jê tê voá.) *(Sim, eu o/a vejo.)*

Est-ce qu'il nous appelle ? (és kil nu-za-pél?) *(Ele está nos chamando?)*

Oui, il vous appelle. (uí, il vu-za-pél.) *(Sim, ele está os chamando.)*

Coisas usam pronomes oblíquos de objeto direto na terceira pessoa, **le**, **la** e **les**. As formas em francês para esses pronomes mudam com base no gênero e número do substantivo que substituem.

- Use **le** quando o substantivo substituído for singular masculino. Por exemplo, a sentença **Il voit l'hôtel** (il voá lo-tél) (*Ele vê o hotel*) se transforma em **Il le voit** (il lê voá) (*Ele o vê.*)
- Use **la** quando o substantivo substituído for feminino singular. Por exemplo, a sentença **Nous suivons la réceptionniste** (nu sui-vóN la recep-cioN-níst) (*Estamos seguindo a recepcionista*) se transforma em **Nous la suivons** (nu la sui-vóN) (*Nós a estamos seguindo.*)
- Na terceira pessoa do plural, há apenas um pronome que substitui tanto o substantivo feminino quanto a masculino plural: **les**. Por exemplo, a sentença **Elle vérifie les dates** (él ve-rri-fí lê dat) (*Ela está verificando as datas*) se transforma em **Elle les vérifie** (él lê ve-rri-fí) (*Ela as está verificando.*)

FALANDO DE GRAMÁTICA

Naturalmente, há uma exceção para a regra de que o pronome oblíquo de objeto direto deve ser colocado antes do verbo conjugado: quando há verbos auxiliares mais um infinitivo em sua sentença, você precisa colocar o pronome objeto antes da forma infinitiva, como nos exemplos a seguir:

Il veut voir la chambre. (il vêu voár la chaN-bre.) (*Ele quer ver o quarto.*) — objeto direto

Il veut la voir. (il vêu la voár.) (*Ele quer o ver.*) — pronome oblíquo de objeto direto

Je dois vérifier les prix. (jê doá ve-rri-fiê lê pri.) (*Eu tenho que verificar os preços.*) — objeto direto

Je dois les vérifier. (jê doá lê ve-rri-fiê.) (*Eu tenho que os checar.*) — pronome oblíquo de objeto direto.

Preenchendo o formulário de registro

Ao chegar ao hotel, é bem provável que você tenha que preencher **une fiche** (iune fish) (*uma ficha cadastral*). Esse formulário pode solicitar as seguintes informações:

- **nom/prénom** (noN/pre-nóN) (*sobrenome/nome*)
- **lieu de résidence/adresse** (liêu dê re-zi-dáNs/ad-rés) (*endereço*)
- **rue/numéro** (riu/niu-me-rrô) (*rua/número*)
- **ville/code postal** (vil/cód po-stál) (*cidade/CEP*)
- **état/pays** (e-tá/pe-í) (*estado/país*)

- **numéro de téléphone** (niu-me-rrô dê te-le-fón) (*número de telefone*)
- **nationalité** (na-cio-na-li-tê) (*nacionalidade*)
- **date/lieu de naissance** (dát/liêu dê ne-saNs) (*data/lugar de nascimento*)
- **numéro de passeport** (niu-me-rrô dê pas-pór) (*número do passaporte*)
- **signature** (si-nha-tiur) (*assinatura*)
- **numéro d'immatriculation de la voiture** (niu-me-rrô di-ma-trikiu-la-cioN dê la voa-tiur) (*placa do veículo*)
- **date de l'arrivée** (dát de la-rri-vê) (*data da chegada*)
- **date du départ** (dát diu de-pár) (*data da partida*)

SABEDORIA CULTURAL

Você deve dar gorjetas para os funcionários do hotel, como carregadores e camareiras? Uma taxa de serviço normalmente está incluída nas contas do hotel e restaurantes. Entretanto, se o serviço for especialmente bom, você pode deixar uma gorjeta extra, se desejar.

Tendo uma Conversa

Carol está fazendo o check-in na recepção enquanto Max leva a bagagem com a ajuda do carregador.

Carol: **Nous prenons la belle chambre au troisiéme étage.**
nu prenoN la béle chaNbre ô troásiéme etáge.
Ficaremos com o belo quarto no quarto andar.

Funcionário do hotel: **Bon. Veuillez remplir cette fiche, s'il vous plaît, et j'ai besoin de vos passeports.**
boN. vêuiê raNplír cét fish, sil vu plê, ê jê besoaN dê vô paspór.
Bom. Preencham este formulário, por favor, preciso de seus passaportes.

Carol: **Les voilà ... et la fiche ... C'est fait.**
lê voalá... ê la fish... cé fé.
Aqui estão... e o formulário (de registro)... Pronto.

Funcionário do hotel: **Merci, madame. L'ascenseur est à gauche. Je vous souhaite une bonne soirée.**
mercí, madámm. laçaNsséur éta gôche. jê vu suét iune bone soarrê.
Obrigado, senhora. O elevador fica à esquerda. Desejo uma boa noite.

Carol: **Merci. À quelle heure fermez-vous la porte principale ?**
mercí. a kéléur fermê vu la pórt praNcipále?
Obrigado. A que horas vocês fecham a porta principal?

Funcionário do hotel: **À minuit, mais vous pouvez toujours sonner.**
a miniuí, mé vu puvê tujur sonê.
À meia-noite, mas você pode tocar a campainha sempre.

Palavras a Saber

veuillez remplir	vêu-iê raN-plí	poderia preencher
j'ai besoin de	jé be-zoaN dê	eu preciso
l' ascenseur	la-çaN-sséur	o elevador
je vous souhaite	jê vu suét	Desejo
vous fermez	vu fer-mê	vocês fecham
la porte principale	la pórt praN-ci-pále	porta principal
vous pouvez sonner	vu pu-vê só-nê	você pode tocar

Pedindo toalhas e outros itens básicos

Certo, você está se instalando em seu quarto de hotel, mas descobre que precisa de mais toalhas, mantas e travesseiros. Ou talvez descubra que uma lâmpada do quarto está queimada, ou que acabou o papel higiênico. Se precisar de quaisquer um desses itens, você pode ligar para a recepção e dizer **Il nous faut ...** (il nu fô...) (*Nós precisamos...*) e adicionar os artigos da lista a seguir, conforme necessário:

- **une/des couverture(s)** (iune/dê ku-ver-tiur) (*manta[s]/cobertor[es]*)
- **un/des oreiller(s)** (aN/dê-zo-rre-iê) (*um travesseiro/travesseiros*)
- **une/des serviette(s)** (iune/dê ser-vi-ét) (*uma toalha/toalhas*)
- **des cintres** (dê saN-tre) (*cabides*)
- **une/des ampoule(s)** (iune/dê-zaN-pule) (*lâmpada[s]*)
- **du savon** (diu sa-vóN) (*sabonete*)
- **du papier hygiénique/de toilette** (diu pa-piê i-gi-e-ník/dê toa-lét) (*papel higiênico*)

FALANDO DE GRAMÁTICA

No Capítulo 7, discutimos a expressão impessoal **il faut** (il fô) (*é necessário*) seguida de infinitivo. Entretanto, você pode personalizar essa construção adicionando um pronome oblíquo de objeto indireto de sua preferência antes do verbo: **me** (mê) (*para mim*), **te** (tiu) (*a você*), **lui** (luí) (*a ele/a ela*), **nous** (nu) (*a nós*), **vous** (vu) (*a você* [formal], *a vocês*) e **leur** (léur) (*a eles*). Veja mais sobre os pronomes oblíquos de objeto indireto no Capítulo 13. Observe os exemplos as seguir:

Il me faut des serviettes. (il mê ô dê ser-vi-ét.) (*Eu preciso de toalhas.*)

Il nous faut du savon. (il nu fô diu sa-vóN.) (*Precisamos de sabão.*)

Fazendo o Check-out

Seja qual for a razão, o momento de fazer o check-out dificilmente é conveniente, mas certamente você sabe que os quartos precisam ser limpos antes que o próximo hóspede chegue. É claro que, antes de sair, é preciso pagar a conta ou pelo menos verificar se há alguma despesa adicional feita durante sua estada. As frases a seguir são bastante úteis na hora do check-out:

» **À quelle heure faut-il libérer la chambre ?** (a kél éur fô-til li-be-rrê la chaN-bre?) (*A que horas eu/nós tenho/temos que fazer o check-out?*)

» **Ces frais supplémentaires sont corrects/incorrects.** (cê fré siu-ple-maN-tér soN co-rrekt/aN-co-rrekt.) (*Essas despesas adicionais estão corretas/incorretas.*)

» **J'ai une question en ce qui concerne la note.** (jé iune kes-tióN aN cê ki coN-ern la not.) (*Eu tenho uma pergunta sobre a conta.*)

» **Je voudrais un reçu.** (jê vu-dré aN re-çiu.) (*Eu gostaria de um recibo.*)

DICA

Pode ser que você precise remover seus pertences de seu quarto antes do horário que deseja partir. Felizmente, muitos hotéis permitem que você guarde sua bagagem no lobby ou em outro lugar até o horário da partida. Para descobrir se o hotel em que está hospedado oferece esse serviço, pergunte **Je peux laisser mes bagages ici jusqu'à ... ?** (jê pêu le-ssê mê ba-gáge i-cí jius-ká...?) (*Posso deixar minha bagagem até...?*)

Tendo uma Conversa

ÁUDIO

O voo de Judy Cole parte à noite. Portanto, ela deseja passar seu último dia na cidade e pegar a bagagem depois. (Faixa 20)

Judy: **À quelle heure faut-il libérer la chambre ?**
a kéléur fô-til liberrê la chaNbre?
A que horas temos que liberar o quarto (fazer o check-out)?

Recepcionista: **Avant midi, madame.**
AvaN midí, madámm
Antes do meio-dia, senhora.

Judy: **Je peux laisser mes bagages ici jusqu'à seize heures ?**
jê pêu lessê mê bagáge icí jiuská sezéur?
Posso deixar minhas bagagens aqui até as 16h?

Recepcionista: **Oui, vous pouvez les laisser ici. Voulez-vous la note maintenant ?**
uí, vu puvê lê lessê icí; vulê vu la nót meNtenaN?
Certamente, você pode as deixar aqui. Gostaria da conta agora?

Judy: **Oui, s'il vous plaît. Voyons, les coups de téléphone ... le minibar ... Très bien. Vous acceptez les cartes de crédit, n'est-ce pas ?**
uí, sil vu plê. voaioN, lê ku dê telefón... lê mini bár... tré biaN. vuzakséptê lê cárt dê credí. nés pa?
Sim, por favor. Vejamos, os telefonemas... o minibar... Muito bem. Vocês aceitam cartões de crédito, não é?

Recepcionista: **Oui, Visa ou Mastercard ... merci ... et voici votre reçu.**
uí. visá u mastercár... mercí... ê voací vótre reçiu.
Sim, Visa ou Mastercard... obrigada... e aqui está seu recibo.

Judy: **Merci. Pouvez-vous m'appeler un taxi, s'il vous plaît ?**
mercí. puvê vu mapler aN taksí, sil vu plê?
Obrigado. Você pode chamar um táxi para mim, por favor?

Recepcionista: **Bien sûr.**
biaN siur.
É claro.

Palavras a Saber

je peux laisser	je pêu le-ssê	eu posso deixar
ici	i-cí	aqui
jusqu'à	jius-ká	até
la note	la not	a conta
un coup de téléphone	aN cup de te-le-fó-n	uma ligação telefônica
le reçu	le re-çiu	o recibo

Diversão & Jogos

Parece que há um erro em sua conta do hotel. Por isso você vai rever os detalhes com o recepcionista. Você tinha um quarto com duas camas e uma banheira no segundo andar, de frente para rua, por duas noites. Corrija-o quando necessário circulando a resposta correta e esclarecendo qualquer resposta quando necessário:

L' employé: Je vérifie. Une chambre double ?

A. Você: Oui/Non. ________________________________

L'employé: Avec douche ?

B. Você: Oui/Non. ________________________________

L'employé: Au rez-de-chaussée ?

C. Você: Oui/Non. ________________________________

L'employé: Côté rue ?

D. Você: Oui/Non. ________________________________

L'employé: Pour trois nuits ?

E. Você: Oui/Non. ________________________________

NESTE CAPÍTULO

» Conseguindo ajuda médica

» Pedindo ajuda na polícia

Capítulo 17
Lidando com Emergências

Nem é preciso dizer que emergências não são nada divertidas! Elas já são uma dor de cabeça quando estamos em casa, mas são ainda piores quando estamos em um ambiente estrangeiro. Com sorte, a única ajuda de que você precisará quando estiver viajando é para saber onde fica o terminal de ônibus mais próximo ou qual restaurante típico seus amigos lhe recomendam. Mas, se enfrentar alguma emergência, use as informações e o vocabulário deste capítulo para conseguir a ajuda necessária.

Dividimos este capítulo em duas seções principais: a primeira lida com problemas de saúde e a segunda, com problemas legais.

Conseguindo Ajuda Rápido

Se você sofrer um acidente ou enfrentar uma emergência, as frases a seguir servem para alertar as pessoas a sua volta de que precisa de ajuda rápido:

- **À l'aide ! Vite !** (a léd! vít!) (*Socorro! Rápido!*)
- **Au secours !** (ê sekúr!) (*Socorro!*)
- **Au feu !** (ô fê!) (*Fogo!*)
- **Arrêtez-le/la !** (a-rre-tê-lê/la!) (*Detenham-no/Detenham-na!*)
- **Au voleur !** (ô vo-léur!) (*Ladrão!*)
- **Police !** (po-lís!) (*Polícia!*)

LEMBRE-SE

O número de emergência para toda a Europa é 112. Ao chamar esse número, os atendentes o conectam ao serviço de socorro. Informe sua localização, o tipo de emergência e seu número de telefone.

É bastante útil ter à mão os números específicos de emergência do país que está visitando. Na França, os números são os seguintes (nas províncias, todos os números de emergência estão em uma página da lista telefônica):

- **La police** (la po-lís) (*polícia*): 17
- **L'ambulance** (laN-biu-laNs) (*ambulância*): 15
- **Le feu** (lê fê) (*bombeiros*): 18

SABEDORIA CULTURAL

Os franceses são obrigados por lei a fornecer assistência em uma emergência. No mínimo, eles devem parar e perguntar qual é o problema (se não for evidente) e chamar ou dizer para qual número você deve ligar para o tipo de emergência específico.

É provável que os socorristas falem um pouco de inglês para se comunicar com você diretamente, caso tenha um conhecimento básico de inglês, ou eles chamarão alguém que possa se comunicar com você. Mas você sempre pode pedir por alguém que fale português dizendo **Est-ce qu'il y a quelqu'un qui parle portugais?** (és-kil i a kel-kaN ki párl por-tiu-gué)? (*Alguém fala português?*)

Conseguindo Ajuda Médica

Se você tem um problema médico — **une maladie** (iune ma-la-dí) (*uma doença*), por exemplo —, pode precisar ir **chez le médecin** (chê lê mêd-ssan) (*ao consultório médico*) ou **au cabinet médical** (ô ca-bi-nê me-di-cál). Para fazer isso, você precisa **prendre rendez-vous** (praN-dre raN-dê-vu) (*marcar uma consulta*). Embora os médicos normalmente tenham horários para quem não marca consulta, você pode ter que esperar muito tempo. Se estiver muito doente para ir ao médico, não se preocupe. Eles podem ir até seu hotel ou onde estiver hospedado.

Seu hotel pode oferecer endereços e telefones de médicos locais ou especialistas. Você também pode obter essa informação com um farmacêutico. Aos domingos e feriados, ou fora dos horários de expediente, a **gendarmerie** (jaN--dar-me-rrí) (*delegacia de polícia*) local pode fornecer o número de **le médecin de garde** (lê mêd-ssan dê gard) (*médico de plantão*) ou **la pharmacie de garde** (la far-ma-cí dê gard) (*farmácia de plantão*).

Se você se envolveu em um acidente, pode precisar ir a **un hôpital** (aN-no--pi-tál) (*um hospital*) ou **les urgences** (f) (lê-ziur-jaNs) (*pronto-socorro*). Para esse tipo de emergência, use uma das seguintes frases:

» **Il me faut un docteur.** (il mê fô aN dok-téur.) (*Eu preciso de um médico.*)

» **Il lui faut une ambulance.** (il liuí fô aN aN-biu-laNs.) (*Ele/Ela precisa de uma ambulância.*)

DICA

Antes de sair de casa, verifique com seu plano de saúde se ele cobre emergências e consultas médicas no exterior. Se não cobrir, você pode comprar um seguro para os dias que estiver viajando. Se precisar de qualquer tipo de serviço enquanto estiver no exterior, simplesmente mostre a apólice de seu seguro. Lembre-se, também, de ligar para seu plano de saúde ou seguradora e explicar o que está acontecendo. Normalmente, você precisa pagar a conta (com seu cartão de crédito) do atendimento médico e depois será reembolsado pela prestadora do serviço contratado. Guarde os recibos e quaisquer **feuilles de soins** (féi dê soáN) (*formulários médicos*) que assinar.

Conversando com médicos quando estiver doente ou ferido

A França tem um dos melhores sistema de saúde do mundo. Fique certo de que, caso esteja apenas se sentindo mal e queira conversar sobre seus sintomas com **un médecin/un docteur** (aN mêd-ssan/aN dok-téur) (*um médico*) ou esteja ferido depois de um acidente, você vai receber tratamento de primeira classe.

Descrevendo as partes do corpo afetadas

Para descrever o que lhe aborrece, você precisa ser capaz de comunicar ao médico qual parte do corpo está doendo ou o incomodando:

- **la bouche** (la bush) (*boca*)
- **le bras** (lê bra) (*braço*)
- **la cheville** (la che-víie) (*tornozelo*)
- **les côtes** (f.) (lê cót) (*costelas*)
- **le cou** (lê ku) (*pescoço*)
- **le doigt** (lê doá) (*dedo da mão*)
- **le dos** (lê dô) (*costas*)
- **l'épaule** (le-pôl) (*ombro*)
- **l'estomac/le ventre** (lê-stô-mac/lê vaN-tre) (*estômago/barriga*)
- **la figure** (la fi-gur) (*rosto*)
- **le genou** (lê ge-nú) (*joelho*)
- **la gorge** (la górj) (*garganta*)
- **la jambe** (la jaNb) (*perna*)
- **la main** (la maN) (*mão*)
- **le nez** (lê nê) (*nariz*)
- **le pied** (lê piê) (*pé*)
- **la poitrine** (la poa-trine) (*peito*)
- **l'oeil/les yeux** (léil/lê-ziê) (*olho/olhos*)
- **l'oreille** (lo-rréi) (*orelha*)
- **l'orteil** (lor-téi) (*dedo do pé*)
- **la tête** (la tét) (*cabeça*)

Para dizer ao médico que algo dói, simplesmente use a expressão **J'ai mal à (à la/au/aux) ...** (jé mal a (a/ô/ô...) (*Meu... dói*) e acrescente o nome da parte do corpo. Essa construção usa o verbo **avoir** (a-voár) (*ter*) conjugado no presente (veja o Capítulo 2 para a conjugação desse verbo) mais a preposição **à** (a). Usar **à la/au/aux** antes da parte do corpo depende do gênero e número: se for masculino singular, use **au**; se for feminino singular, **à la**, e se for masculino ou feminino plural, **aux**. Veja alguns exemplos:

J'ai mal au bras. (jé mal ô bra.) (*Meu braço dói.*)

J'ai mal à la poitrine. (jé mal a la poá-trine.) (*Meu peito dói.*)

J'ai mal aux pieds. (jé mal ô piê.) (*Meu pé dói.*)

Você pode indicar o que dói em outra pessoa mudando o pronome no início e conjugando o verbo **avoir** apropriadamente, como mostrado nestes exemplos:

Il a mal au dos. (il a mal ô dô.) (*As costas dele doem.*)

Nous avons mal à la tête. (nu-za-voN mal a la tét.) (*Nossa cabeça dói/Estamos com dor de cabeça.*)

Descrevendo outros sintomas

Se você não estiver se sentindo bem — está com febre ou sentindo náusea ou tontura, por exemplo —, vai querer explicar esses sintomas ao médico. Nesse caso, é preciso ser capaz de dizer ao médico *Eu estou com febre* ou *Estou com enjoo.* Para criar muitas dessas expressões, use o verbo **avoir**, como explicado nas seções anteriores, mas sem a preposição **à**. Você diz, por exemplo, **j'ai** (jé) (*eu tenho*) e acrescenta o sintoma adequado. A seguir, mostramos alguns exemplos:

- **de la fièvre** (dê la fié-vre) (*febre*)
- **de la température** (dê la taN-pe-rra-tiur) (*temperatura alta*)
- **des problèmes à respirer** (dê pro-blém a res-pi-rrê) (*problemas para respirar*)
- **de l'asthme** (dê las-me) (*asma*)
- **une migraine** (iune mi-grén) (*enxaqueca*)
- **un (gros) rhume** (aN [grô] rium) (*um resfriado [terrível]*)
- **la grippe** (la grip) (*gripe*)
- **le nez bouché** (lê nê bu-chê) (*nariz entupido*)
- **une toux** (iune tu) (*tosse*)
- **une eruption/des taches rouges** (iune e-rriup-cióN/dê tash ruge) (*erupção na pele/vermelhidão*)
- **la diarrhée** (la dia-rrê) (*diarreia*)
- **une coupure** (iune ku-piur) (*um corte*)

Nem sempre as frases correspondentes em português usam o verbo *ter*. Veja alguns exemplos de frases:

J'ai de la nausée/J'ai mal au coeur. (jé dê la no-zê/jeé mal ô kéur.) (*Estou com náuseas/enjoo.*)

J'ai des vertiges. (jé dê ver-tíge) (*Estou com tonturas.*)

Tendo uma Conversa

ÁUDIO

Julia não está se sentindo bem e liga para um consultório médico para marcar uma consulta. Ela explica seus sintomas para a recepcionista. (Faixa 21)

Julia: **Bonjour. C'est Julia Mills au téléphone. Est-ce que je pourrais prendre rendez-vous le plus tôt possible ?**
boN-jur. Cé ju-liá mils ê te-le-fóne. és-kê jê pu-rré praN-dre raN-dê-vu lê pliu tô po-ssí-ble?
Olá. Júlia Mills falando. Eu poderia marcar uma consulta o mais breve possível?

La réceptionniste: **De quoi souffrez-vous ?**
dê koá su-frê-vu?
Qual é o problema?

Julia: **Je suis tombée et maintenant j'ai très mal à la tête.**
jê siuí toN-bê ê maN-te-naN jé tré mal a la tét.
Eu caí e agora estou com uma terrível dor de cabeça.

La réceptionniste: **Avez-vous mal au coeur ?**
a-vê-vu mal ô kéur?
Você está com náusea?

Julia: **Oui, je ne me sens pas très bien.**
uí, jê nê mê saN pa tré biaN.
Sim, não me sinto muito bem.

La réceptionniste: **Pouvez-vous venir tout de suite ?**
pu-vê-vu ve-nír tu dê suít?
Você pode vir agora?

Julia: **Oui, merci. À tout à l'heure.**
uí, mer-cí. a tu-ta léur.
Sim, obrigada. Até já.

Dizendo que quebrou, deslocou, torceu ou cortou alguma coisa

Em francês, para dizer que quebrou, deslocou ou torceu seu tornozelo, ou cortou uma parte do seu corpo, use os verbos reflexivos. Veja a explicação e a conjugação desses verbos no presente no Capítulo 5. Para saber mais sobre o tempo passado, veja o Capítulo 11. Para formar o tempo passado dos verbos reflexivos, pegue a conjugação do tempo presente do verbo auxiliar **être** (é-tre) (*ser/estar*) e acrescente o particípio passado. Veja um exemplo do verbo **se casser** (sê ca-ssê) (*quebrar*) no **passé composé** (pa-ssê coN-po-zê) (*pretérito [composto]*):

Je me suis cassé la jambe. (jê mê siuí ca-ssê la jaNbe.) (*Eu quebrei a perna.*)

Tu t'es cassé la cheville. (tiu té ca-ssê lê che-víie.) (*Você quebrou o tornozelo.*)

Il/Elle s'est cassé le bras. (il/él sé ca-ssê lê bra.) (*Ele/Ela quebrou o braço.*)

Nous nous sommes cassé les orteils. (nu nu sóme ca-ssê lê-zortéi.) (*Nós quebramos o dedo [do pé].*)

Vous vous êtes cassé les doigts. (vu vu-zét ca-ssê lê doá.) (*Você quebrou seus dedos.*)

Ils/Elles se sont cassé les côtes. (il/él sê soN ca-ssê lê cót.) (*Eles quebraram suas [deles] costelas.*)

Siga esse padrão com os outros verbos e depois acrescente a parte do corpo que é afetada. Veja estes exemplos usando outros verbos:

» **Je me suis foulé ...** (jê mê siuí fu-lê...) (*Eu machuquei...*)

» **Je me suis tordu ...** (jê mê siuí tor-diu...) (*Eu torci...*)

» **Je me suis coupé ...** (jê mê siuí ku-pê...) (*Eu cortei...*)

LEMBRE-SE

O francês usa artigos definidos com as partes do corpo. Por exemplo, em vez de dizer *eu quebrei meu pé*, você diz em francês, **je me suis cassé le pied** (jê mê siuí ka-ssê lê piê), que significa *eu quebrei meu pé*, mas literalmente é *eu me quebrei o pé*.

Passando por um exame médico

Quando você vai ao médico, ele ou ela com certeza fará algumas perguntas, como **Où avez-vous mal ?** (u a-vê-vu mal?) (*Onde dói?*) ou **Quels sont vos symptômes ?** (kél soN vê saN-ptóme?) (*Quais são seus sintomas?/O que está sentindo?*) Para responder a essas perguntas, use os termos e expressões mostrados nas seções anteriores. A menos que o problema seja muito óbvio e fácil de tratar, outras questões e procedimentos podem ser necessários, como explicam as seções seguintes.

LEMBRE-SE

Se você se envolver em um acidente e se machucar, um expressão idiomática bastante comum nessa situação é a pergunta **Qu'est-ce qui s'est passé ?** (kés--ki sé pa-ssê?) (*O que aconteceu?*) Outra expressão comum é **Ça fait mal !** (ça fé mal!) (*Dói!*) Memorize ambas.

Compartilhando informações sobre condições existentes

O médico pode lhe fazer perguntas, como as seguintes, para conhecer seu histórico e poder avaliar sua condição:

» **Êtes-vous cardiaque ?** (ét-vu car-diák?) (*Você é cardíaco?*)

» **Êtes-vous diabétique ?** (ét-vu di-a-be-tík?) (*Você é diabético?*)

» **Avez-vous de l'hypertension ?** (a-vê-vu dê li-per-taN- cióN?) (*Você tem hipertensão?*)

» **Êtes-vous allergique à ... ?** (ét-vu a-ler-gík a...?) (*Você é alérgico a...?*)

» **Prenez-vous des médicaments ?** (pre-nê-vu dê mê-di-ka-máN?) (*Você toma algum medicamento?*)

LEMBRE-SE

Naturalmente, você pode fornecer essas informações antes de ser perguntado, usando estas frases:

» **Je suis cardiaque.** (jê siuí car-diák.) (*Eu sou cardíaco.*)

» **J'ai de l'hypertension.** (jé dê li-per-taN-cióN.) (*Tenho pressão alta.*)

» **Je suis diabétique/allergique à ...** (jê siuí di-a-be-tík/a-ler-gík a...) (*Sou diabético/alérgico a...*)

Falando sobre exames

Depois de dizer ao médico o que está sentindo, ele irá o examinar e pode querer **prendre votre pouls** (praN-dre vó-tre pul) (*tomar seu pulso*) e **ausculter votre coeur** (ô-skiu-tê vó-tre kéur) (*auscultar o coração*), ou ainda:

» **prendre votre tension artérielle** (praN-dre vó-tre taN-ssióN ar-te-rri-él) (*verificar a pressão arterial*)

» **faire une prise de sang** (fér iune pri dê saN) (*tirar sangue*)

» **faire une radiographie** (fér iune ra-dio-gra-fí) (*fazer um raio-x*)

Quando o exame for concluído, o médico dirá o que precisa fazer. Ele pode **prescrire des médicaments** (pres-crír de mê-di-ca-máN) (*prescrever um remédio*), que você pode comprar na farmácia.

Tendo uma Conversa

Julie chega ao consultório da médica para um exame:

Médica: **Depuis quand vous sentez-vous comme ça ?**
depiuí caN vu saNtê vu cóme ça?
Há quando tempo você tem sentido isso?

Julia: **Depuis hier, quand je suis tombée.**
depiuí iér, caN jê siuí toNbê.
Desde ontem, quando eu caí.

Médica: **Avez-vous perdu l'appétit ?**
avê vu perdiu lapetí?
Você perdeu o apetite?

Julia: **Oui, et j'ai mal au coeur.**
uí, ê jé mal ô kéur.
Sim, e sinto náuseas.

Médica: **Vous avez une légère commotion cérébrale. Reposez-vous bien pendant quelques jours. Est-ce que vous prenez des médicaments ?**
vuzavê iune legér comocioN cerebrále. reposê vu biaN paNdaN quelque jur. és kê vu prenê dê mêdicamáN?
Você tem um leve traumatismo craniano. Repouse por alguns dias. Você toma algum medicamento?

Julia: **Non. Mais je suis allergique à l'aspirine.**
noN. mé jê siuí alergík a laspirríne.
Não. Mas sou alérgica a aspirina.

Médica: **Bon. Voilà une ordonnance ... en cas de douleurs. Prenez un comprimé toutes les quatre heures et revenez dans trois jours.**
boN. voalá iune ordonáNs... aN ca dê duléur. prenê aN coNprimê tút lê cátre éur ê revenê daN troá jur.
Bom. Aqui está uma receita... caso sinta dor. Tome um comprimido a cada quatro horas e volte em três dias.

Julia: **Merci, docteur. Au revoir.**
merci doctéur. ô revoár.
Obrigada, doutora. Tchau.

Palavras a Saber

je suis tombé(e)	je siuí toN-bê	eu caí
se sentir	sê saN-tír	sentir-se
depuis quand/ depuis hier	de-piuí kaN/depiuí iér	desde quando/ desde ontem
perdre	per-dre	perder
une commotion cérébrale	iune co-mo-ssióN cê-rre-brále	traumatismo craniano
pendant quelques jours	paN-daN kél-kê jur	por alguns dias
revenir	re-ve-nír	voltar/retornar

LEMBRE-SE

Para formar o pretérito em francês, você precisa dos verbos auxiliares **avoir** ou **être** mais o particípio passado, como em **j'ai eu** (jé iu) (*eu tive*). O Capítulo 11 trata do tempo pretérito.

Indo à farmácia por indisposições menores e para comprar medicamentos

As atribuições dos farmacêuticos franceses vão além de simplesmente vender medicamentos; assim, a farmácia frequentemente é o primeiro lugar a se procurar em caso de indisposições menores. Além de fornecer os medicamentos **des ordonnances** (dê-zor-do-naNs) (*das receitas*), **le pharmacien/la pharmacienne** (far-ma-ciaN/far-ma-ciene) (*farmacêutico/farmacêutica*) altamente treinado pode lidar com machucados; dar conselhos sobre medicamentos para resfriados, enxaquecas, queimaduras solares, e assim por diante; e ainda dar aconselhamento nutricional. As farmácias francesas são facilmente reconhecíveis pela grande cruz verde na porta.

Quando você procurar o farmacêutico para ajuda médica, pode perguntar **Pourriez-vous me donner un conseil ?** (pu-rri-ê-vu mê do-nê aN coN-sséi) (*Poderia me dar um conselho?*) Se o problema é mais sério e requer maiores cuidados, o farmacêutico vai lhe indicar os médicos da região.

Na França, **les médicaments** (lê mê-di-ca-máN) (*medicamentos*) são vendidos apenas nas farmácias. O vocabulário a seguir o ajuda a pedir o medicamento de que precisa:

- **les antibiotiques** (le-zaN-ti-bi-ô-tík) (*antibiótico*)
- **l'aspirine** (las-pi-rríne) (*aspirina*)
- **les pastilles** (le pa-stíie) (*pílulas*)
- **le sirop (pour la toux)** (lê si-rróp [pur la tu]) (*xarope [para a tosse]*)
- **les vitamines** (lê vi-ta-míne) (*vitaminas*)

DICA

Se você precisa de um medicamento, forneça o nome genérico ao farmacêutico, pois o nome da marca pode não existir no país onde você está. Por exemplo, você pode dizer **acétaminophène** (a-cê-ta-mi-no-féne) (*paracetamol*) ou **ibuprofène** (i-biu-pro-féne) (*ibuprofeno*).

Mesmo que provavelmente não vá precisar de um **trousse de secours** (trus dê sekur) (*kit de primeiros socorros*), você pode comprar alguns itens básicos como **de l'alcool** (dê lal-kól) (*álcool*) e **des pensements** (de paN-sse-máN) (*bandagens*) também nas farmácias.

O horário de funcionamento das farmácias normalmente é de segunda a sábado, das 9h da manhã às 7h da noite, e elas fecham aos domingos. Durante a noite, aos domingos e feriados, sempre existe **une pharmacie de garde** (iune far-ma--cí dê gard) (*uma farmácia de plantão*) próxima.

Enfrentando o dentista

Tudo pode acontecer quando se está viajando. Você pode ter **une rage de dents** (iune ráge dê daN) (*uma dor de dente*) ou perder uma obturação. Se isso acontecer, você pode perguntar o nome de **un dentiste** (aN daN-tíst) (*dentista*) local em seu hotel ou na farmácia mais próxima. Veja um pouco do vocabulário envolvendo problemas dentários:

» **un abcès** (aN-nab-cé) (*um abcesso*)

» **une couronne cassée** (iune ku-rróne ca-ssê) (*uma coroa quebrada*)

» **la dent (sensible)** (la daN [saN-ssí-ble]) (*dentes [sensíveis]*)

» **les gencives saignantes** (lê geN-cív se-nhant) (*as gengivas sangrando*)

» **le plombage est tombé** (lê ploN-báge toN-bê) (*a obturação caiu*)

Lidando com Problemas Legais

A maioria das férias e viagens ocorre sem qualquer tipo de problema que requeira que se fale com a polícia ou o consulado. Mas, ocasionalmente, você pode se deparar com uma situação em que isso será preciso. Talvez uma carteira ou bolsa roubada, o envolvimento ou testemunho de um acidente ou a perda de seu passaporte. Esta seção traz as informações necessárias para lidar com esses incidentes.

Falando com a polícia

Você deve reportar qualquer tipo de acidente, emergência, roubo e coisas do tipo para **le comissariat de police** (lê co-mi-ssa-rri-á dê po-lís) (*delegacia de polícia*), nas cidades maiores, ou para **la gendarmerie** (la jaN-dar-me-rrí), nas cidades pequenas. Veja a seção anterior "Conseguindo Ajuda Rápido" para os números de emergência. Para encontrar a delegacia de polícia mais próxima, você pode perguntar **Où est le commissariat de police le plus proche ?** (u é lê co-mi-ssa-rri-á dê po-lís lê pliu próch?) (*Onde é a delegacia mais próxima?*) Ao chegar lá, explique por que está lá dizendo que **Je veux**

signaler ... (jê vê si-nha-lê...) (*Eu gostaria de comunicar...*) e acrescente uma das seguintes frases:

- **un accident** (aN-na-kcí-daN) (*um acidente*)
- **une agression** (iun-na-grê-cioN) (*uma agressão*)
- **un cambriolage** (aN caN-bri-ô-láge) (*um roubo/assalto*)
- **un vol** (aN vól) (*um furto*)

DICA

Nesse ponto, a conversa provavelmente vai evoluir além dos seus conhecimentos de francês. Nesse caso, diga **Est-ce qu'il y a quelqu'un qui parle portugais?** (és-kil i a kél-kaN ki parl por-tiu-gué?) (*Tem alguém que fala português?*)

Relatando um acidente

Em caso de acidente, relate-o a **un agent de police** (aN-na-jaN dê po-lís) (*um policial*) ou a **un gendarme** (aN jaN-dárm) (*um policial*) para acidentes nas rodovias. Você pode dizer **Il y a eu un accident ...** (il i a iu aN-na-kci-daN...) (*Ocorreu um acidente...*) e acrescentar uma das seguintes frases:

- **sur l'autoroute** (sur lo-to-rrút) (*na autoestrada*)
- **sur la route** (sur la rút) (*na estrada*)
- **près de ...** (pré dê...) (*perto de...*)

Quando a polícia chegar, eles normalmente fazem muitas perguntas, como as seguintes:

- **Est-ce que je peux voir votre ... ?** (és-kê jê pê voár vó-tre) (*Posso ver sua...?*)

  permis de conduire (per-mí dê coN-diuír) (*carteira de habilitação*)

  carte d'assurance (cart da-ssiu-rraNs) (*cartão do seguro*)

  carte grise (cart griz) (*documento de registro do veículo*)
- **Quel est votre nom et adresse ?** (kél é vó-tre noN ê a-drés?) (*Quais são seu nome e endereço?*)
- **À quelle heure est-ce que ça s'est passé ?** (a kél éur és-kê ça sé pa-ssê?) (*A que horas isso aconteceu?*)
- **Est-ce qu'il y a des témoins ?** (és-kil i a dê te-moáN?) (*Há testemunhas?*)

Eles podem ainda dizer **Vous devez venir au commissariat pour faire une déposition** (vu de-vê ve-nír ô co-mi-ssa-rri-á pur fér iune dêpo-zi-cióN)

(*Você precisa vir até a delegacia para prestar um depoimento*) ou **Vous devez payer une amende** (vu de-vê pe-iê iune a-maNd) (*Você tem que pagar uma multa*).

As frases a seguir o ajudam a explicar o que aconteceu:

> **Il m'est rentré dedans.** (il mé raN-trê de-daN.) (*Ele veio na minha direção/ ele bateu no meu carro*)
>
> **Elle a conduit trop vite/près.** (él a coN-diuí trô vit/pré.) (*Ela dirigia muito rápido/perto.*)
>
> **Je faisais ... kilomètres à l'heure.** (jê fe-zé... ki-lo-mé-tre a léur) (*Eu estava a... quilômetros por hora.*)

DICA

A qualquer momento, fique à vontade para dizer **Je voudrais un interprète/un avocat** (jê vu-dré–aN-naN-ter-prét/aN-na-vo-cá) (*Eu gostaria de um intérprete/um advogado*).

Tendo uma Conversa

André dirige em um cruzamento. Um motorista passa o sinal vermelho e atinge a traseira de seu carro. Um policial é chamado à cena.

Le gendarme: **Qu'est-ce qui s'est passé ?**
kés-ki sé pa-ssê?
O que aconteceu?

André: **Je traversais le carrefour quand cette voiture a brûlé un feu rouge et m'est rentré dedans.**
jê tra-ver-ssé lê car-fur kaN cét voatiur a briu-lê aN fê ruge ê mé raN-trê de-daN.
Eu estava passando pelo cruzamento quando este carro passou o sinal vermelho e bateu na traseira do meu carro.

Le gendarme: **Êtes-vous blessé ?**
ét-vu ble-ssê?
Você está ferido?

André: **Non, monsieur, mais le pare-chocs est bosselé.**
noN, me-ssiê, mé lê par-chók é bos-lê.
Não, senhor, mas meu para-choque está amassado.

Le gendarme: **Donnez-moi votre permis de conduire et votre carte grise.**
do-nê-moá vó-tre per-mí dê coNduír ê vó-tre cart griz.
Dê-me sua carteira de habilitação e o documento do veículo.

André: **Les voici.**
lê voa-cí.
Aqui estão.

Palavras a Saber

traverser	tra-ver-ssê	atravessar
le carrefour	lê car-fur	o cruzamento
brûler un feu rouge	briu-lê aN fê ruge	passar no sinal vermelho
blessé(e)	ble-ssê	ferido, machucado
le pare-chocs	lê par-chók	o para-choque
bosselé(e)	bos-lê	amassado
les voici	le voa-cí	aqui estão

Descrevendo o que foi roubado/furtado

Se você for roubado, um policial provavelmente vai lhe perguntar **Qu'est-ce qui vous manque ?** (kés-ki vu maNk?) (*O que está faltando?*) Você pode dizer **On m'a volé ...** (oN ma vo-lê...) (*Eles roubaram/furtaram...*) e acrescentar o item. Veja alguns nomes dos itens mais roubados/furtados:

- **mon appareil-photo** (moN-na-pa-rréi fo-tô) (*minha câmera*)
- **mes cartes de crédit** (mê cart dê cre-dí) (*meus cartões de crédito*)
- **mon sac** (moN sac) (*minha bolsa*)
- **mon argent** (moN-nar-jaN) (*meu dinheiro*)
- **mon passeport** (moN pas-pór) (*meu passaporte*)
- **mon porte-monnaie** (moN port-mo-né) (*minha carteira*)

O policial pode perguntar ainda **Pouvez-vous décrire la personne ?** (pu-vê-vu de-crír la per-ssóne?) (*Você pode descrever a pessoa?*) Se você conseguiu ver o criminoso, diga **C'était quelqu'un ...** (ce-té kél-kaN...) (*Era uma pessoa...*) e acrescente as seguintes descrições:

- **aux cheveux blonds/bruns/roux/gris** (ô che-vê bloN/braN/ru/gri) (*com cabelos loiros/castanhos/ruivos/grisalhos*)
- **un peu chauve** (aN pê chôv) (*careca*)

- **grand/petit/mince/gros** (graN/pe-tí/maNs/grô) (*alto/baixo/magro/gordo*)
- **d' environ ... ans** (daN-vi-rroN... aN) (*de cerca de... anos*)

Você pode ainda ser capaz de descrever o que a pessoa estava vestindo. Veja o Capítulo 9 para um vocabulário relacionado ao vestuário.

Obtendo ajuda legal

Como estrangeiro, você pode se sentir confuso, e ajuda sempre é bem-vinda. Você pode dizer uma das seguintes frases:

J'ai besoin d'un avocat qui parle portugais. (jé be-zaN daN-navo-cá ki parl por-tiu-gué.) (*Eu preciso de um advogado que fale português.*)

Je voudrais téléphoner à un/e ami/e en ville. (jê vu-dré te-le-fo-nê a aN/iune a-mi aN vile.) (*Eu gostaria de ligar para um amigo da cidade.*)

Je dois contacter le consulat. (jê doá coN-ta-ctê lê coNssiu-lá.) (*Eu preciso contatar o consulado.*)

DICA

Enquanto você estiver em um país estrangeiro, as leis daquele país substituem as do seu próprio país. Em uma emergência, o cônsul de seu país é a pessoa mais indicada para o ajudar. Ele ou ela estará do seu lado, mais do que qualquer advogado ou policial local. Para descobrir onde fica o consulado brasileiro, antes de sua viagem, visite `http://cgparis.itamaraty.gov.br/pt-br/`. Outros países francófonos podem ter sites semelhantes para que você localize o consulado do seu país.

Diversão & Jogos

Seu amigo está aprendendo a surfar, e você acaba sendo a primeira pessoa a encontrá-lo depois de uma queda sobre alguns corais. Ele parece bem, mas, para ter certeza, pergunte a ele sobre cada parte do corpo. Escreva as palavras em francês, é claro, para as partes do corpo identificadas pelos números no seguinte desenho:

1. peito ______________________
2. ombro ______________________
3. olho ______________________
4. cabeça ______________________
5. nariz ______________________
6. boca ______________________
7. pescoço ______________________
8. braço ______________________
9. mão ______________________
10. abdômen ______________________
11. perna ______________________
12. pés ______________________
13. tornozelo ______________________
14. joelho ______________________

4 A Parte dos Dez

NESTA PARTE...

Todo livro *Para Leigos* termina com listas dos dez mais, e este livro traz algumas boas. Além de oferecer dicas sobre como aprender francês rapidamente, mostramos frases que você deve evitar, expressões que não deve hesitar em usar e frases que o farão parecer francês.

Capítulo 18

Dez Maneiras de Aprender Francês Rapidamente

Se você estudou francês por vários anos no Ensino Médio ou na graduação e o abandonou depois, ou se caiu de amores por essa língua maravilhosa "mais tarde na vida" e está ansioso para conseguir falar, há diversas maneiras de aumentar sua exposição ao idioma para que o aprenda mais rápido. Este capítulo oferece algumas sugestões divertidas para o ajudar a memorizar palavras, acostumar-se com o ritmo e entrar no clima da língua francesa.

Ponha Etiquetas nas Coisas em Sua Casa

Se estiver interessado em aprender rapidamente as palavras do cotidiano, corte um monte de papéis em pequenos pedaços (ou use post-its), pegue seu dicionário português-francês e faça o seguinte: pesquise a palavra francesa para tudo que está à sua volta em sua casa, como **le mur** (lê miur) (*a parede*), **la porte** (la pór-t) (*a porta*), **le sofa** (lê so-fá) (*o sofá*), **le refrigeratéur** (lê re-fri--gê-rra-téur) (*a geladeira*), **une tasse** (iune tás) (*uma xícara*), **le robinet** (lê ro-bi-nê) (*a torneira*), e assim por diante. Escreva cada palavra em um desses pedaços de papel e o amarre, cole ou pregue no lugar que ele descreve. É tiro e queda; você vai aprender essas palavras rapidinho!

Escreva Listas de Compras em Francês

Ao fazer sua lista de compras, escreva em francês. Escreva a tradução em português na frente, para que não fique irritado se não se lembrar na hora de comprar que **de l'ail** (de lái) significa *alho* ou **des pommes** (de pómm), *maçãs*.

Ouça Música Francesa

Compre CDs de música francesa — de preferência com a letra das músicas no encarte, para que tenha uma ideia do que está sendo cantado — ou baixe músicas francesas. Procure as letras de suas canções favoritas na internet. Ouvir o francês e tentar imitar seus sons ajuda não apenas a aprender o vocabulário, mas também a melhorar sua pronúncia.

Assista a Filmes Franceses

Um jeito divertido de aprender expressões, o sotaque e os hábitos culturais é assistir a filmes franceses, de preferência sem legenda. (Se o filme tiver legenda, faça o possível para a ignorar, caso contrário você vai curtir o filme, mas não aprender francês!) Procure filmes franceses na internet ou por meio de serviços de filmes, como a Netflix.

DICA

Se puder, assista ao mesmo filme algumas vezes e tente imitar a entonação e os sons das frases e sentenças que ouvir.

Sintonize a TV5

A TV5 é um canal 24 horas de programação em francês que você pode acessar por satélite ou cabo. Esse canal transmite programas da França, Suíça, Bélgica, Canadá e dos países da África que falam francês. Os programas incluem notícias, filmes, programas de cultura e entretenimento, documentários, esportes e muito mais. Para ver quais operadoras transmitem esse canal em sua região, visite `www.tv5monde.com/cms/Brasil`. Lembre-se de que, quanto mais você ouvir francês, mais sua compreensão vai melhorar.

Leia Publicações Francesas

Ler jornais e revistas francesas é uma ótima maneira de acompanhar os acontecimentos atuais, as tendências da moda, e, ao mesmo tempo, aprender algumas frases de manchetes e propagandas. Ler os anúncios é uma excelente experiência. Além disso, você pode ler livros infantis. As fotografias e ilustrações desse tipo de publicação o ajudam a entender a história, mesmo que as palavras não sejam conhecidas. Se for um pouco mais aventureiro, experimente ler livros de ficção em francês.

Entre em um Curso

Existem muitas universidades e escolas de idiomas que oferecem cursos de francês. A vantagem da sala de aula é estar em um ambiente interativo e ter uma pessoa de carne e osso para responder a suas dúvidas. Você ainda terá a vantagem de ouvir e praticar francês com seus colegas e professor.

Frequente uma Associação Francesa

Você pode encontrar diversas associações culturais francesas no Brasil. A mais famosa é a Alliance Française, que é uma associação sem fins lucrativos cuja missão é promover o idioma francês e a cultura francesa e francófona. Eles oferecem aulas, filmes, palestras e muito mais. Descubra uma perto de você e se associe já. Você conhecerá pessoas interessantes e talvez alguém com quem possa conversar e praticar seu francês. Para saber mais sobre essa organização e localizar filiais perto de você, acesse `http://www.aliancafrancesabrasil.com.br/onde-estamos`.

Navegue pela Internet

A internet apresenta muitas oportunidades para você descobrir mais sobre o francês. Use seu mecanismo de busca preferido, por exemplo, o Google, e digite **.fr**, em vez de **.com**, e terá um mundo francófono a seu dispor. Selecione o que lhe interessar: cultura, hobbies, economia, gastronomia, mídia, negócios e muitas outras áreas. Navegue em português ou em francês e escolha pelas palavras que conhece.

Bate-papo

Entre em uma sala de bate-papo em francês, apenas para ouvir, se quiser. Você ficará surpreso com o quanto é possível aprender ouvindo conversas informais. Observação: assim como em qualquer outro meio de comunicação virtual, tenha cuidado e nunca forneça seus dados pessoais.

Capítulo 19

Dez Coisas para Não Dizer Nunca

Você já viu alguma vez visitantes estrangeiros dizendo coisas que fizeram você simplesmente querer explodir em gargalhadas ou prender sua respiração na esperança de que ninguém tivesse ouvido? Bem, isso acontece até com o melhor dos linguistas, mas veja aqui pelo menos algumas dicas para ajudá-lo a evitar as piores armadilhas!

Usar "Tu" Quando Deveria Usar "Vous"

Ao falar com qualquer pessoa que não seja uma criança, nunca use a forma familiar de tratamento: **tu** (tiu) (*você*) ou **ton/ta/tes** (toN/ta/tê) (*seu*). Por exemplo, ao cumprimentar alguém que acabou de conhecer, diga **Comment allez-vous ?** (co-maN-ta-lê-vu?), e não **Comment vas-tu ?** (comaN va-tiu?) Se usar a forma familiar na situação errada, passará a impressão de ser mal-educado; no pior cenário, o ouvinte pode encarar como insulto!

Espere até que a outra parte sugira o tratamento familiar — **Mais on peut se tutoyer !** (mé oN pê sê tiu-toa-iê!) (*Mas podemos nos chamar por tu!*) Esse é o sinal verde para que você passe a usar a forma familiar. Na verdade, recusar a oferta seria considerado bastante ofensivo!

Usar "Bonne nuit!" para Tchau

Ao se despedir de alguém à noite, não se diz **Bonne nuit !** (bonN niuí) (*Boa noite!*, mas equivalente a *durma bem*), a menos que queira deixar claro que você está indo dormir. Use **Au revoir !** (ôr-voár) (*Tchau!*) ou **Bonsoir !** (bonN--ssoár) (*Boa noite!*)

Usar "Garçon" ou "Porteur" para Se Dirigir a Funcionários

Se quiser chamar a atenção de um garçom em um restaurante, não diga **Garçon !** (gar-çoN!) (*Menino!*) E em aeroportos e estações de trem, evite usar o termo **porteur** (por-téur) (*carregador*). Os atendentes odeiam ser chamados por esses termos, que são considerados arrogantes. Diga **monsieur** (me-ssiê) (*senhor*).

Dizer "Je Suis Excité(e)" para Indicar Empolgação

Quando estiver empolgado com alguma coisa, não use **Je suis excité/excitée** (jê siuí-zek-ci-tê) (*Estou excitado*), pois a frase tem conotação sexual, assim como em português. O francês não tem uma frase direta para demonstrar empolgação, mas é possível transmitir o mesmo sentimento dizendo **J'ai hâte de ...** (jé át dê...) (*Estou ansioso para...*) ou **Je suis très heureux/heureuse ...** (jê siuí tré-zê-rê/ê-rêse...) (*Estou muito feliz...*)

Dizer "Je Suis Chaud(e)/Froid(e)" para Dizer que Está com Frio ou Calor

Quando estiver com frio ou calor, não diga **Je suis chaud/chaude** (jê siuí chô/chôd) (*Estou quente*) ou **Je suis froid/froide** (jê siuí froá/ froád) (*Estou frio*), pois essas frases na verdade indicam a excitação ou falta de excitação sexual, o que provavelmente não era sua intenção! Em vez disso, diga **J'ai chaud/chaude** (jé chô/chôd) ou **J'ai froid/froide** (jé froá/froád), ambas com o verbo **avoir** (a-voár) (*ter*).

Dizer "Je Suis Plein/e" para Dizer que Está Satisfeito

Se alguém perguntar se quer se servir de mais alguma coisa no jantar e você já estiver satisfeito, não use a palavra *cheio*, **plein**. **Je suis plein/pleine** (jê siuí plaN/plén) significa *Estou grávida*. Em vez disso, use **J'ai fini** (jé fi-ní) (*Terminei*) ou **J'ai assez/trop mangé** (jé a-ssê/trô maN-jê) (*Comi o suficiente/bastante*).

Usar "de la Glace" para Pedir Gelo

Quando estiver em um restaurante e quiser cubos de gelo em sua bebida, normalmente você precisa pedir. O problema é que se você pedir **de la glace** (dê la glás), o garçom provavelmente vai perguntar **Quel parfum ?** (kél par-faN?) (*Que sabor?*). O motivo? Nesse contexto, **la glace** significa *sorvete*. Em vez disso, peça **des glaçons** (dê gla-çoN) (*cubos de gelo*).

Usar "Je Suis ... Ans" para Dizer Sua Idade

Se alguém perguntar sua idade, use o mesmo verbo que usamos em português, **avoir** (a-voár) (*ter*) e diga **J'ai 30 ans** (jé traN-taN) (*Eu tenho 30 anos*).

Pedir para Trocar Dinheiro com "J'ai Besoin de Change"

Se quiser trocar uma nota grande por menores, não diga **J'ai besoin de change** (jé be-zoáN dê change), pois o ouvinte pensará que você precisa de uma muda de roupas. Use **J'ai besoin de monnaie** (jé be-zoáN dê mo-né) (*preciso de trocado*).

Usar o Verbo "Visiter" para Se Referir a Pessoas

Uma maneira de garantir uma boa risada é dizer para alguém que está indo visitar amigos, dizendo algo como **Je vais visiter mon ami Paul** (jê vé vi-zi-tê moN-na-mí pôl). Por que é tão engraçado? Porque o verbo **visiter** (vi-zi-tê) (*visitar*) é usado para lugares e monumentos — para turismo —, não para pessoas. Você provavelmente não tem a intenção de caminhar em torno de sua tia ou amigo observando-o como se fosse um monumento, não é mesmo? Diga **Je vais voir Paul** (jê vé voár pôl) (*Vou ver Paul*) ou use a expressão usada para visitar pessoas, **rendre visite à** (raN-dre vi-zít a) (*fazer uma visita* ou *visitar uma pessoa*), como **Je vais rendre visite à Paul** (jê vé raN-dre vi-zít a pôl) (*Estou indo visitar Paul*).

Capítulo 20

Dez Expressões Francesas Favoritas

Depois de se sintonizar um pouco com a língua francesa, é bem possível que, a qualquer momento, você ouça as pessoas usando estas pequenas expressões bastante francesas, que parecem escapar da língua em qualquer ocasião. É até possível que você já as tenha ouvido anteriormente. Agora é hora de usá-las você mesmo.

"À mon avis"

Se quiser *expressar sua opinião* em francês, use essa frase. **À mon avis** (a moN--na-ví) significa *na minha opinião.* Você pode a usar antes ou depois de declarar sua opinião.

"C'est pas vrai"

Se ouvir algo difícil de acreditar, diga **C'est pas vrai** (cé pa vré) (*De jeito nenhum!/Não diga!*). Literalmente quer dizer *Isso não é verdade*. Observe que, gramaticalmente, essa expressão deveria ser **Ce n'est pas vrai** (cê né pa vré); entretanto, no francês falado, o **ne** geralmente é omitido, e ouve-se apenas o **pas**.

"Avec plaisir"

Avec plaisir (a-vek ple-zír) significa *com prazer*, e é uma excelente maneira de aceitar um convite para almoçar ou ir ao cinema, por exemplo. Você pode usar essa expressão para mostrar que está disposto e feliz por fazer um favor para alguém.

"Bon appétit"

Bon appétit (boN-na-pe-tí) literalmente significa *bom apetite*. É usada da mesma forma que usamos em português.

"C'est génial"

Use **C'est génial** (cé ge-niál) para transmitir empolgação sobre alguma coisa. Significa *Fantástico!* ou *Maravilha!* Também pode sugerir que algo é realmente *inteligente* ou *brilhante*.

"À votre santé"

Quando os franceses erguem seus copos para um brinde, eles dizem **À votre santé** (a vó-tre saN-tê), no singular formal e no plural, ou **À ta santé** (a ta saN-tê) na forma familiar. Essas frases significam literalmente *à sua saúde*.

"À vos souhaits"

Quando alguém espirra, dizemos, em português, *Saúde*. Em francês, diga **À vos souhaits** (a vô sué) (*aos seus desejos*), que é mais formal, ou **À tes souhaits** (a tê sué), que é mais familiar, ou informal. Ambas as expressões significam que você quer que os desejos de quem espirrou se tornem realidade.

"Quelle horreur !"

Quelle horreur ! (kél ô-rréur) significa *Que horror!* É usada não apenas para expressar horror, mas também qualquer tipo de aversão, como em: *Que pensamento terrível! Que desagradável!* e *Não posso acreditar!* Também é usada para expressar que a aparência, o som ou o cheiro de alguma coisa é terrível.

"À bientôt"

A tradução literal de **À bientôt** (a biaN-tô) é *Até logo*. Use essa expressão quando espera ver a pessoa que está partindo em breve.

"Pas mal"

Use **pas mal** (pa mal) (*nada mal*) quando quiser expressar que algo não está fantástico, mas também não está terrível; está meio-termo. Geralmente, usa-se essa expressão em resposta a alguém que lhe pergunta como você está ou como vão as coisas.

Capítulo **21**

Dez Frases que O Fazem Parecer Francês

O Capítulo 20 forneceu algumas expressões tipicamente francesas, que quase todos que falam um pouco de francês sabem e usam. As frases deste capítulo vão um pouco além das expressões comuns: estas expressões são tão francesas que você pode até se passar por um francês nativo quando as usar.

"Passez-moi un coup de fil !"

Passez-moi un coup de fil ! (passê moá aN ku dê fíl) significa *Ligue para mim.* Você pode dizer, é claro, **Appelez-moi !** (aplê moá) ou **Téléphonez-moi !** (têlefonê moá), que significam a mesma coisa, mas não soaria tão sofisticado! Você também pode usar **tu** (tiu) com essas expressões: **Passe-moi un coup de fil** (pas-moá aN ku fil), **appelle-moi** (a-pél-moá) e **téléphone-moi** (tê-le-fo-ne-moá).

"On y va! ou Allons-y !"

On y va ! (on-ni va!) e **Allons-y !** (a-loN-zí!) significam *Vamos [lá]!* Você também pode despachar alguém para algum lugar usando o imperativo **Allez-y !** (alezí) (*Vá em frente!*) ou **Vas-y !** (vazí) para a forma familiar, caso queira ser um pouco insistente.

"Je n'en sais rien"

Para dizer que está por fora de algo, diga **Je n'en sais rien** (jê naN sé riaN) (*Não sei de nada*). Na fala informal, você também pode dizer (e isso é o que você ouve na maioria das vezes) **J'en sais rien** (jaN sé riaN) para dizer a mesma coisa. Tecnicamente, *J'en sais rien* está gramaticalmente incorreta, por causa do **ne** (nê) ausente antes do pronome, mas no francês falado, o **ne** geralmente é ignorado.

"Je n'en reviens pas"

Se ouvir algo surpreendente ou inacreditável, diga **Je n'en revien pas** (jê naN rê-viaN pa), ou você pode omitir o **n'** e dizer **J'en reviens pas** (jaN rê-viaN pa). Ambas significam algo como *não posso acreditar*, embora literalmente signifiquem *não vou me recuperar.*

"Ça vaut la peine"

Para expressar que algo vale a pena, diga **Ça vaut la peine** (sa vô la péne) ou mesmo **Ça vaut le coup** (sa vô lê ku). Ambas as expressões significam *Vale a pena.* As traduções literais são *Vale a pena (o sofrimento)* e *Vale o esforço.* Você pode usar essas expressões também na forma negativa: **Ça ne vaut pas la peine** (sa nê vô pa la péne) ou **Ça ne vaut pas le coup** (sa nê vô pa lê ku), que significam *Não vale a pena.* Assim como as expressões anteriores, o **ne** geralmente é deixado de lado na língua falada, e você pode ainda ouvir **Ça vaut pas la peine** (sa vô pa la péne) ou **Ça vaut pas le coup** (sa vô pa lê ku).

"C'est pas grave"

Literalmente, **C'est pas grave** (cé pa gráv) significa *Não é grave*, mas a tradução coloquial é *Não é nada de mais*. A expressão completa é **Ce n'est pas grave** (ê né pa gráv), mas o **ne** é eliminado na forma falada, e a ênfase é no **pas**.

"Ça m'est égal"

Quando quer expressar que para você "tanto faz" diga **Ça m'est égal** (sa mé-te-gál), que significa *Não me importa*. A tradução literal é *para mim é igual*.

"N' importe"

N'importe (naN-pórt) é uma expressão bastante comum e versátil, pois pode ser acompanhada de vários advérbios interrogativos, pronomes ou adjetivos. Sozinha, ela significa *não importa* e, ao ser usada junto com uma expressão interrogativa, como **qui** (ki) (*quem*), **où** (u) (*onde*), **quand** (kaN) (*quando*), **comment** (ko-maN) (*como*), **quoi** (koá) (*o quê*), e assim por diante, significa *não importa quem, onde, quando, como* ou *o quê*, respectivamente.

"Tu cherches midi à 14h"

Tu cherches midi à 14h (tiu chérch mi-dí a ca-tórze éur) é a melhor de todas. A tradução literal é *você está procurando meio-dia às duas da tarde*. Não entendeu o que quer dizer? Bem, o significado é um tanto complexo, mas essa frase é bastante elegante e muito usada, então não é difícil que acabe a ouvindo por aí e, se quiser parecer francês, vai usá-la também. Então lá vai: **Tu cherches midi à 14h** significa que alguém está dificultando as coisas mais do que o necessário, de forma que perdeu a perspectiva e está complicando a questão. Você também pode dizer **Il ne faut pas chercher midi à 14h !** (il nê fô pa cher-chê mi-dí a ca-tórze éur!) (*Você não deveria se preocupar tanto com isso!*)

Use **Tu cherches midi à 14h** quando estiver falando com a pessoa que está dificultando as coisas; use **Il/Elle cherche midi à 14h** (il/él chérch mi-dí a ca-tórze éur) quando estiver falando de outra pessoa.

"Prenons un pot !"

Use **Prenons un pot** (prê-noN aN pô) para dizer... *Vamos tomar um pote?* Não, não pode ser isso! Bem, se você forçar um pouco sua imaginação, pode chegar à conclusão de que a frase significa V*amos beber alguma coisa*. (Não um pote inteiro, mas...) Já a expressão **Prenons un verre** (prê-noN aN vér), que também significa *vamos beber alguma coisa*, mas que literalmente quer dizer *vamos tomar um copo*, não requer tanto de sua imaginação!

5
Apêndices

NESTA PARTE...

Por último, mas não menos importante, estão os apêndices, que sem dúvida lhe serão bastante úteis. Além de um dicionário bastante abrangente, fornecemos tabelas de verbos que mostram como conjugar verbos regulares e irregulares, as respostas das seções Diversão & Jogos ao longo do livro e um guia para as faixas de áudio que acompanham este livro.

Apêndice A

Minidicionário Francês-Português

A

à bientôt *(a biaNtô):* até logo
à côté de *(a cotê dê):* perto de
à demain *(a demaN):* até amanhã
à droite *(a droát):* à direita
à gauche *(a gôch):* à esquerda
à l'heure *(a léur):* na hora
absolument *(absoliumaN):* absolutamente
accepter *(acceptê):* aceitar
acheter *(achtê):* comprar
addition *(adicióN):* conta
adresse *(adrés):* endereço
adresse électronique *(adrés electroník):* e-mail
affaires *(afér):* negócios
agneau *(anhô):* cordeiro
aider *(edê):* ajudar
aimer *(emê):* amar
aller *(alê):* ir
aller-retour *(alê-retúr):* viagem de ida e volta
aller simple *(alê saNple):* ida (passagem)
ami/amie *(amí):* amigo(a)
août *(ut):* agosto
appeler *(aplê):* chamar
argent *(arjaN):* dinheiro
arrêt *(arrét):* parada
arriver *(arrivê):* chegar
assiette *(assiét):* prato
attendre *(ataNdre):* esperar
au fond *(ô foN):* ao fundo
au revoir *(ô revoár):* adeus
aubaine *(obéne):* liquidação [Quebec]
aujourd'hui *(ojurdiuí):* hoje
aussi *(ossí):* também
avocat/avocate *(avocá/avocát:* advogado
avoir *(avoár):* ter
avril *(avrile):* abril

B

banane *(banáne):* banana
basket *(baskét):* basquetebol
baskets *(baskét):* tênis
beau *(bô):* bonito, belo
beurre *(béur):* manteiga
bicyclette *(biciclete):* bicicleta
bien sûr *(biaN siur):* claro
bière *(biér):* cerveja
billet *(biiê):* passagem
bizarre *(bizár):* estranho, bizarro
blanc *(blaN):* branco
blazer *(blazér):* blazer
bleu/bleue *(blê):* azul
boeuf *(bêf):* bife
boire *(boár):* beber
bon *(boN):* bom
bonjour *(boNjur):* bom dia
bonne nuit *(bóne niuí):* boa noite
bonsoir *(boNssoár):* boa noite
bottes *(bóte):* botas
boucherie *(bucherrí):* açougue
boulangerie *(bulaNgerrí):* padaria
bras *(brá):* braço
bruyant *(briuiaN):* barulhento
bureau *(biurrô):* escritório

C

ça va *(ça va):* tudo bem
café *(cafê):* café
caisse *(kés):* caixa registradora

campagne *(caNpánhe):* zona rural
carotte *(carróte):* cenoura
carte de crédit *(carte dê credí):* cartão de crédito
celui-ci[m]/**celle-ci**[f] *(celiuí ci/céle ci):* este/esta
celui-là[m]/**celle-là**[f] *(celiuí la/céle lá):* aquele/aquela
champignon *(chaNpinhóN):* cogumelo
chapeau *(chapô):* chapéu
charcuterie *(charkiuterrí):* açougue especializado em carne de porco e comidas preparadas
charmant/charmante *(charmaN/charmant):* charmoso(a)
chaud *(chô):* quente
chemise *(chemíse):* camisa
chemisier *(chemisiê):* blusa
cher *(chér):* caro
choisir *(choasír):* escolher
cinq *(çaNk):* cinco
clair *(clér):* claro
code postal *(cód postále):* código postal
coffre *(cófre):* porta-malas
collègue *(colégue):* colega
comment *(comaN):* como
compagnie *(coNpanhí):* companhia
complet *(coNplê):* terno [França]
conduire *(coNdiuír):* dirigir
confiture *(coNfitiur):* geleia
costume de bains *(costiume dê baN):* roupa de banho [Quebec]
côtes *(cót):* costelas
cou *(ku):* pescoço
couleur *(kuléur):* cor
couteau *(kutô):* faca
cravate *(craváte):* gravata
crème *(créme):* creme
crémerie *(cremerrí):* laticínios e loja de queijos
crudités *(criuditê):* vegetais verdes misturados
cuillère *(kiuiér):* colher

D

d'accord *(dacór):* tudo bem
danser *(daNcê):* dançar
décembre *(deçaNbre):* dezembro
dehors *(dehór):* lado de fora
déjeuner *(dejêunê):* almoçar
dentiste *(daNtíst):* dentista
dessert *(dessér):* sobremesa
deux *(dê):* dois
devoir *(devoár):* dever
dix *(diz):* dez
dix-huit *(diziuít):* dezoito
dix-neuf *(diz néf):* dezenove
dix-sept *(diz cét):* dezessete
docteur *(doctéur):* médico
doigt *(doá):* dedo
donner *(donê):* dar
dormir *(dormír):* dormir
doux *(du):* ameno
douze *(duz):* doze

E

eau *(ô):* água
échecs *(echéc):* xadrez
elle *(él): ela*
elles *(él): elas*
employé *(aNploaiê):* funcionário
en retard *(aN retár):* atrasado
enchanté *(aNchaNtê):* encantado
enfant *(aNfaN): criança*
ennuyeux *(aNniuiê):* chato
entrées *(aNtrê):* aperitivos
épaule *(epôle):* ombro
épicerie *(epicerrí):* mercearia [loja de produtos gerais]
être *(étre):* ser/estar
étroit *(etroá):* estreito

F

facile *(facíle):* fácil
faim *(faN):* fome
fatigué *(fatiguê):* cansado
femme *(fámm):* esposa
fenêtre *(fenétre):* janela
fêtes *(féte):* feriados
février *(fevriê):* fevereiro
figure *(figuiur):* rosto
fille *(fíie):* filha ou menina
fils *(fís):* filho
fin *(faN):* final
finir *(finír):* terminar
fleur *(fléur):* flor
foncé *(foNcê):* escuro
football américain *(futból amerricaN):* futebol americano
football/soccer (Canada) *(futból/sokér):* futebol
fourchette *(furchéte):* garfo
fraise *(frése):* morango
frère *(frér):* irmão

froid *(froá):* frio
fromage *(fromáge):* queijo
fruits *(friuí):* fruta

G

gagner *(ganhê):* ganhar
garçon *(garçoN):* menino
gare *(gár):* estação de trem
gâteau au chocolat *(gatô ô chocolá):* bolo de chocolate
genou *(genú):* joelho
glace *(glás):* sorvete
grand *(graN):* grande, alto
grand magasin *(graN magasãN):* loja de departamentos
grippe *(gríp):* gripe
guitare *(guitár):* violão

H

habit *(habí):* terno [Quebec]
habiter *(habitê):* morar
haricots verts *(harricô vér): feijão-verde*
huit *(iuít):* oito

I

il *(il):* ele
il y a *(ili a):* há
ils *(il):* eles
imperméable *(aNpermeáble):* capa impermeável
infirmier *(aNfirmiê):* enfermeiro
ingénieur *(aNgeniéur):* engenheiro

J

janvier *(jaNviê):* janeiro
jardin *(jardaN):* jardim
jaune *(jône):* amarelo
je *(jê):* eu
jean *(din):* jeans
joli *(jolí):* bonito
jouer *(juê):* jogar
jour *(jur):* dia
juillet *(jiuiê):* julho
juin *(jiuaN):* junho
jupe *(jiupe):* saia
jusqu'à *(jiuscá):* até

L

là-bas *(la bá):* lá
laine *(léne):* lã
laitue *(letiu):* alface
large *(lárge):* grande
légumes *(lêguiume):* legumes
lendemain *(laNdemaN):* dia seguinte
livre *(livre):* libra = 500 g, cerca de 1.1lb.
lui *(liuí):* ele

M

madame *(madám):* senhora
magasin *(magasaN):* loja
mai *(mé):* maio
main *(maN):* mão
maintenant *(maNtnaN):* agora
mais *(mé):* mas
maison *(mesoN):* casa
maladie *(maladí):* doença
manger *(maNgê):* comer
manquer *(maNquê):* faltar
manteau *(maNtô):* casaco
marchand *(marchaN):* vendedor
margarine *(margarríne):* margarina
mari *(marrí):* marido
marron *(marroN):* marrom
mars *(mars):* março
mauvais *(movê):* mau
médecin *(medssaN):* médico
même *(méme):* mesmo
mer *(mér):* mar
merci *(mercí):* obrigado
mère *(mér):* mãe
mettre *(métre):* colocar
moderne *(modérne):* moderno
moi *(moá):* mim
monsieur *(messiê):* senhor
montagne *(moNtánhe):* montanha
montre *(moNtre):* relógio
montrer *(moNtrê):* mostrar
moyen *(moaiáN):* média

N

natation *(natacioN):* natação
neige *(nége):* neve
neuf *(néuf):* nove
nez *(nê):* nariz
noir/noire *(noár):* preto(a)
nom *(noM):* sobrenome
nous *(nu):* nós

novembre *(novaNbre):* novembro
numéro de téléphone *(niumerrô dê têlefóne):* número do telefone

O

octobre *(octóbre):* outubro
oeil *(éi):* olho
oignon *(oanhóN):* cebola
onze *(oNze):* onze
orange *(orraNge):* laranja
oreille *(orréi):* orelha
où *(u):* onde

P

pain *(paN):* pão
pantalon *(paNtaloN):* calças
parfait *(parfé):* perfeito
parler *(parlê):* falar
partir *(partír):* partir
pas du tout *(pa diu tu):* de forma alguma
passeport *(paspór):* passaporte
pâtisserie *(patisrrí):* confeitaria
pays *(peí):* país
pêche *(péche):* pêssego
penser *(paNsê):* pensar
père *(pér):* pai
personnes *(perssóne):* pessoas
petit *(petí):* pequeno, curto
petit déjeuner *(petí dejêunê):* café da manhã
petite-fille *(petit fíie):* neta
petit-fils *(petí fis):* neto
petits pois *(petí poá):* ervilhas
petits-enfants *(petizaNfaN):* netos
photo *(fotô):* fotografia
piano *(pianô):* piano
pied *(piê):* pé
plage *(pláge):* praia
pointure *(poaNtiur):* tamanho do sapato
poire *(poár):* pera
poisson *(poassóN):* peixe
poitrine *(poatríne):* peito
poivre *(poávre):* pimenta
police *(polís):* polícia
pomme *(pôme):* maçã
pommes de terre *(pôme dê térre):* batatas
porc *(pór):* porco
porte *(pórt):* porta
porte-monnaie *(pórt moné):* carteira
porter *(portê):* vestir
poulet *(pulê):* galinha
pourboire *(purboár):* gorjeta
pourquoi *(purkoá):* por quê
pouvoir *(puvoár):* poder, ser capaz de
préférer *(preferrê):* preferir
prendre *(praNdre):* tomar
prénom *(prenoM):* primeiro nome
présenter *(presaNtê):* apresentar
professeur *(professéur):* professor
puis *(puí):* então
pull *(pul):* suéter

Q

qu'est-ce que *(kés-kê):* o que
quand *(caN):* quando
quatorze *(catórze):* quatorze
quatre *(cátre):* quatro
quel *(kél):* qual
quelque chose *(kélke chôse)*: algo
qui *(ki):* quem
quinze *(canNze):* quinze

R

regarder *(regardê):* assistir
rendre *(raNdre):* devolver (algo)
repas *(repá):* refeição
répondre *(repoNdre):* responder
rester *(restê):* ficar
retraité *(retretê):* pessoa aposentada
riz *(ri):* arroz
robe *(rób):* vestido
rouge *(ruge):* vermelho
rue *(riu):* rua

S

sac *(sac):* bolsa
salade verte *(salad vért):* salada verde, salada com alface apenas
salut *(saliu):* oi
secrétaire *(secretéur):* secretária
seize *(séz):* dezesseis
séjour *(sejur):* estada
sel *(sél):* sal
semaine *(seméne):* semana
sept *(sét):* sete
septembre *(septaNbre):* setembro

serveur/serveuse *(servéur/servêuze):* garçom, garçonete
serviette *(serviét):* guardanapo
seulement *(sêulemaN):* somente
siège *(siége):* assento
six *(siz):* seis
slip *(slíp):* cueca
soeur *(séur):* irmã
soif *(soáf):* sede
soldes *(sólde):* liquidação [França]
soleil *(soléi):* sol
sortir *(sortír):* sair
soucoupe *(sucupe):* pires
sucre *(siucre):* açúcar
supermarché *(siupermarchê):* supermercado
sur *(sur):* sobre
sweat *(suét):* blusa de agasalho

T

tant pis *(taN pí):* tanto faz
tarte aux pommes *(tárt ô pôme):* torta de maçã
tasse *(tás):* xícara
téléphoner *(telefonê):* telefonar ou ligar
tennis *(tenís):* tênis
thé *(tê):* chá
toi *(toá):* teu
tomate *(tomát):* tomate
toujour *(tujur):* sempre
tous *(tus):* todos
train *(traN):* trem
travailler *(travaiê):* trabalhar
treize *(tréze):* treze
trois *(troá):* três
trop *(trô):* demais
tu *(tiu):* você, informal

U

un/une *(aN/iune):* um(a)

V

valise *(valíse):* mala de viagem
veau *(vô):* carne de vitela
vendre *(vaNdre):* vender
venir *(venír):* vir
verre *(vér):* copo
vert/verte *(vér/vért):* verde
veste *(vést):* jaqueta (para homens e mulheres)
veston *(vestóN):* casaco de terno masculino
viande *(viaNd):* carne
ville *(vile):* cidade
vin *(vaN):* vinho
vingt *(vaN):* vinte
vingt-cinq *(vaNt çaNk):* vinte e cinco
vingt-deux *(vaN dê):* vinte e dois
vingt-et-un *(vaNte aN):* vinte e um
vingt-huit *(vNtiuít):* vinte e oito
vingt-neuf *(vaN nêuf):* vinte e nove
vingt-quatre *(vaN cátre):* vinte e quatro
vingt-sept *(vaN sét):* vinte e sete
vingt-six *(vaN siz):* vinte e seis
vingt-trois *(vaN troá):* vinte e três
violon *(violóN):* violino
voir *(voár):* ver
voiture *(voatiur):* carro
vol *(vól):* voo
vouloir *(vuloár):* querer
vous *(vu):* você, formal; vocês
voyage d'affaires *(voaiáge dafér):* viagem de negócios
voyager *(voaiagê):* viajar

Minidicionário Português-Francês

A

à direita: **à droite** (a droát)
à esquerda: **à gauche** (a gôche)
abril: **avril** (avrile)
absolutamente: **absolument** (absoliumaN)
aceitar: **accepter** (accéptê)
açougue especializado em porco e comidas preparadas: **charcuterie** (charkiutrí)
açougue: **boucherie** (bucherrí)
açúcar: **sucre** (siucre)
adeus: **au revoir** (ô revoár)
advogado: **avocat** (avocá)
agora: **maintenant** (maNtnaN)
agosto: **août** (ut)
água: **eau** (ô)
ajudar: **aider** (edê)
alface: **laitue** (letiu)
algo: **quelque chose** (kélkê chôse)
almoçar: **déjeuner** (dejêunê)
amarelo: **jaune** (jône)
ameno: **doux** (du)
amigo: **ami/amie** (ami)
ao fundo: **au fond** (ô foN)
apenas: **seulement** (sêulemaN)
aperitivos: **entrées** (aNtrê)
apresentar: **présenter** (presaNtê)
aquele/aquela: **celui-là/celle-là** (celiuí lá/céle lá)
arroz: **riz** (ri)
assento: **siège** (siége)
assistir: **regarder** (regardê)
até amanhã: **à demain** (a demaN)
até logo: **à bientôt** (a biatô)
até: **jusqu'à** (jiuscá)
azul: **bleu/bleue** (blê)

B

banana: **banane** (banáne)
barulhento: **bruyant** (briuiáN)
basquetebol: **basket** (baskét)
batatas: **pommes de terre** (pôme dê tér)
beber: **boire** (boár)
bicicleta: **bicyclette** (bicicléte)
bife: **boeuf** (bêuf)
blazer: **blazer** (blazér)
blusa de agasalho: **sweat** (suét)
blusa: **chemisier** (chemisiê)
boa noite: **bonne nuit** (bóne niuí)
boa noite: **bonsoir** (boN soár)
bolo de chocolate: **gâteau au chocolat** (gatô ô chocolá)
bom dia: **bonjour** (boNjur)
bom: **bon** (boN)
bonito, belo: **beau** (bô)
bonito: **joli** (jolí)
botas: **bottes** (bóte)
braço: **bras** (brá)
branco: **blanc** (blaN)

C

café da manhã: **petit déjeuner** (petí dejêunê)
café: **café** (cafê)
caixa registradora: **caisse** (quésse)
calças: **pantalon** (paNtalóN)
camisa: **chemise** (chemise)
cansado/a: **fatigué(e)** (fatiguê)
capa impermeável: **imperméable** (aNpermeáble)
carne de vitela: **veau** (vô)
carne: **viande** (viaNd)
caro: **cher** (chér)
carro: **voiture** (voatiur)
cartão de crédito: **carte de crédit** (carte dê credí)
carteira: **porte-monnaie** (pórt moné)
casa: **maison** (mesóN)
casaco do terno masculino: **veston** (vestoN)

casaco: **manteau** (maNtô)
cebola: **oignon** (oanhoN)
cenoura: **carotte** (carróte)
cerveja: **bière** (biér)
chá: **thé** (tê)
chamar: **appeler** (aplê)
chapéu: **chapeau** (chapô)
charmoso: **charmant/charmante** (charmaN/charmant)
chato: **ennuyeux** (aNiuiê)
chegar: **arriver** (arrivê)
cidade: **ville** (vile)
cinco: **cinq** (çaNq)
(é) claro: **bien sûr** (biaN syr)
claro: **clair** (clér)
código postal: **code postal** (cód postále)
cogumelo: **champignon** (chaNpinhoN)
colega: **collègue** (colégue)
colher de chá: **cuillère à café** (kuiér a cafê)
colher: **cuillère** (kiuiér)
colocar: **mettre** (métre)
comer: **manger** (maNgê)
como: **comment** (comaN)
companhia: **compagnie** (coNpanhí)
comprar: **acheter** (achtê)
confeitaria: **pâtisserie** (patisrrí)
conta: **addition** (adiciόN)
copo: **verre** (vér)
cor: **couleur** (kuléur)
cordeiro: **agneau** (anhô)
costelas: **côte** (cót)
creme: **crème** (créme)
criança: **enfant** (aNfaN)
cueca: **slip** (slíp)

D

dançar: **danser** (daNcê)
dar: **donner** (donê)
de forma alguma: **pas du tout** (pa diu tu)
dedo: **doigt** (doá)
demais: **trop** (trô)
dentista: **dentiste** (daNtist)
dever: **devoir** (devoár)
devolver (algo): **rendre** (raNdre)
dez: **dix** (diz)
dezembro: **décembre** (deçaNbre)
dezenove: **dix-neuf** (diz nêuf)
dezesseis: **seize** (séz)
dezessete: **dix-sept** (diz cét)
dezoito: **dix-huit** (dizuít)
dia seguinte: **lendemain** (laNdmaN)
dia: **jour** (jur)
dinheiro: **argent** (arjaN)
dirigir: **conduire** (coNdiuír)
doença: **maladie** (maladí)
dois: **deux** (dê)
dormir: **dormir** (dormír)
doze: **douze** (duz)

E

e-mail: **adresse électronique** (adrés electroník)
ela: **elle** (él)
elas: **elles** (él)
ele: **il** (il()
ele: **lui** (liuí)
eles: **ils** (il)
encantado: **enchanté** (aNchaNtê)
endereço: **adresse** (adrés)
enfermeiro: **infirmier** (aNfirmiê)
engenheiro: **ingénieur** (aNgeniéur)
então: **puis** (piuí)
ervilhas: **petits pois** (petí poá)
escolher: **choisir** (choasír)
escritório: **bureau** (biurrô)
escuro: **foncé** (foNcê)
esperar: **attendre** (ataNdre)
esposa: **femme** (fámm)
estação de trem: **gare** (gár)
estada: **séjour** (sejúr)
este/esta: **celui-ci/celle-ci** (celiuí ci/céle ci)
estranho, bizarro: **bizarre** (bizár)
estreito: **étroit** (etroá)
eu: **je** (jê)

F

faca: **couteau** (kutô)
fácil: **facile** (facíle)
falar: **parler** (parlê)
faltar: **manquer** (maNquê)
feijão-verde: **haricots verts** (harricô vér)
feriados: **fêtes** (féte)
fevereiro: **février** (fevriê)
ficar: **rester** (restê)
filha: **fille** (fíie)
filho: **fils** (fis)
final: **fin** (faN)

flor: **fleur** (fléur)
fome: **faim** (fam)
foto: **photo** (fotô)
frio: **froid** (froá)
frutas: **fruits** (friuí)
funcionário: **employé** (aNploaiê)
futebol americano: **football américain** (futból americaN)
futebol: **football/soccer** (Canadá) (futból/ sokér)

G

galinha: **poulet** (pulê)
ganhar: **gagner** (ganhê)
garçom/garçonete: **serveur, serveuse** (servér, servêuze)
garfo: **fourchette** (furchéte)
garoto: **garçon** (garçoN)
geleia: **confiture** (coNfitiur)
gorjeta: **pourboire** (purboár)
gostar, amar: **aimer** (emê)
grande, alto: **grand** (graN)
grande: **large** (lárge)
gravata: **cravate** (craváte)
gripe: **grippe** (gríp)
guardanapo: **serviette** (serviét)

H

há: **il y a** (ili a)
hoje: **aujourd'hui** (ojurdiuí)

I

ida (passagem): **aller-simple** (alê saNple)
ida e volta: **aller-retour** (alê retur)
ir: **aller** (alê)
irmã: **soeur** (séur)
irmão: **frère** (frér)

J

janeiro: **janvier** (jaNviê)
janela: **fenêtre** (fenétre)
jaqueta (para homens e mulheres): **veste** (vést)
jardim: **jardin** (jardaN)
jeans: **jean** (din)
joelho: **genou** (genu)
jogar: **jouer** (juê)
julho: **juillet** (jiuiê)
junho: **juin** (jiuaN)

L

lá: **là-bas** (lá bá)
lã: **laine** (léne)
lado de fora: **dehors** (deór)
laranja: **orange** (orraNge)
laticínios e loja de queijos: **crémerie** (cremerrí)
legumes: **légumes** (leguiume)
libra = 500 g, cerca de 1.1lb: **livre** (livre)
liquidação [França]: **soldes** (sólde)
liquidação [Quebec]: **aubaine** (obéne)
loja de departamentos: **grand magasin** (graN magasaN)
loja: **magasin** (magasaN)

M

maçã: **pomme** (póme)
mãe: **mère** (mér)
maio: **mai** (mé)
mala de viagem: **valise** (valíse)
mala: **sac** (sác)
manteiga: **beurre** (béur)
mão: **main** (maN)
mar: **mer** (mér)
março: **mars** (mars)
margarina: **margarine** (margarríne)
marido: **mari** (marrí)
marrom: **marron** (marroN)
mas: **mais** (mé)
média: **moyen** (moaiáN)
médico: **docteur** (doctéur)
médico: **médecin** (mêdssaN)
menina: **fille** (fíie)
mercearia [loja de produtos gerais]: **épicerie** (episrrí)
mesmo: **même** (méme)
mim: **moi** (moá)
moderno: **moderne** (modérne)
montanha: **montagne** (moNtánhe)
morango: **fraise** (frése)
mostrar: **montrer** (moNtrê)

N

na hora: **à l'heure** (a léur)
nariz: **nez** (nê)
natação: **natation** (natacióN)
negócio: **affaires** (afér)
neta: **petite-fille** (petit fíie)
neto: **petit-fils** (petí fis)
netos: **petits-enfants** (petizaNfaN)

neve: **neige** (nége)
nós: **nous** (nu)
nove: **neuf** (nêuf)
novembro: **novembre** (novaNbre)
número de telefone: **numéro de téléphone** (niumerrô dê telefóne)

O
o que: **qu'est-ce que** (kés kê)
obrigado: **merci** (mercí)
oi: **salut** (saliu)
oito: **huit** (iuít)
olho: **oeil** (éi)
ombro: **épaule** (epôle)
onde: **où** (u)
onze: **onze** (onze)
orelha: **oreille** (orréi)
outubro: **octobre** (octóbre)

P
padaria: **boulangerie** (bulaNgerrí)
pai: **père** (pér)
país: **pays** (peí)
pão: **pain** (paN)
parada: **arrêt** (arrét)
partir: **partir** (partír)
passagem: **billet** (bíiê)
passaporte: **passeport** (paspór)
pé: **pied** (piê)
peito: **poitrine** (poatríne)
peixe: **poisson** (poassoN)
pensar: **penser** (paNsê)
pequeno, curto: **petit** (petí)
pera: **poire** (poár)
perfeito: **parfait** (parfé)
perto de: **à côté de** (a cotê dê)
pescoço: **cou** (ku)
pêssego: **pêche** (péche)
pessoa aposentada: **retraité** (retretê)
pessoas: **personnes** (perssóne)
piano: **piano** (pianô)
pimenta: **poivre** (poávre)
pires: **soucoupe** (sucupe)
poder: **pouvoir** (puvoár)
polícia: **police** (polís)
por quê: **pourquoi** (purkoá)
porco: **porc** (pór)
porta-malas: **coffre** (cófre)
porta: **porte** (pórt)
praia: **plage** (pláge)
prato: **assiette** (assiét)
preferir: **préférer** (preferrê)
preto: **noir/noire** (noar)
nome: **prénom** (prenoN)
professor: **professeur** (professéur)

Q
qual: **quelle** (kél)
quando: **quand** (caN)
quatorze: **quatorze** (catórze)
quatro: **quatre** (cátre)
queijo: **fromage** (fromáge)
quem: **qui** (ki)
quente: **chaud** (chô)
querer: **vouloir** (vuloár)
quinze: **quinze** (canze)

R
refeição: **repas** (repá)
relógio: **montre** (moNtre)
responder: **répondre** (repoNdre)
rosto: **figure** (figuiur)
roupa de banho [Quebec]: **costume de bains** (costiume dê baN)
rua: **rue** (riu)
ruim: **mauvais** (movés)

S
saia: **jupe** (jiupe)
sair: **sortir** (sortír)
sal: **sel** (sél)
salada verde, salada com alface apenas: **salade verte** (salad vért)
secretária: **secrétaire** (secretér)
sede: **soif** (soáf)
seis: **six** (siz)
semana: **semaine** (seméne)
sempre: **toujour** (tujur)
senhor: **monsieur** (messiê)
senhora: **madame** (madámm)
ser/estar: **être** (étre)
sete: **sept** (sét)
setembro: **septembre** (septaNbre)
sobre: **sur** (sur)
sobremesa: **dessert** (dessér)
sobrenome: **nom** (noM)

sol: **soleil** (soléi)
sorvete: **glace** (gláce)
suéter: **pull** (piul)
supermercado: **supermarché** (siupermarchê)

T

tamanho do sapato: **pointure** (poaNtiur)
também: **aussi** (ossí)
tanto faz: **tant pis** (taN pi)
tarde: **en retard** (aN retár)
telefonar ou ligar: **téléphoner** (telefonê)
tênis: **baskets** (baskét)
tênis: **tennis** (tenís)
ter: **avoir** (avoár)
terminar: **finir** (finír)
terno [França]: **complet** (coNplê)
terno [Quebec]: **habit** (habí)
teu: **toi** (toá)
todos: **tous** (tus)
tomar: **prendre** (praNdre)
tomate: **tomate** (tomáte)
torta de maçã: **tarte aux pommes** (tart ô pôme)
trabalhar: **travailler** (travaiê)
trem: **train** (traN)
três: **trois** (troá)
treze: **treize** (tréze)
tudo bem: **ça va** (ça va)
tudo bem: **d'accord** (dacór)

U

um: **un/une** (aN/iune)

V

vegetais verdes misturados: **crudités** (criuditê)
vendedor: **marchand** (marchaN)
vender: **vendre** (vaNdre)
ver: **voir** (voár)
verde: **vert/verte** (vér/vért)
vermelho: **rouge** (ruge)
vestido: **robe** (rób)
vestir: **porter** (portê)
viagem de negócios: **voyage d'affaires** (voaiage dafér)
viajar: **voyager** (voaiagê)
vinho: **vin** (vaN)
vinte e dois: **vingt-deux** (vaN dê)
vinte e cinco: **vingt-cinq** (vaNt saNk)
vinte e nove: **vingt-neuf** (vaN nêuf)
vinte e oito: **vingt-huit** (vaNtiuít)
vinte e quatro: **vingt-quatre** (vaN cátre)
vinte e seis: **vingt-six** (vaN siz)
vinte e sete: **vingt-sept** (vaN sét)
vinte e três: **vingt-trois** (vaN troá)
vinte e um: **vingt-et-un** (vaNte aN)
vinte: **vingt** (vaN)
violão: **guitare** (guitár)
violino: **violon** (violoN)
vir: **venir** (venír)
viver: **habiter** (habitê)
você, formal; vocês: **vous** (vu)
você, informal: **tu** (toi)
voo: **vol** (vól)

X

xadrez: **échecs** (echéc)
xícara: **tasse** (tás)

Z

zona rural: **campagne** (caNpánhe)

Apêndice B

Listas de Verbos

Observação: Este apêndice mostra a conjugação do presente do indicativo, **passé composé** (pretérito perfeito) e futuro simples. Para saber mais sobre a conjugação desses tempos, veja os capítulos 2, 11 e 13, respectivamente.

Verbos Regulares Franceses

Verbos Regulares Terminando com *-er*
Por exemplo: parler (falar)
Particípio passado: parlé (falado); Gerúndio: parlant (falando)

	Presente	Passado	Futuro
je/j' (eu)	parle	ai parlé	parlerai
tu (você, inform.)	parles	as parlé	parleras
il/elle (ele/ela)	parle	a parlé	parlera
nous (nós)	parlons	avons parlé	parlerons
vous (vocês, você formal)	parlez	avez parlé	parlerez
ils/elles (eles/elas)	parlent	ont parlé	parleront

Verbos Regulares Terminando com *-ir*
Por exemplo: finir (terminar)
Particípio passado: fini (terminado); Gerúndio: finissant (terminando)

	Presente	Passado	Futuro
je/j' (eu)	finis	ai fini	finirai
tu (você, inform.)	finis	as fini	finira
il/elle (ele/ela)	finit	a fini	finira
nous (nós)	finissons	avons fini	finirons
vous (vocês, formal)	finisssez	avez fini	finirez
ils/elles (eles/elas)	finissent	ont fini	finiront

Verbos Regulares Terminando com *-re*
Por exemplo: vendre (vender)
Particípio passado: vendu (vendido); Gerúndio: vendant (vendendo)

	Presente	Passado	Futuro
je/j' (eu)	vends	ai vendu	vendrai
tu (você, inform.)	vends	as vendu	vendras
il/elle (ele/ela)	vend	a vendu	vendra
nous (nós)	vendons	avons vendu	vendrons
vous (vocês, você formal)	vendez	avez vendu	vendrez
ils/elles (eles/elas)	vendent	ont vendu	vendront

Verbos Reflexivos
Por exemplo: se laver (lavar-se)
Particípio passado: lavé (lavado); Gerúndio: me/te/se/nous/vous lavant (lavando)

	Presente	Passado	Futuro
je (eu)	me lave	me suis lavé/e	me laverai
tu (você, inform.)	te laves	t'es lavé/e	te laveras
il/elle (ele/ela)	se lave	s'est lavé/e	se lavera
nous (nós)	nous lavons	nous sommes lavés/ées	nous laverons
vous (vocês, você formal)	vous lavez	vous êtes lavés/ées	vous laverez
ils/elles (eles/elas)	se lavent	se sont lavés/ées	se laveront

Verbos Auxiliares Franceses

Os verbos **avoir** (a-voar) (*ter*) e **être** (é-tre) (*ser/estar*) são dois verbos auxiliares usados para formar o passado composto em francês.

avoir (ter)
Particípio passado: eu (tido); Gerúndio: ayant (tendo)

	Presente	Passado	Futuro
je/j' (eu)	ai	ai eu	aurai
tu (você, inform.)	as	as eu	auras
il/elle (ele/ela)	a	a eu	aura
nous (nós)	avons	avons eu	aurons
vous (vocês, você formal)	avez	avez eu	aurez
ils/elles (eles/elas)	ont	ont eu	auront

être (ser/estar)
Particípio passado: été (sido/estado); Gerúndio: sendo/ estando

	Presente	Passado	Futuro
je/j' (eu)	suis	ai été	serai
tu (você, inform.)	es	as été	seras
il/elle (ele/ela)	est	a éte	sera
nous (nós)	sommes	avons été	serons
vous (vocês, você formal)	êtes	avez été	serez
ils/elles (eles/elas)	sont	ont été	seront

Verbos Irregulares e Verbos com Raiz Variável

acheter
comprar

Particípio passado: *acheté (comprado)*

Gerúndio: *achetant (comprando)*

	Presente	Passado	Futuro
j'	achète	ai acheté	achèterai
tu	achètes	as acheté	achèteras
il/elle/on	achète	a acheté	achètera
nous	achetons	avons acheté	achèterons
vous	achetez	avez acheté	achèterez
ils/elles	achètent	ont acheté	achèteront

aller
ir

Particípio passado: *allé (ido)*

Gerúndio: *allant (indo)*

	Presente	Passado	Futuro
j'	vais	suis allé/e	irai
tu	vas	es allé/e	iras
il/elle/on	va	est allé/e	ira
nous	allons	sommes allés/es	irons
vous	allez	êtes allé/e/s/es	irez
ils/elles	vont	sont allés/es	iront

appeler
chamar

Particípio passado: *appelé (chamado)*

Gerúndio: *appelant (chamando)*

	Presente	Passado	Futuro
j'	appelle	ai appelé	appellerai
tu	appelles	as appelé	appelleras
il/elle/on	appelle	a appelé	appellera
nous	appelons	avons appelé	appellerons
vous	appellent	avez appelé	appellerez
ils/elles	appellent	ont appelé	appelleront

boire
beber

Particípio passado: *bu (bebido)*

Gerúndio: *buvant (bebendo)*

	Presente	Passado	Futuro
j'	bois	ai bu	boirai
tu	bois	as bu	boiras
il/elle/on	boit	a bu	boira
nous	buvons	avons bu	boirons
vous	buvez	avez bu	boirez
ils/elles	boivent	ont bu	boiront

commencer
começar

Particípio passado: commencé (começado)

Gerúndio: *commençant (começando)*

	Presente	Passado	Futuro
je	commence	ai commencé	commencerai
tu	commences	as commencé	commernceras
il/elle	commence	a commencé	commencera
nous	commençons	avons commencé	commencerons
vous	commencez	avez commencé	commencerez
ils/elles	commencent	ont commencé	commenceront

comprendre
compreender

Particípio passado: compris (compreendido)

Gerúndio: *comprenant (compreendendo)*

	Presente	Passado	Futuro
je	comprends	ai compris	comprendrai
tu	comprends	as compris	comprendras
il/elle	comprend	a compris	comprendra
nous	comprenons	avons compris	comprendrons
vous	comprenez	avez compris	comprendrez
ils/elles	comprennent	ont compris	comprendront

conduire
conduzir

Particípio passado: conduit (conduzido)

Gerúndio: *conduisant (conduzindo)*

	Presente	Passado	Futuro
je	conduis	ai conduit	conduirai
tu	conduis	as conduit	conduiras
il/elle	conduit	a conduit	conduira
nous	conduisons	avons conduit	conduirons
vous	conduisez	avez conduit	conduirez
ils/elles	conduisent	ont conduit	conduiront

connaître
conhecer

Particípio passado: *connu (conhecido)*

Gerúndio: *connaissant (conhecendo)*

	Presente	Passado	Futuro
je	connais	ai connu	connaîtrai
tu	connais	as connu	connaîtras
il/elle	connaît	a connu	connaîtra
nous	connaissons	avons connu	connaîtrons
vous	connaissez	avez connu	connaîtrez
ils/elles	connaissent	ont connu	connaîtront

devoir
dever

Particípio passado: *dû (devido)*

Gerúndio: *devendo*

	Presente	Passado	Futuro
je	dois	ai dû	devrai
tu	dois	as dû	devras
il/elle	doit	a dû	devra
nous	devons	avons dû	devrons
vous	devez	avez dû	devrez
ils/elles	doivent	ont dû	devront

dire
dizer

Particípio passado: *dit (dito)*

Gerúndio: *disant (dizendo)*

	Presente	Passado	Futuro
je	dis	ai dit	dirai
tu	dis	as dit	diras
il/elle	dit	a dit	dira
nous	disons	avons dit	dirons
vous	dites	avez dit	direz
ils/elles	disent	ont dit	diront

écrire
escrever

Particípio passado: *écrit (escrito)*

Gerúndio: *écrivant (escrevendo)*

	Presente	Passado	Futuro
je	écris	ai écrit	écrirai
tu	écris	as écrit	écriras
il/elle	écrit	a écrit	écrira
nous	écrivons	avons écrit	écrirons
vous	écrivez	avez écrit	écrirez
ils/elles	écrivent	ont écrit	écriront

entendre
ouvir

Particípio passado: *entendu (ouvido)*

Gerúndio: *entendant (ouvindo)*

	Presente	Passado	Futuro
j'	entends	ai entendu	entendrai
tu	entends	as entendu	entendras
il/elle	entend	a entendu	entendra
nous	entendons	avons entendu	entendrons
vous	entendez	avez entendu	entendrez
ils/elles	entendent	ont entendu	entendront

envoyer
enviar

Particípio passado: *envoyé (enviado)*

Gerúndio: *enviando*

	Presente	Passado	Futuro
j'	envoie	ai envoyé	enverrai
tu	envoies	as envoyé	enverras
il/elle	envoie	a envoyé	enverra
nous	envoyons	avons envoyé	enverrons
vous	envoyez	avez envoyé	enverrez
ils/elles	envoient	ont envoyé	enverront

espérer
esperar

Particípio passado: *espéré (esperado)*

Gerúndio: *esperando*

	Presente	Passado	Futuro
j'	espère	ai espéré	espérera
tu	espères	as espéré	espéreras
il/elle	espère	a espéré	espérera
nous	espérons	avons espéré	espérerons
vous	espérez	avez espéré	espérerez
ils/elles	espèrent	ont espéré	espéreront

faire
fazer

Particípio passado: *fait (feito)*

Gerúndio: *faisant (fazendo)*

	Presente	Passado	Futuro
j'	fais	ai fait	ferai
tu	fais	as fait	feras
il/elle	fait	a fait	fera
nous	faisons	avons fait	ferons
vous	faites	avez fait	ferez
ils/elles	font	ont fait	feront

lire
ler

Particípio passado: *lu (lido)*

Gerúndio: *lisant (lendo)*

	Presente	Passado	Futuro
j'	lis	ai lu	lirai
tu	lis	as lu	liras
il/elle	lit	a lu	lira
nous	lisons	avons lu	lirons
vous	lisez	avez lu	lirez
ils/elles	lisent	ont lu	liront

manger
comer

Particípio passado: *mangé (comido)*

Gerúndio: *mangeant (comendo)*

	Presente	Passado	Futuro
j'	mange	ai mangé	mangerai
tu	manges	as mangé	mangeras
il/elle	mange	a mangé	mangera
nous	mangeons	avons mangé	mangerons
vous	mangez	avez mangé	mangerez
ils/elles	mangent	ont mangé	mangeront

mettre
colocar, vestir

Particípio passado: *mis (colocado)*

Gerúndio: *mettant (colocando)*

	Presente	Passado	Futuro
j'	mets	ai mis	mettrai
tu	mets	as mis	mettras
il/elle	met	a mis	mettra
nous	mettons	avons mis	mettrons
vous	mettez	avez mis	mettrez
ils/elles	mettent	ont mis	mettront

offrir oferecer Particípio passado: *offert* *(oferecido)* Gerúndio: *offrant* *(oferecendo)*		**Presente**	**Passado**	**Futuro**
	j'	offre	ai offert	offrirai
	tu	offres	as offert	offriras
	il/elle	offre	a offert	offrira
	nous	offrons	avons offert	offrirons
	vous	offrez	avez offert	offrirez
	ils/elles	offrent	ont offert	offriront

partir partir Particípio passado: *parti* *(partido)* Gerúndio: *partant* *(partindo)*		**Presente**	**Passado**	**Futuro**
	j'	pars	suis parti/e	partirai
	tu	pars	es parti/e	partiras
	il/elle	part	est parti/e	partira
	nous	partons	sommes partis/es	partirons
	vous	partez	êtes parti/e/s/es	partirez
	ils/elles	partent	sont partis/es	partiront

payer pagar Particípio passado: *payé* *(pagado)* Gerúndio: *payant* *(pagando)*		**Presente**	**Passado**	**Futuro**
	j'	paie	ai payé	paierai
	tu	paies	as payé	paieras
	il/elle	paie	a payé	paiera
	nous	payons	avons payé	paierons
	vous	payez	avez payé	paierez
	ils/elles	paient	ont payé	paieront

préférer
preferir

Particípio passado: *préféré* *(preferido)*

Gerúndio: *préférant* *(preferindo)*

	Presente	Passado	Futuro
j'	préfère	ai préféré	préférerai
tu	préfères	as préféré	préféreras
il/elle	préfère	a préféré	préférera
nous	préférons	avons préféré	préférerons
vous	préférez	avez préféré	préférerez
ils/elles	préfèrent	ont préféré	préféreront

pouvoir
poder

Particípio passado: *pu* *(podido)*

Gerúndio: *pouvant* *(podendo)*

	Presente	Passado	Futuro
j'	peux	ai pu	pourrai
tu	peux	as pu	pourras
il/elle	peut	a pu	pourra
nous	pouvons	avons pu	pourrons
vous	pouvez	avez pu	pourrez
ils/elles	peuvent	ont pu	pourront

prendre
tomar, pegar

Particípio passado: *pris* *(tomado)*

Gerúndio: *prenant* *(tomando)*

	Presente	Passado	Futuro
j'	prends	ai pris	prendrai
tu	prends	as pris	prendras
il/elle	prends	a pris	prendra
nous	prenons	avons pris	prendrons
vous	prenez	avez pris	prendrez
ils/elles	prennent	ont pris	prendront

recevoir
receber

Particípio passado: *reçu (recebido)*

Gerúndio: *recevant (recebendo)*

	Presente	Passado	Futuro
j'	reçois	ai reçu	recevrai
tu	reçois	as reçu	recevras
il/elle	reçoit	a reçu	recevra
nous	recevons	avons reçu	recevrons
vous	recevez	avez reçu	recevrez
ils/elles	reçoivent	ont reçu	recevront

rendre
devolver

Particípio passado: *rendu (devolvido)*

Gerúndio: *rendant (devolvendo)*

	Presente	Passado	Futuro
j'	rends	ai rendu	rendrai
tu	rends	as rendu	rendras
il/elle	rend	a rendu	rendra
nous	rendons	avons rendu	rendrons
vous	rendez	avez rendu	rendrez
ils/elles	rendent	ont rendu	rendront

rire
rir

Particípio passado: *ri (rido)*

Gerúndio: *riant (rindo)*

	Presente	Passado	Futuro
j'	ris	ai ri	rirai
tu	ris	as ri	riras
il/elle	rit	a ri	rira
nous	rions	avons ri	rirons
vous	riez	avez ri	rirez
ils/elles	rient	ont ri	riront

savoir
saber

Particípio passado: *su* *(sabido)*

Gerúndio: *sachant* *(sabendo)*

	Presente	Passado	Futuro
j'	sais	ai su	saurai
tu	sais	as su	sauras
il/elle	sait	a su	saura
nous	savons	avons su	saurons
vous	savez	avez su	saurez
ils/elles	savent	ont su	sauront

servir
servir

Particípio passado: *servi* *(servido)*

Gerúndio: *servant* *(servindo)*

	Presente	Passado	Futuro
j'	sers	ai servi	servirai
tu	sers	as servi	serviras
il/elle	sert	a servi	servira
nous	servons	avons servi	servirons
vous	servez	avez servi	servirez
ils/elles	servent	ont servi	serviront

sortir
sair

Particípio passado: *sorti* *(saído)*

Gerúndio: *sortant* *(saindo)*

	Presente	Passado	Futuro
j'	sors	suis sorti/e	sortirai
tu	sors	es sorti/e	sortiras
il/elle	sort	est sorti/e	sortira
nous	sortons	sommes sortis/es	sortirons
vous	sortez	êtes sorti/e/s/es	sortirez
ils/elles	sortent	sont sortis/es	sortiront

tenir
segurar, manter

Particípio passado: *tenu (segurado)*

Gerúndio: *tenant (segurando)*

	Presente	Passado	Futuro
j'	tiens	ai tenu	tiendrai
tu	tiens	as tenu	tiendras
il/elle	tient	a tenu	tiendra
nous	tenons	avons tenu	tiendrons
vous	tenez	avez tenu	tiendrez
ils/elles	tiennent	ont tenu	tiendront

venir
vir

Particípio passado: *venu (vindo)*

Gerúndio: *venant (vindo)*

	Presente	Passado	Futuro
j'	viens	suis venu/e	viendrai
tu	viens	es venu/e	viendras
il/elle	vient	est venu/e	viendra
nous	venons	sommes venus/es	viendrons
vous	venez	êtes venu/e/s/es	viendrez
ils/elles	viennent	sont venus/es	viendront

vivre
viver

Particípio passado: *vécu (vivido)*

Gerúndio: *vivant (vivendo)*

	Presente	Passado	Futuro
j'	vis	ai vécu	vivrai
tu	vis	as vécu	vivras
il/elle	vit	a vécu	vivra
nous	vivons	avons vécu	vivrons
vous	vivez	avez vécu	vivrez
ils/elles	vivent	ont vécu	vivront

voir
ver

Particípio passado: *vu (visto)*

Gerúndio: *voyant (vendo)*

	Presente	Passado	Futuro
j'	vois	ai vu	verrai
tu	vois	as vu	verras
il/elle	voit	a vu	verra
nous	voyons	avons vu	verrons
vous	voyez	avez vu	verrez
ils/elles	voient	ont vu	verront

vouloir
querer

Particípio passado: *voulu (querido)*

Gerúndio: *voulant (querendo)*

	Presente	Passado	Futuro
j'	veux	ai voulu	voudrai
tu	veux	as voulu	voudras
il/elle	veut	a voulu	voudra
nous	voulons	avons voulu	voudrons
vous	voulez	avez voulu	voudrez
ils/elles	veulent	ont voulu	voudront

lire
ler

	Presente	Particípio Passado
je	lis	
tu	lis	
il/elle/on	lit	lu
nous	lisons	(com avoir)
vous	lisez	
ils/elles	lisent	

manger
comer

	Presente	Particípio Passado
je	mange	
tu	manges	
il/elle	mange	mangé
nous	mangeons	(com avoir)
vous	mangez	
ils/elles	mangent	

mettre
colocar

	Presente	Particípio Passado
je	mets	
tu	mets	
il/elle	met	mis
nous	mettons	(com avoir)
vous	mettez	
ils/elles	mettent	

offrir
oferecer

	Presente	Particípio Passado
j'	offre	
tu	offres	
il/elle	offre	offert
nous	offrons	(com avoir)
vous	offrez	
ils/elles	offrent	

partir
partir

	Presente	Particípio Passado
je	pars	
tu	pars	
il/elle	part	parti/e/s
nous	partons	(com être)
vous	partez	
ils/elles	partent	

payer
pagar

	Presente	Particípio Passado
je	paie	
tu	paies	
il/elle	paie	payé
nous	payons	(com avoir)
vous	payez	
ils/elles	paient	

pouvoir
poder

	Presente	Particípio Passado
je	peux	
tu	peux	
il/elle	peut	pu
nous	pouvons	(com avoir)
vous	pouvez	
ils/elles	peuvent	

prendre
tomar

	Presente	Particípio Passado
je	prends	
tu	prends	
il/elle	prend	pris
nous	prenons	(com avoir)
vous	prenez	
ils/elles	prennent	

recevoir
receber

	Presente	Particípio Passado
je	reçois	
tu	reçois	
il/elle	reçoit	reçu
nous	recevons	(com avoir)
vous	recevez	
ils/elles	reçoivent	

rendre
devolve

	Presente	Particípio Passado
je	rends	
tu	rends	
il/elle	rend	rendu
nous	rendons	(com avoir)
vous	rendez	
ils/elles	rendent	

rire
rir

	Presente	Particípio Passado
je	ris	
tu	ris	
il/elle	rit	ri
nous	rions	(com avoir)
vous	riez	
ils/elles	rient	

savoir
saber

	Presente	Particípio Passado
je	sais	
tu	sais	
il/elle	sait	su
nous	savons	(com avoir)
vous	savez	
ils/elles	savent	

servir
servir

	Presente	Particípio Passado
je	sers	
tu	sers	
il/elle	sert	servi
nous	servons	(com avoir)
vous	servez	
ils/elles	servent	

sortir
sair

	Presente	**Particípio Passado**
je	sors	
tu	sors	
il/elle	sort	sorti/e/s
nous	sortons	(com être)
vous	sortez	
ils/elles		sortent

tenir
segurar

	Presente	**Particípio Passado**
je	tiens	
tu	tiens	
il/elle	tient	tenu
nous	tenons	(com avoir)
vous	tenez	
ils/elles	tiennent	sortent

venir
vir

	Presente	**Particípio Passado**
je	viens	
tu	viens	
il/elle	vient	venu/e/s
nous	venons	(com être)
vous	venez	
ils/elles	viennent	

vivre
viver

	Presente	Particípio Passado
je	vis	
tu	vis	
il/elle	vit	vécu
nous	vivons	(com avoir)
vous	vivez	
ils/elles	vivent	

voir
ver

	Presente	Particípio Passado
je	vois	
tu	vois	
il/elle	voit	vu
nous	voyons	(com avoir)
vous	voyez	
ils/elles	voient	

vouloir
querer

	Presente	Particípio Passado
je	veux	
tu	veux	
il/elle	veut	voulu
nous	voulons	(com avoir)
vous	voulez	
ils/elles	veulent	

Apêndice C

Folha de Respostas

A s páginas a seguir trazem as respostas para as atividades das seções Diversão & Jogos no final dos capítulos

Capítulo 3: Conhecendo a Pronúncia e as Expressões Básicas

1. m'appelle 2. je 3. grande 4. femme 5. elle 6. l'anglais 7. ça va 8. toi 9. voici 10. parles 11. bien

Capítulo 4: Conhecendo Números, Datas e Horas

A. Il est dix heures et quart (du matin), Il est dix heures quinze B. Il est deux heures et demie (de l'après-midi), Il est quatorze heures trente C. Il est neuf heures moins le quart (du soir), Il est vingt heures quarante-cinq D. Il est onze heures moins cinq (du soir), Il est vingt-deux heures cinquante-cinq E. Il est midi, Il est douze heures

Capítulo 5: Conversando sobre Sua Casa, Família e Rotina

A. la salle de bains 1) la douche 2) la baignoire B. la chambre 1) le lit 2) la table de nuit C. le salon, la salle de séjour/le séjour 1) les rideaux 2) le sofa/le canapé 3) le fauteuil D. la cuisine 1) la cuisinière 2) l'évier 3) la chaise

Capítulo 6: Conhecendo Você: Batendo Papo

A. l'hiver B. l'été C. le printemps D. l'automne E. il fait du vent F. il fait chaud G. il pleut H. il neige

Capítulo 7: Pedindo Orientações e Encontrando Seu Caminho

A. Descendez/Prenez B. Tournez à droite C. Prenez D. tournez sud-ouest E. Tournez à droite F. Suivez

Capítulo 8: Bon Appétit! Jantando Fora e Indo ao Mercado

A. une baguette B. des crevettes C. des haricots verts D. le poulet E. des pêches F. le jambon G. l'ananas H. des pommes de terre

Capítulo 9: Compras Fáceis

A. un chapeau B. une chemise C. un veston D. une cravate E. des chaussures F. une veste G. un chemisier H. une jupe I. des chaussures à talons J. une robe K. un manteau

Capítulo 10: Saindo na Cidade

A. un musée B. Une boîte de nuit C. un cinéma D. une symphonie E. une soirée F. un opéra

Capítulo 11: Negócios e Telecomunicações

Atividade 1: A. la lampe B. les enveloppes C. le moniteur D. l'ordinateur E. la souris F. les ciseaux G. le stylo H. l'agrafeuse I. le bureau J. la corbeille à papiers

Atividade 2: A. arrivé (e) B. parlé C. voulu D. rentrés (es) E. fait F. choisi G. eu

Capítulo 12: Recreação e Atividades ao Ar Livre

A. faire de la voile B. faire du surf C. faire de la plongée libre D. pêcher E. faire du ski F. faire une randonnée G. faire de la natation H. faire du vélo I. faire du tennis J. faire du golf

Capítulo 13: Planejando uma Viagem

A. le Portugal B l'Espagne C. l'Angleterre D. la Belgique E. les Pays-Bas F. l'Allemagne G. l'Italie H. la Grèce

Capítulo 14: Lidando com Dinheiro em Terras Estrangeiras

A. vingt centimes – La Semeuse B. cinq centimes – La Marianne C. dix centimes – La Semeuse D. deux centimes – La Marianne E. deux euros – L'Arbre

Capítulo 15: Transportes: Avião, Trem, Táxi e Mais

1. H 2. F. 3. D 4. A 5. B 6. E 7. C 8. G

Capítulo 16: Encontrando um Lugar para Ficar

A. Oui, une chambre avec des lits jumeaux B. Non. Avec salle de bain/avec baignoire C. Non, au premier étage D. Oui E. Non. Pour deux nuits

Capítulo 17: Lidando com Emergências

1. la poitrine 2. l'épaule 3. l'oeil 4. la tête 5. le nez 6. la bouche 7. le cou 8. le bras 9. la main 10. l'estomac 11. la jambe 12. le pied 13. la cheville 14. le genou

Apêndice D

Sobre o Áudio

A seguir, você vê a lista das faixas que acompanham este livro e que podem ser encontradas ao buscar o título desta obra no site www.altabooks.com.br.

Faixa 1: Introdução e o alfabeto francês (Capítulo 3)

Faixa 2: Cumprimentos no meio profissional (Capítulo 3)

Faixa 3: Falando sobre as horas (Capítulo 4)

Faixa 4: Conversando sobre um apartamento para alugar (Capítulo 5)

Faixa 5: Batendo papo (Capítulo 6)

Faixa 6: Conversando sobre o tempo (Capítulo 6)

Faixa 7: Descobrindo onde fica Versailles (Capítulo 7)

Faixa 8: Pagando a conta (Capítulo 8)

Faixa 9: Comprando um vestido (Capítulo 9)

Faixa 10: Fazendo planos para o dia (Capítulo 10)

Faixa 11: Marcando um encontro (Capítulo 11)

Faixa 12: Falando sobre esportes (Capítulo 12)

Faixa 13: Indo acampar (Capítulo 12)

Faixa 14: Reservando uma viagem em uma agência de viagem (Capítulo 13)

Faixa 15: Trocando dinheiro (Capítulo 14)

Faixa 16: Discutindo o método de pagamento (Capítulo 14)

Faixa 17: Discutindo sobre os horários de ônibus (Capítulo 15)

Faixa 18: Comprando passagem de trem (Capítulo 15)

Faixa 19: Perguntando sobre vagas em hotéis (Capítulo 16)

Faixa 20: Guardando a bagagem ao fazer o check-out (Capítulo 16)

Faixa 21: Marcando uma consulta no médico (Capítulo 17)

Índice

D

E

F

Q

R

S

T

U

V

ROTAPLAN
GRÁFICA E EDITORA LTDA
Rua Álvaro Seixas, 165
Engenho Novo - Rio de Janeiro
Tels.: (21) 2201-2089 / 8898
E-mail: rotaplanrio@gmail.com